创新创业基础与实践
（经管类）

周　奕　张晓洁　暴向平　**主　编**

龚荷英　**副主编**

李振湖　许小明　刘红梅　**编　委**

周典封　陈　帆

中国商业出版社

图书在版编目（CIP）数据

创新创业基础与实践 / 周奕，张晓洁，暴向平主编
. -- 北京 : 中国商业出版社，2024.3
ISBN 978-7-5208-2879-6

Ⅰ．①创… Ⅱ．①周… ②张… ③暴… Ⅲ．①大学生
－创业－教材 Ⅳ．① G647.38

中国国家版本馆 CIP 数据核字（2024）第 057170 号

责任编辑：聂立芳
策划编辑：张　盈
封面设计：王志强

中国商业出版社出版发行
（www.zgsycb.com　100053　北京广安门内报国寺 1 号）
总编室：010-63180647　　编辑室：010-63033100
发行部：010-83120835/8286
新华书店经销
三河市悦鑫印务有限公司印刷
*
787 毫米 ×1092 毫米　16 开　15.5 印张　360 千字
2024 年 3 月第 1 版　2024 年 3 月第 1 次印刷
定价：49.80 元
* * * *
（如有印装质量问题可更换）

前言

随着“大众创业、万众创新”号召的发出，我国高等教育关于创新创业教育的改革拉开了序幕。《国务院办公厅关于深化高等学校创新创业教育改革的实施意见》指出，培养大学生的创新思维、创新意识和创新创业能力，努力提高人才培养质量，是高等教育的目标之一。2022 年 10 月，习近平总书记在党的二十大报告中指出，必须坚持科技是第一生产力、人才是第一资源、创新是第一动力，深入实施科教兴国战略、人才强国战略、创新驱动发展战略，开辟发展新领域新赛道，不断塑造发展新动能新优势。创新创业已成为经济社会发展的主旋律和国家发展民族复兴的新动力。

在“双创时代”的背景下，大学生是最具有创新创业活力和潜力的群体。目前，大多数高校都开设“创新创业基础与实践”必修课，但是如何让创新创业教育、专业教育和思政教育相结合，如何让教师易于实施教学、调动学生积极性和兴趣等，是双创教育教学工作者的重要研究命题，也是本编写团队在实践教学中最深的体会。

鉴于对以上问题的思考，本书编写团队成员群策群力、集思广益，结合团队成员指导学生参与创新创业大赛、项目或者企业管理等经验，完成了本书内容的编写。本教材为校企合作精品教材，共九章，分为上下两篇，上篇为理论篇，下篇为实务篇。各章按照本章导读—学习目标—引导案例—主要内容—本章习题—案例评析—本章参考文献—本章思维导图的逻辑安排，为了突出其应用性、专业性、情境性和创新性特点，我们在每章章首设置了“引导案例”，在篇中融入了许多真实的创业小案例，尤其是加入了本校优秀校友成功创业的案例，使得本教材既具有理论性，又具有操作性和趣味性。本书整体内容既讲理论体系，又讲实操方法，更有最新发展，所以有较高的参考价值与实用价值。

本书为学校“产教融合、校企合作”系列教材，由周奕、张晓洁（青岛啤酒有限公司人力资源顾问）、暴向平（长沙运达喜来登酒店市场营销高级顾问）担任主编，龚荷英担任本书的副主编，李振湖、许小明、刘红梅、周典封、陈帆任编委。其中，周奕、张晓洁、暴向平负责本书的框架目录、案例收集、质量把关及第一章的编写，龚荷英负责编写第五章，许小明负责编写第三章和第六章，刘红梅负责编写第四章和第七章，李振湖负责编写第八章和

第九章，周典封负责编写第二章。最后，全书由周奕、龚荷英进行文字、内容的质量把关和统骗、顺稿、润稿。

本书在编写过程中参阅了学者们的研究成果，特附参考文献于后，在此一并向这些资料的作者表示深深感谢。

由于编写时间仓促，加之作者水平有限，考虑不足之处在所难免，书中存在疏漏之处，恳请专家和广大读者不吝赐教，提出批评指正意见以便日后完善。

编　者

2024 年 1 月

目录

上篇　理论篇

下篇　实务篇

上　篇

理论篇

第一章 Chapter 1 创新基础

本章导读

当今世界正处于百年未有之大变局，中国亦处于近代以来最好的发展时期。人类文明发展的历史和科技革命的进程都在向我们昭示，“创新是一个民族进步的灵魂”，是引领世界发展潮流，实现中华民族伟大复兴的强大引擎。青年兴则国家兴，青年强则国家强。大学是人生的黄金时期，大学生是最富有激情的创新群体，应该坚持创新理念，认识创新、掌握创新、主动创新。通过创新实现个人价值与社会价值的融合。擘画时代发展的美好蓝图。本章重点介绍创新的基本概念与理论渊源、主要方式、分类及创新思维。

学习目标

1. 了解创新的概念及理论渊源。
2. 认识创新的主要方式及分类。
3. 理解常见的创新思维。
4. 掌握常见创新思维技法，并学会将其应用于实践中。

引导案例

大疆创新

进入大疆创新的展厅，灵 Phantom 系列、御 Mavic Air、晓 Spark、悟 Inspire 等一系列无人机有序排列，让人仿佛置身于未来空间。“公司初创团队只有 3 个人，包括汪滔在内，都是初出茅庐的大学生，出发点也很单纯，就是为了要做自己想做的事情。”大疆创新公关总监谢阗告诉记者，大疆与其他许多公司的不同之处在于，当公司开始创业时，并没有考虑过赚钱。

技术创新是大疆的生命线。以梦想为动力，凭借过硬的技术和顶尖的人才，大疆从研发商用自主飞行控制系统开始，填补了国内外多项技术空白，推出了飞行控制系统、云台系统、多旋翼飞行器、小型多旋翼一体机等系列产品。这些产品均获得了市场的认可。而且几乎每一次大疆无人机系列的迭代和升级都是从0开始的，技术架构方案完全不同。比如，大疆的精灵3和精灵3SE，在外观上虽然相似，但后者的架构完全颠覆了前者。

人才是大疆发展的核心力量。谢阗表示，大疆对人才有自己的定义，那就是必须具备真知灼见。所谓真知灼见，就是在看问题时，不跟随、不盲从，能够独立思考，通过现象看到问题的本质，并提出解决问题的方法。为积极吸收、培养和发展人才，大疆提供了一个扁平化的机制和平台。在这个平台上，研发资源的分配是靠个体的努力，每个人用自己的创造力和解决问题的能力公平竞争，研发预算没有上限。如今，大疆已经从最初的3人创业团队，成长为在全国拥有12000多名员工的大型企业，客户遍布全球百余个国家和地区，其产品在全球无人机市场所占份额超过70%，已成为无人机市场的绝对霸主。

思考题：

1. 什么是创新？
2. 创业是否需要创新？

第一节 创新的基本概念

创新，顾名思义，创造新的事物。《广雅》有“创，始也”；新，与旧相对。创新一词出现很早，《魏书》有“革弊创新”，《周书》中有“创新改旧”。和创新含义相近的词汇有维新、鼎新等，如“革故鼎新”“除旧布新”“苟日新，日日新，又日新”。

在西方，追溯英文中创新一词的起源，“innovate”（创新）这个词第一次出现在16世纪中期，来自拉丁文的“innovatus”（创新），意为“重建、改变”，其动词是innovare，由in（变为）和novare（变成新的）构成。熊彼特在其1912年德文版的《经济发展理论》一书中，首次系统地定义了创新的概念。他认为，创新是指把一种从来没有过的关于“生产要素的新组合”引入生产体系。创新的目的在于获取潜在利润。在熊彼特看来，创新包括以下五种形式：①引入新的产品或使产品的质量上升到新层次；②采用新的生产方法、新的工艺过程；③开辟新的市场；④寻找并利用新的原材料或新的半成品；⑤采用新的组织形式。

在创新概念的发展中，发明、技术、创造、企业家精神等相关概念与创新有一定的相似性，但也存在很大差异。发明主要是新技术的发现，而创新不仅包含技术发明，更强调发明的商业应用活动。创新与技术密切相关，但并不局限于传统意义上的技术。从企业管理的角度看，组织创新是技术创新的平台，推动技术创新已成为企业可持续发展的基础。创造力作为思维要素，是发明和创新的原动力。但是和创造相比，创新更强调将思想变为现实，实现商业化；与创业相比，创新强调新发明、新产品或新工艺的首次商业化。创业可以看作技术创新或产品的进一步商业扩张和可持续发展，侧重于创建。基于对上述概念的比较，我们可以将创新定义为新思想商业化的全过程，包括研究、开发、试制、生产

制造、市场实现等全过程，概括而言就是从创意开发到商业化的过程，关键在于创造新价值。具体来说，创新过程如图 1.1 所示。

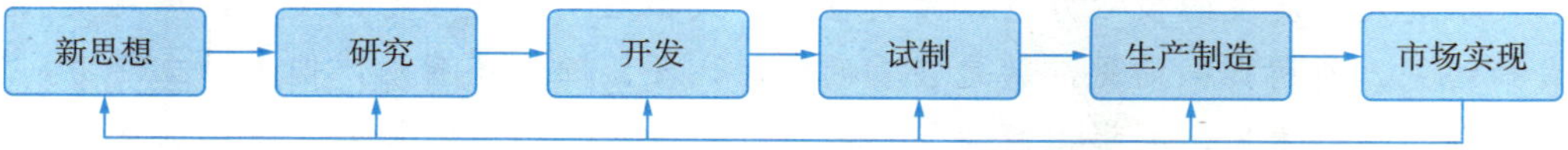

图 1.1　创新过程

思政讲堂： 在习近平总书记系列重要讲话中，多次强调“创新”的重要性，为我们擘画了创新驱动深化改革的宏伟蓝图。2013 年 10 月 21 日，在欧美同学会成立 100 周年庆祝大会上，习近平总书记指出：“创新是一个民族进步的灵魂，是一个国家兴旺发达的不竭动力，也是中华民族最深沉的民族禀赋。在激烈的国际竞争中，惟创新者进，惟创新者强，惟创新者胜。”2015 年 5 月 27 日，在华东七省市党委主要负责同志座谈会上，习近平总书记强调：“综合国力竞争说到底是创新的竞争。要深入实施创新驱动发展战略，推动科技创新、产业创新、企业创新、市场创新、产品创新、业态创新、管理创新等，加快形成以创新为主要引领和支撑的经济体系和发展模式。”2018 年 4 月 10 日，在博鳌亚洲论坛 2018 年年会开幕式主旨演讲中，习近平总书记指出：“当今世界，变革创新的潮流滚滚向前。中国的先人们早在 2500 多年前就认识到：‘苟利于民，不必法古；苟周于事，不必循俗。’变革创新是推动人类社会向前发展的根本动力。谁排斥变革，谁拒绝创新，谁就会落后于时代，谁就会被历史淘汰。”2018 年 5 月 28 日，在中国科学院第十九次院士大会、中国工程院第十四次院士大会上，习近平总书记指出：“全面深化科技体制改革，提升创新体系效能，着力激发创新活力。创新决胜未来，改革关乎国运。”由此可见，“创新”是人类历史演变发展的根本动力，“创新”关乎国家和民族的发展与命运。

第二节　创新的理论渊源

一、马克思的创新思想

马克思在《资本论》中关于创新的论述主要包括三个方面：首先是在关于制度创新和管理创新方面，具体体现在协作所产生的生产力及相应的管理，例如工厂手工业分工所产生的生产力；其次是在科技创新方面，具体体现在劳动生产力的决定要素，包括科学技术发展水平及其在生产工艺上应用的程度；最后是在科技创新及应用科技创新成果方面，提出需要大量投入，用来购买创新成果转化过程中所需的复杂而昂贵的设备。

在马克思政治经济学对于创新的论述中，认为创新是人的自觉能动性的重要体现，是人们根据现实状况的变化，有目的地进行前人未曾经历过的具有创造性和复杂性的高级实践活动。但是，由于人类实践活动有物质生产实践、社会关系实践与科学实验实践三种不同的形式，因此，对应不同的人类实践活动，创新主要有技术创新、制度创新、科学创新三种形式。通过这三种创新形式，将科学知识转化为生产力，并通过引发生产工具变革从而推动生产力发展，进一步推动生产关系的变革。同时，创新不仅对经济发展具有重要作用，也是推动社会发展的重要力量，特别是科学创新和技术创新，在引领社会关系的变革中，会自然地引出制度创新，对于新的制度具有引领和推进作用。

从以上思想不难看出，马克思关于创新的阐述实则比熊彼特的创新话语还要早，马克思在早期研究一定生产力水平基础上的生产关系、阐述经济规律时，就已为当今的创新发展理念提供了理论基础。

二、熊彼特的创新理论

在当代西方关于创新的研究和论述中，“创新”是1912年美国经济学家熊彼特在其《经济发展理论》一书中提出的概念。熊彼特的创新理论所提到的创新是“建立一种新的生产函数”或者是“生产要素的新的组合”，具体表现形式包括开发新产品、使用新的生产方法或者工艺、发现新的市场、发现新的原料或半成品、创建新的组织管理方式等（见图1.2）。

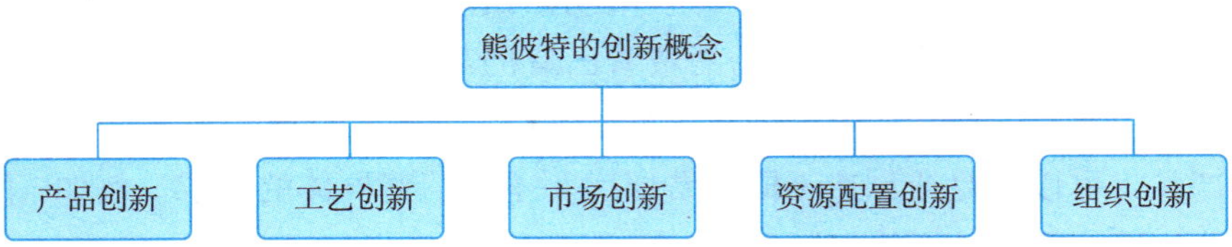

图1.2 熊彼特提出的五种创新

（一）产品创新

产品创新指创造一种新的产品，也就是消费者未曾见过的产品，或某种产品的一种新品质。产品创新源于市场需求，源于市场对企业的产品技术需求，即创新活动以市场需求为出发点，明确产品技术的研究方向，通过创新活动，创造出适合这一需求的适销产品，使市场需求得以满足。在现实的企业中，产品创新总是在技术、需求两维之中，根据本行业、本企业的特点，将市场需求和本企业的技术能力相匹配，寻求风险、收益的最佳结合点，产品创新的动力从根本上说是技术推进和需求拉引共同作用的结果。例如，汽车、火车、飞机等每一种新交通工具的出现都是产品创新。

（二）工艺创新

工艺创新指采用一种新的生产方法，也就是有关制造部门在实践中尚未知悉的生产方法，这种新的方法不需要建立在科学新发现的基础之上。工艺创新可以包括新工艺、新设备及新的管理和组织方法。工艺创新和产品创新都是为了提高企业的社会经济效益，但二者途径不同，方式也不一样。具体而言，产品创新侧重于活动的结果，而工艺创新侧重于活动的过程；产品创新的成果主要体现在物质形态的产品上，而工艺创新的成果既可以渗透于劳动者、劳动资料和劳动对象之中，还可以渗透在各种生产力要素的结合方式上；产品创新的生产者主要是为用户提供新产品，而工艺创新的生产者也是创新的使用者。

工艺创新的例子在化工制药等方面较多。例如，1989 年罗氏的抗病毒药品更昔洛韦（Cytovene）上市，该药的原料药年需求量约为 10 万千克。当艾滋病开始在全球出现时，更昔洛韦成为艾滋病患者常用的一线药物，更昔洛韦原料的年需求量大大增加，可达 50 万千克。为了满足迅速增长的市场需求，工厂唯有改进生产工艺。GARY 博士领导的研究小组，采用鸟苷三脂合成途径的新工艺，大大简化了合成步骤，所用原料和中间体数量明显减少，每年可以消除 2 万多千克的有害固体、接近 100 多万千克的有害液体，循环使用未进入终端产品的原料，增加超过 25% 的产率，产值翻倍。罗氏因此获得 2000 年“绿色化工总统奖”。

（三）市场创新

市场创新指开辟一个新的销售市场。市场创新包括三层意思：一是开拓地域意义上的新市场，包括老产品进入新市场，如由国内向海外拓展，由城市向农村拓展，也包括新产品进入新市场；二是开拓需求意义上的新市场，当现有的产品和服务都不能很好地满足潜在需求时，企业以新产品满足市场消费者已有的需求欲望；三是开拓产品意义上的新市场。将市场上原有的产品，通过创新变为在价格、质量、性能等方面具有不同档次、不同特色的产品，可以满足或创造不同消费层次、不同消费群体的需求，例如，“互联网 +”教育、农业、医疗等就是新的市场创新。

（四）资源配置创新

资源配置创新是指获得原材料或半制成品的一种新的供应来源，不论这种供应来源是否已经存在，但过去没有被注意到，或者不曾被创造出来。例如，提取紫杉醇的红豆杉，生长缓慢，树皮剥去后不能再生，树木将死亡，而且紫杉醇在红豆杉树皮中含量约 0.01%，根本满足不了临床用药，通过生物发酵等方法可以得到紫杉醇，这就是资源方面的创新。

（五）组织创新

组织创新是指实现一种新的组织，比如形成垄断，或打破垄断。这里的“组织创新”也可以看成部分的制度创新，当然仅仅是初期的狭义的制度创新。例如，我国企业组织创新的主流模式为战略先导型组织创新模式，这一模式有两个主要特征，一是业务流程重组，二是分权制，二者共同构成了战略先导型组织创新模式。

熊彼特指出，创新是经济发展的本质规定。他认为，可以把经济区分为“增长”与“发展”两种情况。所谓经济增长，如果是由人口和资本的增长所导致的，并不能称作发展，“因为它没有产生在质上是新的现象，而只有同一种适应过程，像在自然数据中的变化一样”。我们所意指的发展是一种特殊的现象，同我们在循环流转中或走向均衡的趋势中可能观察到的完全不同。它是流转渠道中的自发的和间断的变化，是对均衡的干扰，它永远在改变和代替以前存在的均衡状态。我们的发展理论，只不过是对这种现象和伴随它的过程的论述。所以，“我们所说的发展，可以定义为执行新的组合”。这就是说，发展是经济循环流转过程的中断，也就是实现了创新，创新是发展的本质规定。

熊彼特把“新组合”的实现称为“企业”，那么以实现这种“新组合”为职业的领导人便是“企业家”，而创新的主体是“企业家”。因此，企业家的核心职能不是经营或管理，而是看其是否能够执行这种“新组合”，即能否实现创新。这个核心职能又把真正的企业家活动与其他活动区别开来。每个企业家只有当其实际上实现了某种“新组合”时才是一个名副其实的企业家。这就使得“充当一个企业家并不是一种职业，一般说也不是一种持久的状况，所以企业家并不形成一个从专门意义上讲的社会阶级”。熊彼特对企业家的这种独特的界定，其目的在于突出创新的特殊性，说明创新活动的特殊价值。

三、国家创新系统理论

国家创新系统理论主要论述的是实现创新的整体体系。沿着熊彼特创新理论的思路，1986年美国经济学家罗默在论文《收益递增和长期增长》中，提出知识积累是造成技术进步的原因，也能够使经济保持长期可持续增长。沿着这一思路，进一步又引发了学者们关于如何有效地进行技术的转移、扩散和增值等的讨论，这就形成了国家创新系统理论。

国家创新系统理论认为创新是由国家创新系统推动的，国家创新系统是一套综合体系，既关乎创新的行为主体，也关乎创新的关系网络和运行机制。在这个系统中，企业作为创新主体的主要作用是在国家制度安排下推动知识的创新、引进、扩散和应用，从而实现整个国家创新水平的提升。这一理论有助于理解政府如何引导和激励企业、科研机构、大学和中介机构相互作用，从而加快科技知识的生产、传播、扩散。因此，国家创新系统理论的提出意味着创新从单纯的技术创新的概念扩展到了从知识、技术到扩散的全过程。

国家创新系统有六个基本要素，即创新活动的行为主体、行为主体的内部运行机制、行为主体间的联系、创新政策、市场环境和国际联系。

（一）创新活动的行为主体

创新活动的行为主体主要是企业、研究机构、教育培训机构、政府部门等。企业是最关键的创新主体，狭义的单一创新主体主要指企业，原因在于企业具有创新的动力，承担创新失败的成本，也获取创新的收益，而其他创新主体也是创新系统中的重要组成部分。

（二）行为主体的内部运行机制

国家创新系统由构成系统的要素及各要素间的相互关系组成，各个要素的自身优化是系统整体实力和效率的基础。各行为主体都具有良好的运行机制，才能保证运行效率的提高，从而保证国家创新系统整体效率的提高，因此，行为主体的内部运行机制极为关键。

（三）行为主体间的联系

创新资源在行为主体间高效的流动，有助于分担创新风险、减少创新成本、加快创新速度、提高创新效益，各行为主体之间的密切联系有助于国家创新系统的整体效率。

（四）创新政策

创新政策指能对创新活动产生影响的法律、法规和政策，包括创新供给、创新需求和创新环境等。创新政策与国家的各项宏观经济社会政策有着非常密切的关系。

（五）市场环境

市场环境对企业及其他行为主体的创新活动具有重要影响。一个国家市场的发育程度、规范程度和运行效率，对国家创新活动的规模、效益、效率等至关重要，市场环境一定程度上决定创新的动力。

（六）国际联系

国际联系是每个国家创新主体进行国际竞争与合作的途径和方式。当今国际社会科技和经济一体化的大趋势仍然没有改变，对各创新主体而言，国际联系更具有参与国际大市场竞争、开展国际化经营的含义，因此国际联系对国家创新系统的构建也非常重要。

第三节 创新的主要方式

一、原始创新和模仿创新

原始创新和模仿创新是经济体处于不同发展时期采取的不同的创新方式。原始创新是指在研究开发方面，特别是在基础研究和高技术研究领域取得独有的原创发现或发明，是最根本的创新，是一个民族对人类文明进步作出贡献的重要体现。例如，抗疟药物青蒿素在制药行业属于原始创新，是我国药学家屠呦呦首次发现其具有抗疟活性。模仿创新即通过模仿而进行的创新活动，一般包括完全模仿创新、模仿后再创新两种模式。模仿创新的主要来源和渠道是技术的引进和吸收。例如，抗高血压药物氨氯地平就是模仿创新的药物，它是在上市的二氢吡啶类药物的基础上模仿创新的药物。原始创新是开拓科学技术的前沿面，模仿创新则是跟随科学技术的前沿面。

在一个经济体发展的初期，创新来源主要是以技术引进为主的模仿创新，但以模仿创新作为创新的长期来源存在两个问题：一是随着本国科学技术不断发展，与前沿国家技术差距不断缩小，甚至在某些领域已经达到技术前沿，而前沿国家也不会将最先进的技术与本国共享，因此通过模仿创新获得的边际收益逐渐缩小。二是由于引进的技术结构与被引进国的禀赋结构相一致，但与本国的禀赋结构不一致，这种不一致在客观上造成了技术结构偏离比较优势，从而难以形成产业发展的自生能力。例如，一个国家农业生产过程中，其土地比较稀缺，劳动力比较丰裕，但在农业技术引进中，从更为发达的国家引进了大量的农业机械化技术，农业机械化技术是用来替代劳动力的，这与该国的劳动力丰裕的特征并不相符，就进一步造成了技术结构的偏离。如果该国通过自主创新，多开发农业生化技术，通过化肥、种子等的改良，使得农业生产中的单位亩产量提高，从而能够实现技术对土地的替代，那么就能够大幅提升农业生产的效率。因此，要解决以上两个问题，就要变模仿创新为自主创新，着力构建以企业为主体、市场为导向、产学研相结合的全面创新体系，最大限度地推动本国禀赋结构、产业结构和技术结构同步升级，实现经济增长的速度、质量和效益的最大化。

二、水平创新和垂直创新

垂直创新是指企业家通过创新将一种比现有产品质量更好的产品引入经济中，从而替代现有产品，使经济出现使产品质量提高的技术进步。企业家群体通过产品垂直创新，促使经济结构升级。水平创新是在现有产品基础上，改进现有产品的性能和工艺，或提升现有产品生产的效率。水平创新并不实现产品的替代。在垂直创新的框架下，创新过程是一个“创造性毁灭”的过程，新产品会将旧产品排挤出市场，典型的例子是火车被发明使用后，马车就被淘汰了；而在水平创新的框架下，新、旧两类物品可以同时存在于市场上，例如英特尔公司生产的中央处理器（CPU）不断更新换代，生产出性能更强、效率更高的产品，但并不会使以前的产品完全消失。

三、分离创新和协同创新

在经济发展初期的创新机制主要体现为分离创新，在分离创新机制下各创新主体、创新内容、创新要素和创新信息都是分离的，在这种机制下，无法实现资源整合和信息汇聚，难以达成合作，甚至在一定程度上还会出现重复建设和资源浪费等损失。在经济发展进入新阶段、创新主体和创新活动不断增加的背景下，就要变分离创新为协同创新。协同创新是指创新资源和要素有效汇聚，通过突破创新主体间的壁垒，充分释放彼此间人才、资本、信息、技术等创新要素活力而实现深度合作。实施创新驱动的机制转型就是构建创新的协同机制，从而使创新主体形成合力，以实现资源整合，从而最大限度提高创新活动的投入产出比。

延伸阅读

航天领域原始创新的实践

自 1957 年世界上第一颗人造地球卫星发射成功后，世界航天发展进入新时代。在航天发展的历程中，原始性技术创新是最重要的手段与途径。围绕国家重大需求和航天关键核心技术的突破，通过广泛吸纳原始性创新理论、方法，从第一次提出开发新技术设想到第一次进行新技术开发可行性验证，再到第一次完成新技术开发的实践，航天领域在原始性技术创新方面积累了丰富的实践经验。

GPS 能为全球用户提供低成本、高精度的三维位置、速度和精确定时等导航信息，是卫星通信技术在导航领域的应用典范。它的开发源于一次偶然的发现。1957 年，苏联第一颗人造卫星发射，美国霍普金斯应用物理实验室科学家在观测卫星的过程中，发现了通过测算空间传播信号的多普勒频移效应，可以连续追踪物体位置。基于这一重大理论发现，联系到解决北极星核潜艇在深海航行和执行军事任务而需要精确定位的问题，1958 年至 1964 年，DARPA（美国国防部高级研究计划局）和海军成功研制了海军卫星导航系统（又称子午仪卫星导航系统，是 GPS 的前身）。在其基础上，20 世纪 70 年代，美国陆海空三军联合研制了新一代卫星定位系统 GPS。1994 年，24 颗 GPS 卫星星座布设完成，全球覆盖率高达 98%。

实现火箭和飞船的可重复使用，从而降低航天发射成本，是世界航天的不懈追求。20 世纪美国和苏联在太空竞赛的背景下提出了利用可回收的优势发展航天飞机，但是由于系统过于复杂、发射成本极其高昂，航天飞机项目失败了。21 世纪初，美国太空探索技术公司（SpaceX）成立初就将目光聚焦在可重复使用技术的开发上，可重复使用技术开发的关键在于发动机的设计，SpaceX 在经典的燃气发生器循环理论和阿波罗计划中登月舱下降级发动机中标志性的针栓式喷注器的基础上，开启了 Merlin 系列发动机的自主研制，2006 年，Merlin-1A 在猎鹰 -1 火箭上首次投入飞行，之后衍生了 Meilin-1B、1C、1C 真空版、1D、1D 真空版等多个发动机型号。得益于 Merlin 发动机的改进，2016 年 4 月，“猎鹰 9 号”火箭成功实现一级海上平台回收，验证了可重复使用运载火箭的关键技术。

“中国航天之父”钱学森在应用力学、物理力学、航天与喷气、系统科学等很多基础研究领域都有开创性的成就。在空气动力学方面提出跨声速流动相似律，与冯·卡门一起，最早提出高超声速流概念，为飞机在早期克服热障、声障提供了理论依据；

在20世纪40年代，提出一种助推滑翔的导弹弹道设想，外国人将之称为“钱学森弹道”，这一设想提出数十年之后，一批新型尖端导弹在此理论的指导下陆续诞生；20世纪50年代，首先提出物理力学概念，主张从物质的微观规律确定其宏观力学特性，改变过去只靠实验测定力学性质的方法，大大节约了人力、物力，并开拓了高温高压的新领域；在航天系统工程实践的基础上，提炼出系统工程理论与方法，实现了航天总体设计的合理性，开创性地提出“开放的复杂巨系统”概念和“从定性到定量的综合集成方法”，并应用于国民经济建设。

回顾我国航天事业60多年的发展，之所以能取得以“两弹一星”、载人航天、月球探测为代表的一系列辉煌成就，并在很多领域达到世界领先水平，正是在钱学森等老一辈航天人的带领下，由一代代航天人筚路蓝缕、顽强拼搏，攻克了一系列关键核心技术，走出了一条适合中国国情的原始性技术创新之路。但是，从世界范围来看，近几十年来，国际航天强国同样在航天原始性技术创新领域取得了巨大的成就，从20世纪60年代的阿波罗计划以及80年代的航天飞机，再到21世纪初蓬勃发展的以SpaceX为代表的商业航天，以及目前的小行星着陆任务，原始性技术创新层出不穷，围绕航天强国目标的实现，中国航天未来的发展仍面临很大的挑战。

第四节　创新的分类

在传统的创新过程中只强调技术创新，从创新活动的产生来看，技术创新的确是最早出现的创新活动，也是最为主要和对经济社会发展作用最为直接的创新活动。但随着传统社会向现代社会的转型的不断深入，人们逐渐意识到创新不仅仅包括技术创新，也包括为技术创新提供环境保障的战略创新、体制创新和文化创新，还包括为技术创新提供来源的科学知识创新，为技术创新提供辅助手段的管理创新，以及为技术创新提供需求拉引的产业创新和市场创新。因此，要最大限度推进技术创新，就是要变技术创新为全面创新，构建一个包括理念创新、知识创新、技术创新、管理创新、产品创新、制度创新、产业创新和文化创新在内的全面创新体系，通过全面创新体系的建设，不断推动经济社会向前发展。

一、理念创新

理念创新，就是要改变人们对某种事物的错误的、过时的或不利于实践的既定看法和思维模式，换一个新的观察角度，得出一个新的结论或形成一个新的观点，从而采取新的态度和方法的过程。首先，理念创新的过程既要超越传统的思维方式和模式，又要超越已形成的利益格局和习惯做法。其次，理念创新不是凭空标新立异，它必须有一定的理论知识为支柱，要有创新知识作坚强后盾。最后，理念创新必须具有创造性思维。创造性思维是一种具有开创意义的思维活动，它不是对固有知识的运用和再现，而是摒弃传统观念，从新的角度对某件事物重新思考，得出创造性解答的思维方式。理念创新是经济和社会发展的先导，在经济社会发展的各个时期，与该发展时期相适应的观念一经形成，就会作为相对独立的精神因素反作用于它的经济基础，并形成一定的路径依赖，发挥出特有的社会作用。理念创新，就是要求打破这种路径依赖，不断自我否定、自我革新，从而保持经济和社会发展的活力。

二、知识创新

知识创新包括通过科学研究获得新思想以及新思想的传播、新思想的应用。一是通过研究和发展活动进行知识创新；二是在知识的生产、传播、交换和应用过程中发生的知识创新；三是新思想的首次扩散和应用。知识创新的本质特征是不仅具有一定的创新性，而且具有其经济上的应用价值性。知识创新是通过科学研究获得新的自然科学和技术科学知识的过程。知识创新的目的是追求新发现、探索新规律、创立新学说、创造新方法、积累新知识，是不断增进技术创新和制度创新所需知识的过程。知识创新是技术创新的基础，是新技术和新发明的源泉，是促进经济增长的革命性力量。知识创新为人类认识世界、改造世界提供新理论和新方法，为人类文明进步和社会发展提供不竭动力。从知识创新到产品和产业创新有比较长的时间间隔。例如，1907 年德国生化学家保罗 · 埃利希（Paul Ehrlich）就创建了化学疗法理论，通过化学化合物来控制细菌和微生物，但基于埃利希的理论来控制多种细菌疾病的磺胺药剂 1936 年才在市场上投放。

三、技术创新

技术创新是以创造新技术为目的的创新或以科学技术知识及其创造的资源为基础的创新。技术创新和产品创新有密切关系，又有所区别。技术的创新未必带来产品的创新，产品的创新未必需要技术的创新。一般来说，运用同样的技术可以生产不同的产品，生产同样的产品可以采用不同的技术。技术创新具有过程的特征，往往表现得更加内在。产品创新可能包含技术创新的成分，还可能包含商业创新和设计创新的成分。技术创新可能并不带来产品的改变，而仅仅带来成本的降低、效率的提高。例如，改善生产工艺、优化作业过程从而减少资源消耗、能源消耗、人工耗费或者提高作业速度。另外，新技术的诞生往往可以带来全新的产品，技术研发往往对应于产品或者着眼于产品创新；而新的产品构想，往往需要新的技术才能实现。

四、管理创新

管理创新是指形成一种创造性思想并将其转换为有用的产品、服务或工作方法的过程。

管理创新包括社会管理创新、经济管理创新和企业管理创新。管理创新的目标是：从宏观经济管理创新来看，一方面要转变政府职能，按照服务型政府的战略目标，转变政府职能，改善公共决策系统，提高公共政策质量，实现由权能型政府向服务型政府的转变；另一方面，在宏观经济管理的手段方面要考虑经济信息因素，将信息因素融合到宏观经济管理体制的建立中来，加强经济信息服务机构的建设，建立宏观经济管理信息系统；从微观企业管理创新来看，企业要依据劳动力成本升高、产品降价、运营资金短缺及环保治理压力等经济环境的变化，通过管理创新提高企业的核心竞争力。例如，在管理学中的“平衡计分卡”最初是作为一个新型的业绩评价体系而提出的，而很多企业在实践中发现通过平衡计分卡可以有效分解和沟通其战略，能够以战略为中心重构其预算、激励报酬、学习和反馈等管理系统，并推动企业向战略集中组织转变，从而成为企业战略管理的重要途径。

五、产业创新

产业创新就是当资本相对于劳动力和其他的资源禀赋更加充裕时，国家在资本和技术密集型产业中形成比较优势，进而实现从生产劳动密集型低价值产品向生产更高价值的资本或技术密集型产品这样一种结构升级的过程。每一个时代的产业结构都是一定需求结构、技术水平和资源结构的综合反映，并在这些因素变动的影响下不断演变。因此，产业突变的动力也来源于产业演进的动力系统中，是这些力的相互作用诱发并推动了产业创新。产业创新包括产业技术创新、产业结构创新和产业多样化创新。例如，中国高铁的自主化发展就是产业创新的一个成功案例，在我国决定发展高铁之初，放弃了“技术换市场”的流行观点，而采取了依靠自主创新的发展思路。这是我国铁路系统第一次打破封闭积习，集全国优势，“政产学研用”深度联合，协同攻关，通过自主研发，我国成为全世界高铁产业的领跑者。

六、产品创新

产品创新是建立在产品整体概念基础上的以市场、质量为导向的系统工程，包括新产品的开发和老产品的改进，并贯穿于产品构思、设计、试制及营销的全过程。产品创新可划分为四种基本类型。一是创造全新产品，即企业创造完全不同质的新产品，这样有利于企业进入市场，获取高额垄断利润，但同时企业必须依赖在创新过程中所获取的知识，面临高难度、高风险。例如，上市的一类新药都是全新产品，国内外没有出现。二是创造新的产品平台，利用一个新的通用的产品平台，开发出一个新的产品家族，新的产品家族进入相关市场和产品领域。三是创造已有产品平台的派生产品，这是对已有的产品平台的扩展，即用一种或多种新产品更好地占有相关市场，是产品差别化的主要形式。四是对原有产品的改进，在保留原有产品特点的基础上进行改进，提升竞争力。

七、制度创新

制度创新指的是能够使创新者获得追加或额外利益的、对现存制度的变革。促成制度创新的因素有三种：市场规模的变化、生产技术的发展，以及由此引起的一定社会集团或个人对自己收入预期的变化。从 20 世纪起，在全球范围内都开展了大规模的制度创新运动，我国 40 多年改革开放的历程，本质上也是一种制度创新的过程，从建立退休制度，到国企改革、“一国两制”等，都属于制度创新的重要举措。制度创新是建立全面创新体系的基本前提和根本保证。当前我国部分生产要素和资源价格形成机制仍不健全，要素市场的行政性垄断和区域、行业部门的市场分割仍然存在，市场竞争机制尚未充分发挥作用，阻碍了企业的自主创新热情。制度创新的滞后导致要素价格扭曲，不能充分反映市场供求关系，客观上保护了落后的企业和生产结构，也导致企业倾向于高消耗的增长方式。制度创新的目标是：通过进一步深化改革，为经济发展方式的转变提供有利的制度环境。

八、文化创新

文化创新是建立全面创新体系的精神引领和智慧支撑。随着科技与文化交融的日益加深，特别是文化消费和文化产业在消费结构、产业结构中的地位凸显，文化创新的重要性越来越得到大家的关注。而且，文化创新所形成的创意产业也是调整产业结构、支撑经济发展方式转变的重要方向。因此，在科技创新驱动的基础上提出文化创新驱动，不仅深化了对加快转积极与机变经济发展方式的认识，更符合加快转变经济发展方式的演化方向。文化创新的目标是：通过培育勇于创新、善于创新的创新文化，营造开放和包容的创新氛围，为建成全面创新体系提供精神动力和智力支持。

延伸阅读

华为登峰之路

华为已经是全球第一大电信设备商，产品和解决方案应用于全球 170 多个国家和地区。脚踏实地的华为并没有被胜利冲昏头脑，一如既往地深耕信息与通信领域，时刻保持着危机意识，并且重视内部学习和培训。华为拥有超过 20 年的通信技术领域人才培养及课程开发经验，在全球拥有数十家培训中心。而华为公司能取得今天的成就，就在于其一直聚焦技术创新、产品创新和管理创新。

1. 华为的创新实践之一：技术创新

在 2019 云计算开源产业大会上，华为智能数据解决方案 FusionData 凭借领先的性能以及调优技术等荣获“尖峰开源技术创新奖”。FusionData 是华为推出的融数据集成、数据存储、数据分析、数据治理能力于一体的智能数据解决方案。在 Hadoop、

Spark 等开源项目基础上，华为凭借鲲鹏处理器及昇腾 AI 芯片，实现了大数据平台、数据库性能的大幅提升，还获得了大数据平台全组件容灾、数据库智能调优等业界领先的特性。华为智能数据解决方案 FusionData 包含数据接入、数据处理（智能分布式存储 FusionStorage、大数据平台 FusionInsight、AI-Native 数据库 GaussDB）、数据使能三大主要组件，致力于帮助客户打通全域数据连接，建立统一的数据平台，提升实时数据服务能力，拥抱行业数字化。

截至 2019 年 7 月，华为智能数据解决方案 FusionData 已经应用于全球 60 多个国家及地区，服务于 1500 多个客户，拥有 500 多家商业合作伙伴，并广泛应用于金融、运营商、政府、大企业等行业或机构。

2. 华为的创新实践之二：产品创新

以华为 Mate X 为例，继华为 Mate 20 Pro 获得“MWC2019 最佳智能手机奖”之后，华为 MateX 又获得了由主办方 GSMA 颁发的“MWC2019 最佳新联接移动终端”奖。这是主办方 GSMA 专为新发布或即将上市的移动产品设立的组委会特别奖，代表对未来先驱科技的至高赞誉。这款手机在技术和功能上有其独特性，但其技术创新却不是独一无二的，苹果和三星等厂商都有类似技术的产品在推向市场。但真正的创新正如熊彼特所言，是“一种新的生产函数的建立，即实现生产要素和生产条件的一种从未有过的新结合，并将其引入生产体系”。华为通过发布会明确了其功能属性“5G”“折叠屏”，率先占据了消费者心智，不管现在 5G 实际是否投入运营，只要将

来你买手机时想到要“5G”、想到要“折叠屏”，就会想到华为手机。与此同时，华为对这款手机的定价也是在向他人明确传递身份的象征性意义。

3. 华为的创新实践之三：管理创新

华为手机在芯片、基础通信、拍照、续航、人工智能、系统流畅度以及产品可靠性等众多方面，领跑全行业。在智能手机陷入创新瓶颈时，华为不断有重大创新诞生，从给安卓内核动手术，到徕卡三摄，到 GPU Turbo，再到 Mate 20 身上的创新，华为手机构建起了立体的技术优势。但华为的创新，不局限于技术层面，还包括管理层面的创新，目的就是带给消费者更优质的体验。华为智能生活馆（上海爱琴海）旨在“聚焦消费者的体验感知度，以创造最优体验作为首要目标”，在这里，消费者不仅仅是购买产品，还能体验多样化的潮流科技，亲自参与每个环节，比如丰富有趣的手机摄影、VR 游戏等，感受华为有温度的服务及人文关怀。消费者在这里，可放下心理防线，与店员交流、谈心，感受科技的魅力，与华为“共享美好生活”。因此，除了技术领先，把产品做好，华为还在服务、消费者满意度、用户体验等方面进行了立体创新。

“以客户为中心”是华为企业文化的主要部分，落到华为消费者业务上，就是“以消费者为中心”。消费者是华为手机的出发点和最终归宿，华为的一切创新，都是围绕消费者的需求而展开的。

第五节 创新思维

一、创新意识、创新思维和创新能力的关系

创新是指为人类社会的文明和进步创造有价值、前所未有的实体产品和知识产品的活动。具有创新精神的人才是指具有创新意识、创新思维、创新能力的人才，这种人才通常被称为创新型人才。创新型人才的核心是创新思维。这是因为创新意识是指对人类文明进步和崇高理想的贡献意志，致力于发展科学技术的精神，创造和发明的愿望。创新能力是指将创新思想、理论和设计转化为有价值、前所未有的知识产品或实体产品的实践能力。创新意识主要处理“为什么要创新”的问题，即创新的动力。创新思维和创新能力回答了“如何创新”的问题。创新思维回答如何形成创新思想、理论和设计；创新能力回答了如何将创新思想、理论和设计转化为实际的知识产品或实体产品（文字作品、音乐作品、绘画或发明专利产品）的问题。显然，创新意识是创造和发明的前提和动力，创新意识对创新人才培养至关重要，这是问题的一个方面。至于问题的另一方面，创新思维是创新意识和创新能力不可或缺的基础。没有创新思维，创新意识就会变得不切实际；没有创新思维，知识产品和实体产品的生产将成为无源之水、无根之树，所谓的“创新能力”将不过是一种莽撞。所以从这个意义上说，创新思维是创新意识和创新能力的基础和核心。

二、创新思维的含义

创新思维即创造性思维，是一种具有开创意义的思维活动，即开拓人类认识新领域、开创人类认识新成果的思维活动，它往往表现为发明新技术、形成新观念、提出新方案和决策、创建新理论。创新思维广泛存在于政治、军事决策和生产、教育、艺术及科学研究活动中。如工作实践中，具有创新思维的职业经理可以想别人所未想、见别人所未见、做别人所未做的事，敢于突破原有的框架，或是从多种原有规范的交叉处着手，或是反向思考问题，从而取得创造性、突破性的成就。

创新思维的结果是实现了知识即信息的增值，它或者是发现新的知识（如观点、理论），从而增加了知识的数量即信息量；或者是在方法上的突破，对已有知识进行新的分解与组合，实现了知识即信息的新的功能，由此便实现了知识即信息的结构量的增加。所以从信息活动的角度看，创新思维是一种实现了知识即信息量增值的思维活动。

总之，创新思维需要人们付出艰苦的脑力劳动。一项创新思维成果的取得，往往需要经过长期的探索、刻苦的钻研，甚至多次的挫折，而创新思维也要经过长期的知识积累、智能训练、素质磨砺才能具备，创新思维过程离不开推理、想象、联想、直觉等思维活动。

三、常见创新思维

创新思维的关键在于怎样具体地进行创新思考。创新思维的重要诀窍在于多角度、多侧面、多方向地看待和处理事物、问题和过程。具体表现在以下几个方面。

（一）理论思维

理论思维是指使理性认识系统化的思维。这种思维在实践中应用得很多，如系统工程就是运用理论思维来处理一个系统内各个相关问题的一种管理方法。又如，“相似论”也是理论思维的范畴，即人见到鸟有翅膀能飞，就根据鸟的翅膀、躯体几何结构与空气动力和飞行功能等相似原理发明了飞机。可以说，理论思维是一种基本的思维形式。为了把握创新规律，就要认真研究理论思维的规律。

（二）横向思维

横向思维从多个角度入手，改变解决问题的常规思路，拓宽解决问题的视野，从而使难题得到解决，它在创新活动中发挥着巨大作用。横向思维的过程是先把时间概念上的范围确定下来，然后在这个范围内研究事物各方面的相互关系，使横向比较和研究具有更强的针对性。横向思维是对事物进行横向比较，即把研究的客体放到事物的相互联系中去考察，可以充分考虑事物各方面的相互关系，从而揭示出不易觉察的问题。如彼特·尤伯罗斯（Peter Ueberroth）因成功组织了 1984 年的洛杉矶奥运会，被《时代》周刊评选为 1984 年度的“世界名人”。在尤伯罗斯之前，举办现代奥运会简直是一场经济灾难，1976 年蒙特利尔奥运会亏损 10 亿美元，1980 年莫斯科奥运会亏损 90 亿美元。1984 年的洛杉矶奥运会在政府没有提供任何资金的情况下，纯靠商业化运作居然获利 2.5 亿美元，令全世界为之惊叹。这个创举要归功于尤伯罗斯在奥运经费筹措问题上采用了横向思维。

拓展思考：

某郊区一著名旅游景点有几个“果树村”（以植果为业的山村），山坡上、山沟里分布有很多果林，有苹果树林、桃树林、杏树林、栗子树林。这几个“果树村”打算借旅游景点之利，开展一些能够吸引游客的活动，以增加收入。你能否运用横向思维为他们想些办法？

（三）纵向思维

纵向思维被广泛应用于科学和实践之中。事物发展的过程是纵向思维的客观基础，任何一个事物都要经历一个萌芽、成长、壮大、发展、衰老和死亡的过程，并且这个过程可反映出事物发展的规律性，纵向思维就是对事物发展规律的挖掘。纵向思维按照由过去到现在、由现在到未来的时间先后顺序来考察事物。纵向思维对未来的推断具有预测性，其预测结果可能符合事物发展的趋势。在现实社会中，通过对事物现有规律的分析预测未知的情况相当普遍，例如思维方法在气象预测、地质灾害预测等领域的广泛应用，对于指导人们的行为、决策和规划起着较大作用。

（四）正向思维

这是人们最常用到的思维。正向思维是在对事物的过去、现在充分分析的基础上，推知事物的未知部分，提出解决方案。它的特点是：在时间维度上是与时间的方向一致的，随着时间的推进进行，符合事物的自然发展过程和人类认识过程；观察具有统计规律的现象时，能够发现和认识符合正态分布规律的新事物及其本质；面对生产生活中的常规问题时，正向思维具有较高的处理效率，能取得很好的效果。

（五）逆向思维

逆向思维法是利用事物的可逆性，从反方向进行推断，寻找非常规的思考路径，运用逻辑推理去寻找新的方法和方案。逆向思维在各种领域、活动中都有适用性。不论哪种方式，只要从一个方面想到与之对立的另一方面，都是逆向思维。逆向思维是一种逆反方向和逆反顺序的思维方式。通常在正向思维无法解决问题时，多采用逆向思维去思考。

延伸阅读

恶性竞争都降价，唯我独尊偏涨价

1974 年世界经济滑坡，许多领带厂家都采取大降价手法抛售。面临窘境的“金利来”老板曾宪梓却冒险采用了另一种手法：提高领带的质量和价格。

结果“金利来”身价倍增，危机过后，“金利来”理所当然地成了独占鳌头的第一品牌。在崇尚外国名牌货的香港，“金利来”价格不菲，气度非凡，深得人们喜爱，可见其地位非同一般。

现在，“金利来”的规模在东南亚首屈一指，成了拥有领带、丝织、皮革制品等 8 家公司的大企业，在日本以外的亚洲各国及各地区，领带及领带机械设备均由曾宪梓代理。“金利来领带，男人的世界！”这句广告语，响彻中国港台地区、内地。

（六）侧向思维

“他山之石，可以攻玉”，当我们在一定的条件下解决不了问题或虽能解决问题但只有习以为常的方案时，可以用侧向思维来产生创新性的突破。要善于观察，特别是留心那些表面上似乎与思考问题无关的事物与现象。如鲁班因茅草的细齿划破手指而发明了锯；威尔逊通过云雾现象，设计了探测带电粒子运动足迹的“云雾室”等。

（七）多向思维

多向思维也叫发散思维、辐射思维或扩散思维，是指在对某一问题或事物的思考过程中，不拘泥于一点或一条线索，从仅有的信息中尽可能向多方向扩展，而不受已经确定的方式、方法、规则和范围等的约束，并且从这种扩散的思考中求得常规的和非常规的多种设想的思维。人的多向思维能力可以通过锻炼而提高，其要点是：首先，遇事要大胆地敞开思路；其次，要努力提高多向思维的质量，单向发散只能算是低水平的发散；最后，坚持思维的独特性是提高多向思维质量的前提，重复自己脑子里传统的或定型的东西是不会发散出独特性思维的。

（八）联想思维

联想思维是指由某一事物联想到另一种事物而产生认识的心理过程，即由所感知或所思的事物、概念或现象的刺激而想到其他的与之有关的事物、概念或现象的思维过程。联想是每一个正常人都具有的思维本能。由于有些事物、概念或现象往往在时空中相伴出现，或在某些方面表现出某种对应关系，这些关联反复出现，就会被人脑以一种特定的记忆模式接受，并以特定的记忆表象结构储存在大脑中，一旦人以后再遇到其中的一个时，人的大脑会自动地搜寻过去已确定的联系，从而马上联想到不在现场的或眼前没有发生的另外一些事物、概念或现象。

（九）形象思维

形象思维就是依据生活中的各种现象进行选择、分析、综合，然后加以艺术塑造的思维方式。它也可以被归纳为与传统形式逻辑有别的非逻辑思维。严格地说，联想只完成了从一类表象过渡到另一类表象，它本身并不包含对表象进行加工制作的处理过程，而只有当联想导致创新性的形象思维活动时，才会产生创新性的成果。

（十）收敛思维

收敛思维是将各种信息从不同的角度和层面聚集在一起，尽可能利用已有的知识和经验，将各种信息重新进行组织、整合，实现从开放的自由状态向封闭的点进行思考，从不同的角度和层面，把众多的信息和解题的可能性逐步引导到条理化的逻辑序列中，以产生新的想法，寻求相同目标和结果的思维方法，其目的是形成一个合理的方案。在收敛思维的过程中，要想准确地发现最佳的方案，必须综合考察各种发散思维成果，并对其进行归纳、分析比较。收敛式综合考察并不是简单的排列组合，而是具有创新性的整合，即以目标为核心，对原有的知识从内容到结构进行有目的地评价、选择和重组。如隐形飞机的制造是一种多标聚焦的结果，要制造一种使敌方的雷达、红外热成像仪等追踪不到的飞机，需要分别实现雷达隐身、红外隐身、可见光隐身、声波隐身四个目标，每个目标中还有许多具体的小目标，研发人员通过解决一个个小目标，最终制造出了隐形飞机。

四、创新思维技法

自20世纪30年代末美国著名创造学家奥斯本发明了第一个现代意义的创新思维技法——头脑风暴法以来，创新思维技法至今已有多种。下面就介绍常见的创新思维技法。

（一）头脑风暴法

所谓头脑风暴法，是以小组的形式，无限制地自由联想和讨论，产生新观念或激发创新设想，是由美国创造学家奥斯本于1939年首次提出的一种激发性思维方法。

1. 头脑风暴法激发创新思维的原因

头脑风暴法何以能激发创新思维？根据奥斯本及其他研究者的看法，有以下几点因素。

（1）联想反应。联想是产生新观念的基本过程。在集体讨论问题的过程中，每提出一个新的观念，都能引发他人联想，相继产生一连串的新观念，产生连锁反应，形成新观念堆，为创造性地解决问题提供了更多的可能性。

（2）热情感染。在不受任何限制的情况下，集体讨论问题能激发人的热情。人人自由发言、相互影响、相互感染，能形成热潮，突破固有观念的束缚，最大限度地发挥创造性的思维能力。

（3）竞争意识。在有竞争意识的情况下，人人争先恐后，竞相发言，不断地开动思维机器，力求有独到见解和新奇观念。心理学告诉人们，人类有争强好胜心理，在有竞争意识的情况下，人的心理活动效率可增长50%或更多。

（4）个人欲望。在集体讨论解决问题过程中，个人的欲望自由，不受任何干扰和控制，是非常重要的。头脑风暴法有一条原则，即不得批评仓促地发言，甚至不许有任何怀疑的表情、动作、神色。这就能使每个人畅所欲言，提出大量的新观念。

2. 头脑风暴法基本原则

（1）暂缓评价。在头脑风暴会议上，会议主持人和会议参与者对各种意见、方案的正确与否，不要当场做出评价，更不能当场提出批评或指责。

（2）鼓励提出独特的想法。与会者在轻松的氛围下，就像与家人聊天一样，各抒己见，避免人云亦云、随波逐流，以利于提出独特的见解，甚至是看似异想天开的、荒唐的想法。

（3）追求数量。如果追求方案的质量，容易将时间和精力集中在对某个方案的完善和补充上，从而影响其他方案的提出和思路的开拓，也不利于调动所有成员的积极性。如果头脑风暴会议结束时有大量的方案，那就极可能从中发现一个非常好的方案。因此，头脑风暴法强调所有的活动应该以在给定的时间内获得尽可能多的方案为原则。

（4）重视对想法的组合和改进。可以将他人的好想法进行组合、取长补短，通过改进，以形成一个更好的想法，从而达到“1+1>2”的效果。与单纯提出新想法相比，对想法进行组合和改进可以产生更好、更完整的想法。所以，头脑风暴法能更好地体现集体智慧。

头脑风暴法作为一种令人愉悦的活动，通常被参与者欣然接受。另外，人们还对头脑风暴法进行了改进，从而出现了一些头脑风暴法的变型。总体上说，头脑风暴法适合于解决那些相对简单并被严格确定的问题，如研究产品名称、广告口号、销售方法、产品的多样化等。头脑风暴法对于解决一般发明问题是有效的。但在更加复杂的发明问题中，使用这种方法不可能立即猜想出解决方案，不是一种能快速得到发明结果的方法。

（二）六顶思考帽

六顶思考帽是"创新思维学之父"爱德华·德·博诺博士开发的。它提供了"平行思维"的工具，避免将时间浪费在互相争执上，强调的是"能够成为什么"，而非"本身是什么"，是寻求一条向前发展的路，而不是争论谁对谁错。运用六顶思考帽法，会使混乱的思维变得更清晰，使团体中无意义的争论变成集思广益的创造，使每个人变得富有创造性。

六顶思考帽是指使用六种不同颜色的帽子代表六种基本的思维模式，如图 1.3 所示。任何人都有能力使用这六种基本思维模式。

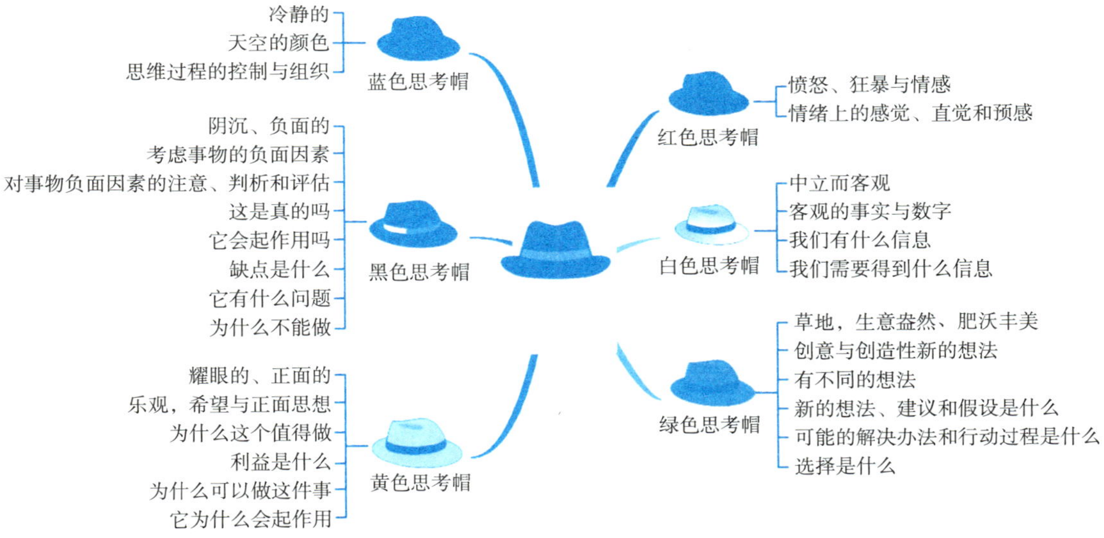

图 1.3 六顶思考帽模型

（1）白色思考帽。戴上白色思考帽，人们关注的是客观的事实和数据。

（2）绿色思考帽。戴上绿色思考帽，寓意富有创造力和想象力，具有创造性思考、头脑风暴、求异思维等功能。

（3）黄色思考帽。戴上黄色思考帽，人们从正面考虑问题，表达乐观的、充满希望的、建设性的观点。

（4）黑色思考帽。戴上黑色思考帽，人们可以运用否定、怀疑、质疑的看法，合乎逻辑地进行批判，尽情发表负面的意见，找出逻辑上的错误。

（5）红色思考帽。戴上红色思考帽，人们可以表达自己的情绪，还可以表达直觉、感受、预感等方面的看法。

（6）蓝色思考帽。戴上蓝色思考帽，控制和调节思维过程，负责控制各种思考帽的使用顺序，规划和管理整个思考过程，并负责做出结论。

在应用六顶思考帽法时，“戴帽”顺序非常重要。六顶思考帽不仅仅定义了思维的不同类型，而且定义了思维的流程结构对思考结果的影响。因此，六顶思考帽法在会议中的典型应用步骤为：第一步陈述问题（白帽），第二步提出解决问题的方案（绿帽），第三步评估该方案的优点（黄帽），第四步列举该方案的缺点（黑帽），第五步对该方案进行直觉判断（红帽），第六步总结陈述并做出决策（蓝帽）。

（三）发明问题解决理论（TRIZ）

TRIZ 是发明问题解决理论的俄文首字母缩写。按照国际标准“ISO/R9 —1968E”的规定，把俄文转换成拉丁字母以后，该理论简写为 TRIZ。TRIZ 是苏联军方技术人员、发明家里奇·阿奇舒勒（Genrich S. Altshuller），在研究了来自世界各国的上百万个专利的基础上，提出的一套体系相对完整的发明问题解决理论。

TRIZ 有两个基本含义：表面的意思是强调解决实际问题，特别是发明问题；隐含的意思是由解决发明问题而最终实现（技术和管理）创新。解决问题就是要实现发明的实用化，这符合创新的基本定义。

2008 年，中华人民共和国科学技术部、中华人民共和国发展和改革委员会、中华人民共和国教育部、中国科学技术协会联合发布了《关于加强创新方法工作的若干意见》，明确了创新方法工作的指导思想、工作思路、重点任务及其保障措施等。截至目前，全国已分批在几乎所有省（区、市）开展了以 TRIZ 理论体系为主的创新方法的推广应用工作。

将传统的创新思维技法与 TRIZ 结合在一起，可以收到更好的效果。例如，在由具体问题抽象成 TRIZ 的问题模型时，以及将 TRIZ 的解决方案模型演绎成具体解决方案时，都或多或少地需要应用头脑风暴法、形态分析法等。因此，在倡导推广应用 TRIZ 的同时，应做到将 TRIZ 与传统创新思维技法有机结合，以获取理想的创新效果。

TRIZ 常用的创新思维方法有两种。

1. 九屏幕法

九屏幕法是典型的 TRIZ 系统思维方法，即对情境进行整体考虑，不仅考虑目前的情境和探讨的问题，而且考虑它们在层次和时间上的位置和角色。九屏幕法具有可操作性、实用性强的特点，可以更好地帮助使用者质疑和超越常规，克服思维定式，为解决实践中的疑难问题提供清晰的思维路径。

根据系统论的观点，系统由多个子系统组成，并通过子系统间的相互作用实现一定的功能。系统之外的高层次系统称为超系统，系统之内的低层次系统称为子系统。我们所要研究的、问题正在发生的系统，通常也称“当前系统”（简称系统）。

例如，把汽车作为一个当前系统，那么轮胎、发动机和方向盘都是汽车的子系统。因为每辆汽车都是整个交通系统的一个组成部分，交通系统就是汽车的一个超系统。当然，大气、车库等也是汽车的超系统。

当前系统是一个相对的概念。如果以轮胎作为当前系统来研究的话，那么轮胎中的橡胶、子午线等就是轮胎的子系统，而汽车、驾驶员、大气、车库等都是汽车的超系统。在分析和解决问题的时候，九屏幕法要考虑当前系统及其超系统和子系统，要考虑当前系统的过去和未来，还要考虑超系统和子系统的过去和未来。

总之，九屏幕法是一种分析问题的手段，体现了如何更好地理解问题，也确定了解决问题的某个新途径。另外，各个屏幕显示的信息，并不一定都能引出解决问题的新方法。如果实在找不出好的办法，可以暂时空着它。但不管怎么说，每个屏幕对于问题的总体把握，肯定是有所帮助的。练习九屏幕法，可以锻炼人们的创造力，也可以提高人们在系统水平上解决问题的能力。

2. 金鱼法

在创新过程中，有时候产生的想法看起来并不可行甚至不现实，但是，此种想法的实现却不无可能。如何才能克服对“虚幻”想法的自然排斥心理呢？金鱼法可帮助我们解决此问题。金鱼法的基础，是将一个看似异想天开的想法分为两个部分：现实部分和非现实（幻想）部分。接着，把非现实部分再分为两部分：现实部分和非现实部分。继续划分，直到余下的非现实部分变得微不足道，而想法看起来可行为止。

金鱼法的具体做法是：

步骤 1　将不现实的想法分为两个部分：现实部分与非现实部分。精确界定什么样的想法是现实的，什么样的想法看起来是不现实的。

步骤 2　解释为什么非现实部分是不可行的。尽力对此进行严密而准确的解释，否则最后可能还是得到一个不可行的想法。

步骤 3　找出在哪些条件下想法的非现实部分可变为现实的。

步骤 4　检查系统、超系统或子系统中的资源能否提供此类条件。

步骤 5　如果能，则可定义相关想法，即应怎样对情境加以改变，才能实现想法的看似不可行的部分。将这一新想法与初始想法的可行部分，组合为可行的解决方案构想。

步骤 6　如果我们无法通过可行途径来利用现有资源为看起来不现实的部分提供实现条件，则可将这一“看起来不现实的部分”再次分解为现实与非现实部分。然后，重复步骤 1–5，直到得出可行的解决方案构想。

金鱼法是一个反复迭代的分解过程，其本质是将幻想的、不现实的问题现实化，找出可行的解决方案。

本章习题

1．何谓创新？

2．创新的理论渊源有哪些？

3．试比较马克思和熊彼特的创新思想。
4．如何理解水平创新与垂直创新?
5．创新的分类有哪些?
6．常见的创新思维有哪些?
7．创新思维技法有哪些?

案例评析

四川航空遇难题

四川航空股份有限公司（以下简称“四川航空”）是国内知名的航空公司，其总部在成都双流机场，由于该机场位于成都市郊，因此旅客往往需要换乘其他交通工具来接驳航班。这让四川航空看到了创新的机会，只有解决乘客的交通问题，才能获得更多的客户。于是为了延伸公司的服务空间，提高行业市场竞争力，四川航空决定开展“免费接送”服务，凡是购买四川航空半价以上机票的顾客都可以享受从机场到市区的免费接送服务。

但是问题来了，经过计算，如果要达到让旅客满意的通勤效率，该服务一共需要使用 150 台商旅车，购车款、司机、油费等费用加在一起，这样的免费活动如果常年开展对公司来说是一笔不小的支出。如何破解这个难题呢?四川航空决定换一个角度。

四川航空先是以远低于市场的价格向风行公司购买了 150 台商旅车用于接送乘客。为什么风行公司会给出这么大幅度的优惠呢?因为四川航空承诺在每次接送途中都为风行公司的这款车做广告，以每次坐 6 名乘客、每天往返 3 趟来计算，一年内风行汽车的广告就会覆盖近 200 万人次，这笔交易对风行汽车来说十分划算。就这样，四川航空以较低的成本获取了车辆。

车的问题解决了，四川航空着手解决司机的问题。四川航空决定把这些商旅车高价卖给司机，让司机来运营线路。四川航空宣布只要有司机买下一辆商旅车，四川航空就将接送的客源给司机，并且以每位乘客单程 25 元的价格向司机支付费用。这个条件得到了很多司机的认可，因为这样就有了非常稳定的客源，哪怕买车的费用稍高也能够保证收益。

通过这样两个方法，四川航空不仅通过低价买车高价卖车获利颇丰，还使免费接送服务得以稳定持续地开展下去，公司需要支出的是每位乘客 25 元的车费，对比买车、雇佣司机和日常维护的费用可谓十分低廉。而且因为司机按乘客数来获取收益，所以其效率要比以月薪雇佣的司机高很多，其服务质量也较高。而乘客呢?乘客发现相比其他航空，购买四川航空的机票能够享受免费且高效的接送服务，解决了从机场到市区、市区到机场的交通问题，自然愿意选择四川航空。这 150 台印着“四川航空，免费接送”字样的商旅车在城市里不断地驶进驶出，也起到了宣传公司的作用。事实证明，四川航空的这项免费接送服务，带动了公司的机票销量，也获得了不少的收益。综合来看，四川航空在免费接送这个项目上，使汽车制造商、司机、乘客及自己四方实现了共赢，这一切都得益于其敏锐的眼光和别样的思路。

思考与讨论

1．四川航空开通免费接送服务所用的方法有何创新之处?
2．四川航空开通免费接送服务成功的原因是什么?
3．四川航空在该事件中运用了什么样的思维?

本章思维导图

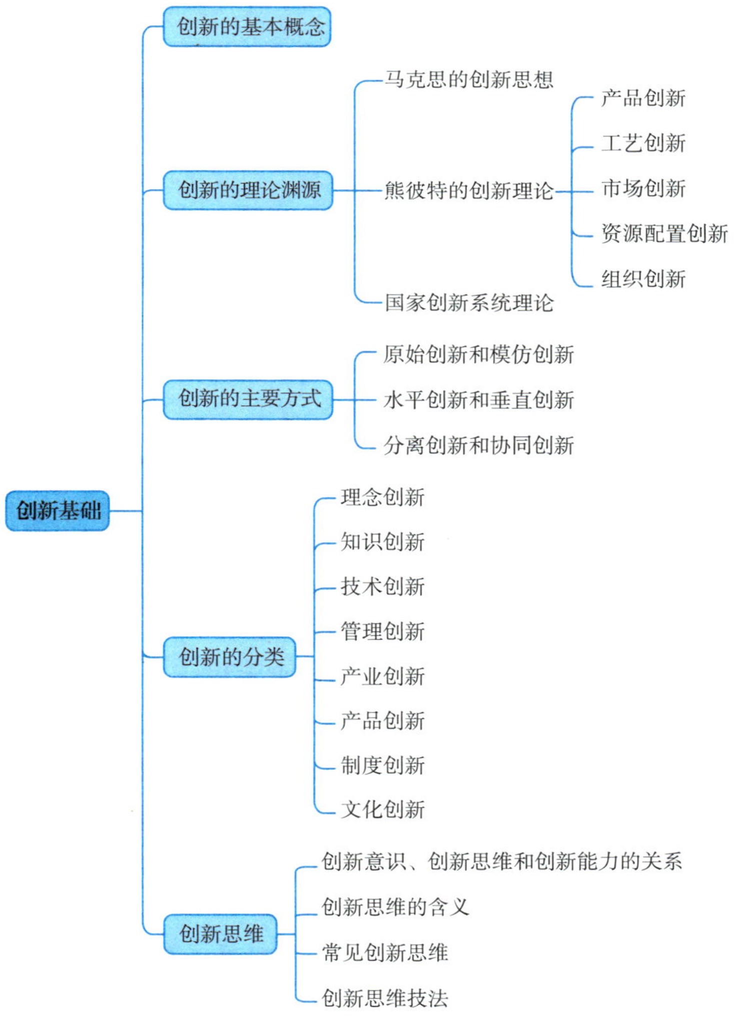

第二章 Chapter 2 认识创业

本章导读

2017年，联合国大会通过决议，将每年4月21日指定为世界创意和创新日，并呼吁各国支持我国首次提出的“大众创业、万众创新”。如今，创业更是随处可见，各行各业都有创业者的身影出现。而大学生作为创业的生力军，更应当为了实现伟大复兴的中国梦而积极学习，掌握创业相关的理论知识，提高综合素质，勇敢尝试创业创新，承担起中国青年的责任，展现中国青年的担当与魅力。本章重点介绍创业内涵、创业要素、创业过程、创业类型与方式以及大学生创业的优、劣势及政策保障。

学习目标

1. 了解创业的内涵。
2. 认识创业的要素。
3. 理解常见的创业过程。
4. 掌握常见的创业类型以及创业方式。
5. 理解大学生创业的优、劣势及政策保障。

引导案例

“饿了么”创业历程

2009年，上海交通大学研一学生张旭豪，来到了上海市觉群创业基金的评审会上，给创业导师李肖鸣等三位评委递交了他的创业计划书。李老师接过张旭豪的创业计划书一看就笑了：“饿了么？怎么叫这个名字？”张旭豪说他和同学几个人一起打游戏到了半夜时，突然感觉肚子饿了，他于是就问大家：“你饿了吗？”大家你看看我，我看看你，都说“是啊！”确实肚子饿了。

于是大家翻出口袋里那些餐馆的名片，开始打电话，想看看哪家餐馆还在营业。奇怪的是一个电话也打不通。这时张旭豪头脑里开始萌生了一个创业想法：我们能不能做个送外卖的工具？这个想法一说出口，大家顿时不感觉饿了，一起讨论到了凌晨五点。经过一段时间的市场调研，他发现“送餐软件”还是个空白市场，他们很快写出了创业计划书，并且得到了上海市学生事务中心主管的上海党群创业基金的资助，终于如愿以偿开办了自己的公司。

接下来的创业并没有他想象中那么容易，为了让创业计划尽快变成现实，团队中一位学习计算机专业的大四学生，甚至不得不休学一年，来完成这个点餐平台的产品设计。目前，“饿了么”订餐平台已经完成E轮10亿人民币的融资，张旭豪的公司已经发展到10000多人，他也成了名副其实的创业成功的企业家。

思考题：

1. 什么是创业？
2. 创业需要准备些什么？

第一节 创业内涵

在我国现有的文字记载中，“创业”一词最早出现在《孟子·梁惠王下》：“君子创业垂统，为可继也。”这里的创业仅指古代封建帝王创立功业，与现代意义上的创业二字意思相去甚远。对现代意义的创业二字的研究，我国主要始于20世纪80年代，尤其是在邓小平发表南方谈话之后，掀起了一股“下海”经商的热潮，创业一词开始有了中国特色，逐渐受到重视，并成为国家战略层面的重要议题。

我国著名经济学家贾康，将创业定义为：“创业是发现、评估、利用商业机会，组织资源，创造价值，实现自我价值和社会价值的过程。”清华大学经济管理学院教授魏杰认为：“创业是创新型企业在市场竞争中，通过新产品、新技术、新服务、新模式等方面的创新，实现企业持续成长和发展。”北京大学光华管理学院教授张维迎认为：“创业是资源配置的一种方式，它以创新为动力，以企业为载体，实现资源的最佳配置。”中国人民大学经济学院教授杨瑞龙为：“创业是具有创新精神的人，在发现和把握商业机会的过程中，组织资源，创建新企业，为社会创造财富和就业。”这些学者从不同角度对创业进行了定义，强调了创业的创新、资源整合、价值创造等方面。这些定义有助于大众更好地理解创业的本质和意义，为创业研究和实践提供理论支持。

如今，创业在我国已成为新时代发展的关键词，代表着一种积极向上的生活态度和价值观，政府也出台了一系列政策，鼓励大众创业、万众创新，以期激发社会创造力，推动经济转型升级。

在西方，创业一词源于拉丁语“initiative”和法语“entreprendre”，后演变为英语中的“Entrepreneurship”，通常指创业者对现有资源进行优化整合，创造出更大经济或社会价值的过程。在《柯林斯英语大辞典》中，“创业”被定义为“创业是成为创业者的一种状态或与成为创业者相关的各种活动”。

但是在西方创业发展史中，实际并没有明确的学者首次提出“创业”一词，有关创业的理念和概念可以追溯到19世纪末至20世纪末的一些经济学家、管理学家和教育家的著作，如被誉为创业理论奠基人的约瑟夫·熊彼特（Joseph Schumpeter），在1934年出版的《企业家、创新与经济周期》一书中提出了“创新理论”，他认为创新是推动经济发展的核心动力，创业是实现创新的重要途径；美国管理学家，被誉为“现代管理之父”的彼得·德鲁克（Peter Drucker），在1985年的著作《创新与创业》中，将创业视为一种管理方式和思维模式，强调企业家通过创新、组织和管理来实现价值创造；美国经济学家保罗·戈特弗里德·舒尔茨（Paul G. Hoel），在1969年的著作《创业经济学》中，将创业定义为“发现、评估和利用经济机会的过程”，进一步拓展了创业理论；美国教育家霍瑞斯·库克（Horace Cooke），在19世纪末首次提出了“创业教育”概念，强调培养学生的创新精神和创业能力；创业教育之父杰夫里·提蒙斯（Jeffry A.Timmons）在1974年所著的创业教育领域的经典教科书《创业创造》（New Venture Creation）中认为，创业是一种思考、推理结合运气的行为方式，它被运气带来的机会所驱动，需要在方法上全盘考虑并拥有和谐的领导能力。创业作为一个商业领域，致力于理解创造新事物（新产品、新市场、新生产过程或原材料、组织现有技术的新方法）的机会，如何出现并被特定个体发现或创造，这些人如何运用各种方法去利用和开发它们，然后产生各种结果。总之，创业一词在西方的发展并非源于单一学者，而是众多学者在长期实践中逐步完善和拓展的结果。

综上所述，学术界关于创业的具体定义有着众说纷纭的看法，本书研究了多位学者的说法之后，决定采取哈佛大学霍华德·史蒂文森教授对于创业的定义：**创业是不拘泥于当前资源条件的限制而对机会的追寻，组合不同的资源以利用和开发机会并创造价值的过程。**在高速发展的21世纪，创业已成为一个涵盖创新、风险、价值创造等多个方面的综合性概念，并在全球范围内受到广泛关注。

思政讲堂：“有责任有担当，青春才会闪光。”新时代的中国青年理想信念内植在思想深处，外显于担当作为的实际行动。党的十八大以来，中国青年在各自岗位上奋斗奉献，在急难险重任务中冲锋在前，在创新创业中走在前列，在重要领域和重要岗位上攻坚克难，展现出不怕苦、不畏难的青春风采。以“大学生志愿服务西部计划”为例，20年来，全国先后有46.5万余名大学生志愿者在我国2000多个县（市、区、旗）基层为当地提供志愿服务。近三年来，全国高校毕业生积极响应党和国家号召，到地市级及以下地区就业比例约70%，到中西部就业比例约60%。这些充满朝气的青春力量，用脚步丈量祖国大地，在艰苦环境和基层一线服务群众、贡献知识、锻炼意志、增强担当精神，在边疆和基层创业创造的奋斗中奏响最美青春之歌。

青年最具创新热情，也最具创新动力。近年来，一批批具有国际竞争力的青年科技人才脱颖而出，在“天宫”“蛟龙”“天眼”“悟空”“墨子”“天问”“嫦娥”等重大科技攻关任务中担重任、挑大梁。2013年以来，航空工业集团以“罗阳青年突击队”

为载体，组织广大青年在急难险重任务中学罗阳、做先锋，累计有37万人次参与其中。“航空报国、航空强国，矢志不渝”是这一群体的年轻人的座右铭，他们在学思践悟中坚定理想信念，用肩膀扛起如山的责任，为强国建设积极贡献力量。

第二节 创业要素

创业要素指的是在创业活动过程中所需要的最基本、最核心、最关键的组成部分，创业者通过对创业要素进行不同的搭配和使用能对创业活动产生各不相同的影响和结果。关于创业要素理论的学者流派有多种，比如三要素论、四要素论、五要素论，等等，其中学术界普遍认可的主流说法是由被誉为“创业教育之父”的美国教育家蒂蒙斯所提出的三要素论。

一、创业三要素论

蒂蒙斯认为创业包含三大基本要素，分别是创业机会、创业团队、创业资源，三大要素相互作用，相互影响，缺一不可。

（一）创业机会

创业机会是创业要素中的核心部分，创业机会实质指的是一种新的市场需求，比如开发出新产品的市场需求，或者开发出已有产品的新市场等，创业者发现市场出现新需求后，及时付诸行动加以利用而产生一系列的创业活动，此时新的市场需求便成了创业者的创业机会。一般某个创业机会被发现后，并不会成为某位创业者所独有的，其他的竞争对手也会迅速加入其中，因此一旦发现好的创业机会一定要迅速抓住，正所谓兵贵神速。另外，需要重点注意的是，创业机会并不等于创业者的想法，创业者的想法有时会过于天马行空或者理想主义，缺乏实践性，创业机会通常是基于现实市场而产生的，是具备一定可实施性的，因此不能将创业机会与创业者想法混为一谈。比如，有的创业机会虽然基于市场需求产生，但却不能实现社会价值，无法为创业者带来足够的回报，这意味着创业者并不是对每一个创业机会都要付诸行动，创业者需要根据市场需求以及自身创业实际情况进行理性思考及分析后再做决定。

（二）创业团队

不是随便一群人聚在一起都可以被称为创业团队，创业团队指的是在创业期间，由两个或者两个以上有着共同愿景与价值观、才能各异、多方互补、荣辱与共的一群人所组成的工作团队。创业团队是进行创业活动的主体，是创业活动的基础，也是创业过程中最动态、最难获得的稀缺资源，需要创业者在不同的创业时期对其进行不断的调整与优化。

好的创业团队通常具有以下几个特征：第一，团队成员们有着共同的奋斗目标并愿意为了该目标共同努力，不畏艰难困苦，风雨与共。第二，团队成员之间形成了多方位互补，比如性格互补、资源互补、知识结构互补，能够共同帮助与进步。第三，能够共同建立组织架构，并能严格遵守既定规则，同时在劳动成果分配方面能够做到公平、公正、公开。

（三）创业资源

创业资源是指新创企业在创造价值的过程中需要的特定的资产，包括有形与无形的资产。它是新创企业创立和运营的必要条件，主要表现形式为：创业人才、创业资本、创业机会、创业技术和创业管理等。这些资源对于创业者的成功创业至关重要，因为它们可以帮助创业者实现创新、拓展市场、优化生产过程和提高竞争力。

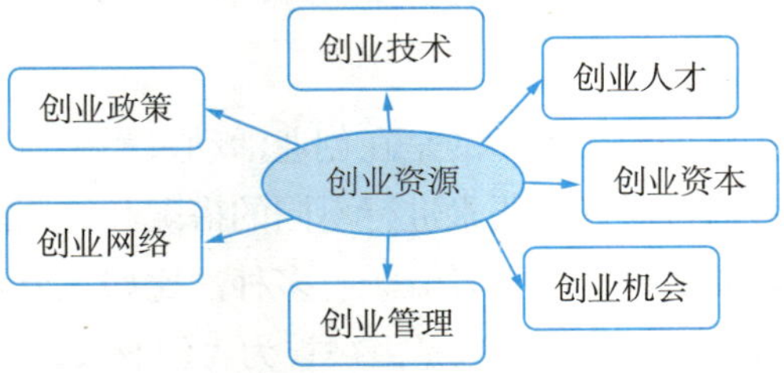

图 2.1　创业资源的表现

如图 2.1 所示，具体来说，创业资源包括以下七个方面：一是创业人才。创业人才是具备创新意识、专业技能和领导力的团队成员，他们是企业发展的核心驱动力。二是创业资本。创业资本的来源一般有初创资金、风险投资、天使投资等，资金来源对于企业的创立和发展至关重要。三是创业机会。创业机会是指具有商业前景和市场需求的创新项目或产品，是创业者成功创业的基础。四是创业技术。创业技术指创新的技术手段、管理方法和创新产品等，有助于企业建立竞争优势。五是创业管理。创业管理涉及组织架构、战略规划、运营管理等方面的能力，是企业可持续发展的重要保障。六是创业政策。政府出台的相关扶持政策，如税收优惠、补贴、免费场地等，有助于创业者更好地应对市场挑战。七是创业网络。社会关系、行业资源、合作伙伴等人际关系和渠道，对创业者的资源整合和市场拓展具有积极作用。

优秀的创业者能对创业资源进行最大限度地整合与优化利用，在创业过程中能有效地将各类资源结合起来，以实现企业价值最大化，将有限的资源投入到最需要的地方，从而创造竞争优势并带来持续竞争优势的战略资源。

二、蒂蒙斯创业模型

蒂蒙斯创业模型由创业管理教育领域的权威人士杰弗里 · 蒂蒙斯（Jeffry A. Timmons）提出的，该模型是对创业三要素中的创业机会、创业团队、创业资源三者之间的关系与变化进行动态的分析，是帮助理解创业要素的重要工具之一。该模型认为，创业过程的核心驱动力是创业机会，而创始人或创业团队是创业过程的主导者，创业资源则是创业成功的必要保证。

蒂蒙斯创业模型的主要内容及特征包括以下方面。（见图 2.2）

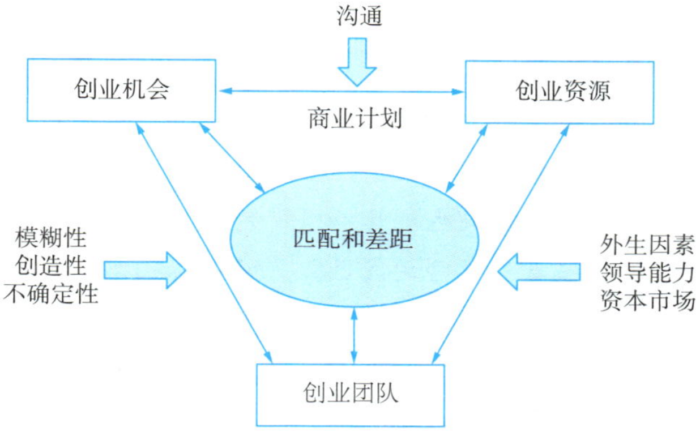

图 2.2 蒂蒙斯创业要素模型

（一）创业机会

创业过程的核心驱动力，比资金、团队的才干和能力及适应的资源更重要。在创业过程中，资源与创业机会之间存在着一个动态适应的过程。

（二）创业团队和资源

创始人或工作团队要善于配置和平衡各类资源，以推进创业过程。他们需要进行对商机的理性分析和把握、风险的认识和规避、资源的最合理利用和配置等工作。

（三）动态平衡

创业过程是一个连续不断的寻求平衡的行为组合。在商业机会、创业者和资源这三个要素中，绝对的平衡是不存在的，但企业要保持发展，必须追求一种动态的平衡。创业三要素构成了一个倒立的三角形，创业团队位于三角形的底部。在创业初期，创业机会较大而创业资源较为匮乏，三角形将向创业机会这边倾斜，随着时间流逝，企业不断发展，拥有的资源开始增加，同时有更多的竞争对手也发现了相同的创业机会，这时初始的创业机会比重就会下降，导致三角形变化，出现失衡，往创业资源倾斜，这时如果想要三角形保持平衡，就需要创业团队探索发现更大更好的创业机会，进行资源整合利用。创业机会、创业团队、创业资源三者在创业的不同时期不断调整变化，最终实现动态平衡。

总的来说，蒂蒙斯创业模型强调创业者在模糊和不确定的动态环境中，如何创造性地捕捉商机、整合资源和构建战略、解决问题。为了成功创业，创业者需要勤奋工作，富有牺牲精神，并在不断调整和改进中实现企业的发展。

延伸阅读

创业者的“神话”与现实

关于创业者和创业成功的传说、经典故事总是经久不衰，即使是在这高度信息化和社会飞速进步的当今时代也同样如此。某些“神话”总是一再地得到人们的关注和青睐。然而：普遍规律虽然对某些特定类型的创业者和创业实践适用，但创始人的多样性却向普遍规律提出了挑战。

神话1：创业者是天生的，通常无法塑造

现实情况是——即使创业者天生就具备了特定的才智、创造力和充沛的精力，这些品质本身也只不过是未被塑造成型的泥巴或未经涂抹的画布。创业者是通过多年积累相关的技术、技能、经历和关系网后才被塑造成功的，当中包含着许多自我发展历程。创业者只有具有多年甚至10年以上的商业经验，才能识别出各种商业行为，并获得创造性的预见能力和捕捉商机的能力。

神话2：任何人都能创建企业

现实情况是——创业者如果能及时识别思路和商机之间的区别，思路开阔，他们创业成功的概率就较大。即使运气在成功中很重要，充分的准备仍是必要条件。创办企业还只是初级阶段，困难的是要生存下来，持久经营，并把企业发展成最终可以为创办者带来收益的企业。在能够存活10年以上的新企业中，只有5%～10%的企业最后可以给创办人带来资本收益。

神话3：创业者是赌博者

现实情况是——成功的创业者会预期风险，小心翼翼。在有选择的情况下，他们通过让别人一起分担风险、避免或使风险最小化来控制发展方向。他们常常把风险分割成一个个可接受、可消化的小块；他们不会故意承担更多的风险，不会承担不必要的风险，但是，当风险不可避免时，也不会胆怯和退缩。

神话4：创业者喜欢单枪匹马地干

现实情况是——完全拥有整个公司的所有权和控制权的想法只会限制企业的成长。单个创业者通常只能达到维持生计的水平，想单枪匹马地发展一家高潜力的企业是极其困难的。高潜力的创业者会组建自己的团队，然后创建自己的公司。

神话5：创立公司是冒风险的事情，而且到头来通常以失败告终

现实情况是——有才能、有经验的创业者，因为他们追逐的是有吸引力的商机，而且能够吸引到使企业顺利运作的合适人才、必要资金及其他资源，所以他们带领的往往是成功的企业。而且，即使企业失败了，并不能说创业者也失败了。失败常常是对创业者的学习经验和成交技能进行淬火的过程。神话6：创业者必须年轻并且精力充沛

现实情况是——这些特征虽然会对成功有所帮助，但年龄绝不是障碍。有关统计数据表明，创立高潜力企业的创业者的年龄在35岁左右，六十几岁才开始创办企业的创业者也为数甚多。关键是要掌握相关的技术、经验和社会关系网，它们非常有助于创业者识别和捕捉商机。

神话7：金钱是创业者唯一的驱动因素

现实情况是——追求高潜力企业的创业者更多地被创建企业实现长期的资本收益所

驱动，而不是为了高薪、奖金这类立即可以获得的报酬。个人的成就感、对自己命运的把握、实现期望和梦想是他们强有力的动机。金钱只是保持得分的工具和方式。

神话 8：对有能力的创业者而言，只需 1～2 年就会成功

现实情况是——风险投资家有一句古老的格言：柠檬只要两年半就成熟了，但珍珠需要七八年才能孕育成功。几乎没有一家新企业可以在少于 3～4 年的时间里打牢基础。

神话 9：除非你的 SAT（美国高中毕业会考）和 GMAT（美国管理类研究生语言能力测试）的分数达到 600 分以上，否则你就永远不可能成为成功的创业者

现实情况是——创业者的智商只是创造力、动机、正直、领导才能、团队建立、分析能力、对付模糊性和劣势等品质组合中一个特定的成分而已。

第三节 创业过程

创业不是一蹴而就的，需要创业者付出时间和精力，经历一段周期，这段周期就是通常所说的创业过程。创业过程是指创业者从产生创业想法到实际创立并运营一家新企业的整个过程。在这个过程中，创业者需要经历一系列阶段，包括识别创业机会、创业资源整合、创办新企业、新企业生存及持续管理。

一、识别创业机会

识别市场机会是创业过程的关键环节之一，对于创业成功具有重要的影响。识别市场机会是指在市场环境中，发现并认识到具有潜在盈利可能性和发展空间的商业机会。市场机会通常表现为市场需求、行业趋势、竞争优势等方面（见图 2.3），为创业者提供了创造价值和创新的空间。

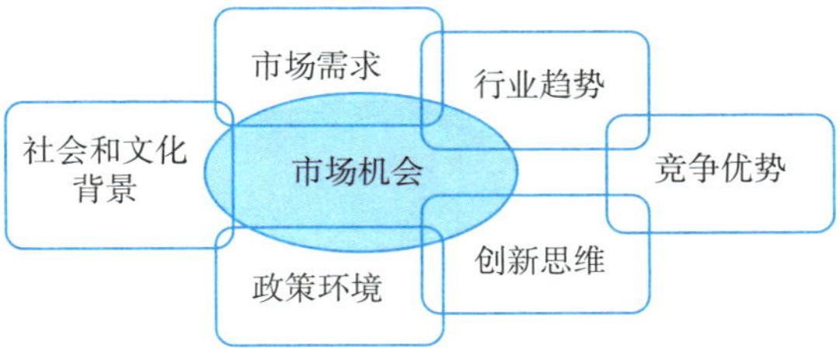

图 2.3　识别市场机会应重点关注的因素

在识别市场机会时，创业者需要关注以下六个方面：一是应重点关注市场需求，分析目标市场的客户需求，了解客户对产品或服务的期望、偏好和付费意愿等，从而找到潜在的商业机会；二是了解行业趋势，研究行业发展历程和趋势，捕捉行业变革中的新兴领域

和空白市场，以便抓住商业机遇；三是竞争优势，分析竞争对手的优势和劣势，找出自己企业在市场中的竞争优势，确保在激烈的市场竞争中脱颖而出；四是创新思维，运用创新思维，发掘潜在的市场需求和商业价值，创造独特的产品或服务，满足市场和客户的需求；五是政策环境，关注政策动态，了解政府对相关行业或领域的扶持政策，以便充分利用政策资源，降低创业风险；六是社会和文化背景，研究社会和文化背景，把握消费者价值观和消费习惯的变化，为创业项目找到合适的市场定位。

识别市场机会是创业者在创业初期的重要任务，准确地识别市场机会有助于创业者制定合适的创业策略，降低创业风险，提高创业成功率。为了更好地识别市场机会，创业者需要具备敏锐的市场洞察力、创新思维、调查研究能力等素质，并关注市场动态，不断学习和积累经验。

二、创业资源整合

创业资源整合是指创业者对不同来源、不同层次、不同结构、不同内容的创业资源进行识别与选择、汲取与配置、激活和有机融合，使其具有较强的柔性、条理性、系统性和价值性，并创造出新的资源的一个复杂的动态过程。创业资源整合是企业战略调整的手段，也是企业经营管理的日常工作。整合的目的是优化资源配置，实现整体最优。

如图 2.4 所示，创业资源整合主要是对以下五个方面资源的整合：一是创业人才，具备创新意识、专业能力和团队精神的优秀人才是创业项目成功的关键因素；二是创业资本，主要包括初创资金、成长资金和退出资金等，为企业的创立、运营和扩张提供财务支持；三是创业机会，具有潜在盈利可能性和发展空间的商业机会是创业项目的核心价值所在；四是创业技术，比如与企业核心竞争力和产品创新能力密切相关的前沿技术、独特技术和专有技术等；五是创业管理，包括企业战略规划、组织架构、运营流程、市场营销、人力资源管理等，对创业项目的成功与否具有重要影响。

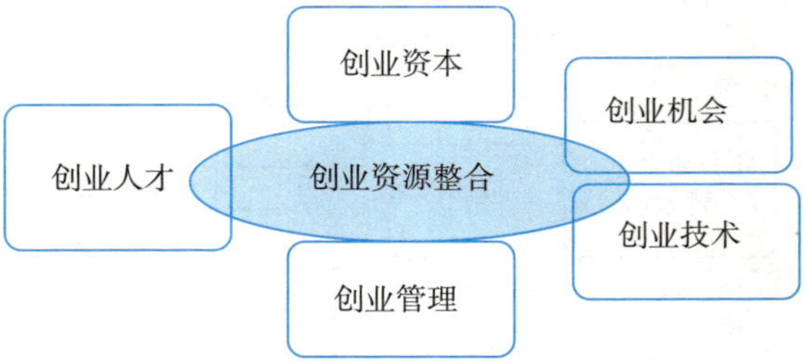

图 2.4　创业资源整合应重点关注的因素

总之，创业资源整合是创业者实现创业目标的重要手段。一位优秀的创业者在创业过程中会不断创造、调整和优化资源整合策略，以提高创业成功率。

三、创办新企业

创办新企业是指创业者通过创新思维和行动，创建一个新的企业实体，以提供产品或为满足市场需求服务，实现盈利和发展。创办新企业是创业者真正实施创业的标志，也是创业者将创业活动真正落实的一座里程碑，它可以促进技术转移、创造就业机会、推动经济增长和社会进步。

创办新企业的主要优点包括：第一，技术成果转化速度快。创办新企业有助于将创新技术和成果迅速转化为实际产品或服务，满足市场需求。第二，成功机会更多。相比其他创业方式，创办新企业更能适应市场变化，抓住商业机会，从而提高创业成功率。第三，技术拥有单位或个人可能获得更大的收益。创办新企业使得技术成果的拥有者有机会通过股权、分红等方式获得更高回报。

然而，创办新企业也存在一定的风险，如市场风险、融资难、不易形成规模经济等。因此，创业者需要充分了解创办新企业的优缺点，结合自身实际情况，选择合适的创业方式。

四、新企业生存及持续管理

新企业生存及持续管理是指在新企业创立初期以及后续发展过程中，通过有效的管理手段和策略，确保企业能够在激烈的市场竞争中立足、生存并实现可持续发展。新企业生存及持续管理涵盖了企业战略、人力资源、财务管理、市场营销、技术创新等多个方面。

新企业生存及持续管理的关键要素包括：第一，明确企业定位和目标。新企业需要明确自身的市场定位、发展目标和核心竞争力，以便制订合适的发展策略和经营计划。第二，高效的人力资源管理。选拔、培养和激励优秀人才，搭建高效团队，发挥员工的潜能，为新企业的生存和发展提供人力支持。第三，财务管理。合理规划企业预算、成本控制和资金筹措，确保企业拥有稳定的财务状况和足够的资金储备。第四，市场营销策略。根据市场需求和竞争态势，制定有效的市场营销策略，拓展市场份额，提高企业知名度和品牌影响力。第五，技术创新。注重技术研发和创新，不断提高企业的产品和服务质量，以满足不断变化的市场需求。第六，供应链管理。优化供应链体系，降低采购成本，确保产品质量和供应稳定。第七，企业文化建设。塑造积极向上的企业文化，增强员工凝聚力和归属感，促进企业内部和谐发展。第八，持续改进和优化。不断分析企业运营数据，发现潜在问题，采取措施进行调整和改进，确保企业持续稳定发展。

新企业生存及持续管理对于新企业的成功发展至关重要。通过有效的管理手段和策略，新企业可以在激烈的市场竞争中逐步壮大，实现可持续发展。

创业的主要过程包含识别创业机会、创业资源整合、创办新企业、新企业生存及持续管理这四个主要的阶段，其各个阶段包含的主要内容如图 2.5 所示。

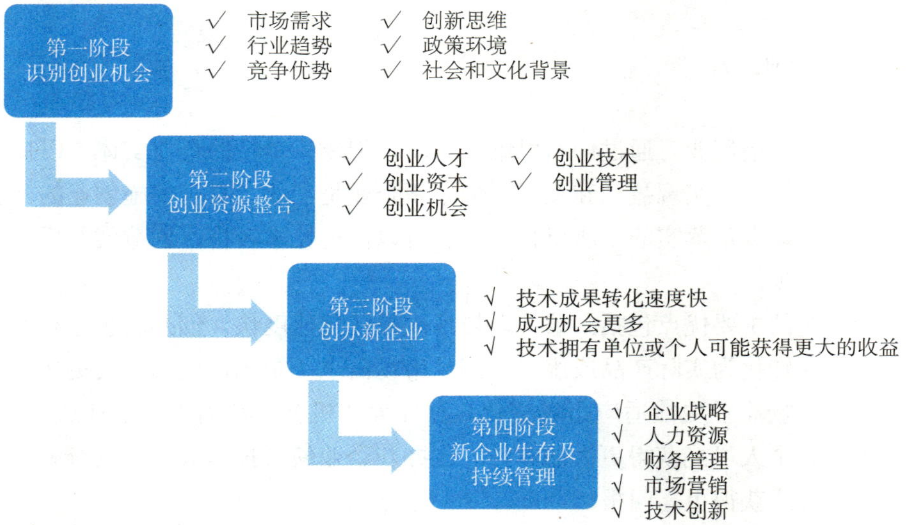

图 2.5　创业过程四个阶段

总之，创业过程是一个充满挑战和机遇的历程，具有不确定性、高风险性和高度竞争性等特点，创业者需要具备良好的创新能力、决策能力、执行力和抗压能力等素质。因此创业者需要不断学习、成长和创新，以应对市场变化和竞争压力。在这个过程中，勇敢、坚定、创新和执行力等品质对于创业成功至关重要。

第四节　创业类型与方式

一、创业的类型

创业活动贯穿着各行各业，由于创业者的动机、环境、资源、目的等差异，导致创业的类型千差万别，根据不同的标准，创业类型主要可以分为以下几大类。

（一）基于创业动机的不同

1. 生存型创业（Necessity-push entrepreneurship）

生存型创业是指那些由于没有其他就业选择或对其他就业选择不满意而被动从事创业的创业活动。这种类型的创业者通常在面临生活压力和就业困境时，被迫选择创业以谋求生存。生存型创业的主要特征为：

（1）被动性。创业者往往是因为找不到满意的工作或无法承受失业压力而选择创业，如我国改革开放初期的创业者以及下岗职工的创业行为。

（2）行业分布广泛。生存型创业的行业多为零售、汽车、租赁、个人服务等行业，而这些行业大多为个体私营经济所处的领域。

（3）创业起点较低。生存型创业者大部分相对来说文化水平不高，创业项目也主要集中在餐饮副食、百货等微利行业，创业目的大多仅仅是为了养家糊口，补贴家用。

2. 机会型创业（Opportunity-driven entrepreneurship）

机会型创业是指创业者基于发现和把握商业机会而进行的创业活动。这种类型的创业者通常在市场上寻找到了一种具有潜在盈利空间和成长前景的商业机会，并通过创新、拓展和优化等方式将这种机会转化为实际的商业价值。例如，百度创始人李彦宏舍弃在美国的高薪工作，毅然决定回国创业，因为他发现和把握住了当时互联网搜索引擎的巨大商机，同时他希望能实现更高的人生价值。机会型创业的特点包括：

（1）主动性。创业者主动寻找和把握市场机会，而非受生活所迫而创业。

（2）投资规模较大。机会型创业者往往具备较强的资金实力，创业项目投资规模相对较大。

（3）行业选择更具竞争力。机会型创业者更关注新兴产业、高附加值产业和具有较高市场壁垒的行业，如互联网、科技、金融等。

（4）创新意识和能力较强。机会型创业者具备较强的创新意识和能力，注重企业产品和服务的差异化、特色化。

（5）风险承受能力较高。机会型创业者愿意承担较高的风险，以期获得较高的投资回报。

（6）成长性和扩张性。机会型创业企业具有较好的成长性和扩张性，有望发展成为具有竞争力的行业领导者。

然而，机会型创业也存在一定的挑战，如市场竞争激烈、投资风险较高、创业者在经营管理等方面的要求较高等。因此，在开展机会型创业时，创业者需要充分评估自身实力和市场环境，做好充分的准备和规划。

根据清华大学中国创业研究中心的全球创业观察（Global Entrepreneurship Monitor，GEM）项目的数据显示，早在 2007 年，中国就已经实现了创业类型的转型，从以生存型创业为主导、机会型创业为辅助转变为以机会型创业为主导、生存型创业为辅助的创业形态，表明了随着创业环境的改善，人们的创业意识和创业能力得到提升，使中国创业类型发生了明显的变化（见图 2.6）。

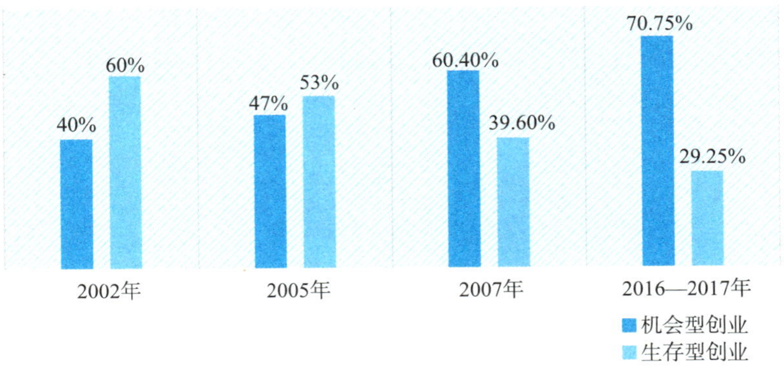

图 2.6　中国创业类型的变化

（二）基于创业主体的不同

1. 个体创业（Individual entrepreneurship）

个体创业是指个体在市场经济活动中，以自己的名义和责任承担风险，发现并利用商业机会，通过创新、拓展和经营，实现自身价值和财富积累的过程，部分具有创业特长的创业者还会通过购买他人专利的方式来进行创业。随着科学技术与社会经济的进步，个体创业已经成为一种普遍的社会现象，我国政府高度重视个体创业，出台了一系列政策支持创业者，如税收优惠、创业培训、金融扶持等。个体创业对于促进就业、推动经济发展和社会进步具有重要意义。然而，个体创业也面临一定的挑战，如市场竞争、资金筹集、人才短缺等。

2. 公司创业（Corporate entrepreneurship）

公司创业是指在已经存在的公司内部，通过创新、拓展和转型等方式，发掘并开发新的商业机会，以实现公司持续成长和价值创造的过程。公司创业既包括公司高层领导的战略决策，也包括基层员工的创新实践。公司创业有益于提高市场竞争力，促进组织变革，激发员工潜力，实现企业可持续发展。

个体创业和公司创业虽然都是创新、创业活动，具有一些共同的特征，如机会导向、创造性地整合资源、价值创造、超前行动、创新和变革等，但是在初期的资源、组织形态、战略目标、承担的风险、决策速度、创业环境、创业成长等方面都存在较大差异（见表 2.1）。

表 2.1　个体创业和公司创业的主要差异

个体创业	公司创业
创业者承担风险	公司承担风险
创业者拥有商业概念	有与商业概念有关的知识产权
创业者拥有全部或大部分事业	创业者或许拥有公司权益的很小部分
从理论上讲，对创业者的潜在回报是无限的	创业者所能获得的潜在回报是有限的
个体的一次失误可能意味着创业失败	具有更多的容错空间，能够吸纳失败
受外部环境波动的影响较大	受外部环境波动的影响较小
创业者具有相对独立性	公司内部的创业者更多受团队的牵扯
在过程、试验和方向的改变上具有灵活性	公司内部的规则、程序和官僚体系可能会阻碍创业者的策略调整
决策迅速	决策周期长
低保障	高保障
缺乏安全网	有一系列安全网
在创业主意上，可以沟通的人少	在创业主意上，可以沟通的人多
在初期阶段，存在有限的规模经济和范围经济	能够很快地达到规模经济和范围经济
严重的资源局限性	在各种资源的占有上都有优势

3. 衍生创业（Derived entrepreneurship）

衍生创业是指在现有组织中工作的个体或团队，在离开所服务的组织后，凭借过去工作中积累的经验和资源，独立开展创业活动的创业行为。衍生创业者的创业项目往往与原组织有一定的关联性，可能是基于原组织的技术、市场或资源基础上发展起来的新兴业务。例如，牛根生离开伊利公司创建蒙牛，李一男离开华为公司创建港湾网络等都属于衍生创业的经典案例。

衍生创业的主要特点包括：第一，资源传承，衍生创业者可以充分利用原组织积累的资源，如技术、人才、市场渠道等，降低创业初期的成本和风险；第二，市场定位明确，衍生创业项目往往针对现有市场的空白或痛点，具有一定的市场竞争力；第三，成功率较高，由于具备较强的资源和经验优势，衍生创业企业的成功率相对较高；第四，创新性，衍生创业者需要在原有业务基础上进行创新，以适应市场变化和满足客户需求。

然而，衍生创业也面临一定的挑战，如与原组织的合作关系处理、新团队的建设、创新能力的保持等。总体而言，衍生创业是一种相对具有较高成功率的创业模式，有利于创业者发挥自身优势，实现商业价值。

（三）基于创新程度的不同

1. 创新型创业

创新型创业是指创业者通过突破传统的经营理念，发挥自身的创造性，建立新的市场和顾客群，引导新市场的开发和形成。这种创业模式强调创新、变革和持续发展，旨在不断满足顾客的现有需求并开发其潜在需求。在这个过程中，创业者逐步建立起顾客忠诚度和对企业的依赖，为经济社会的全面进步提供巨大的原动力。

2. 模仿型创业

模仿型创业是指创业者在他人创业成功后，采取模仿和学习的方式进行的创业活动。这种创业模式具有投资少、见效快、迅速进入市场等特点。模仿型创业虽然在市场创新性和新价值创造方面表现较弱，但对于创业者来说，仍具有一定的冒险成分。如果创业者具备适合的创业人格特性、经过系统的创业管理培训并掌握正确的市场进入时机，他们仍有很大机会获得成功。创新型创业与模仿型创业有着不一样的特点、优势及挑战（见表 2.2）。

表 2.2 创新型创业与模仿型创业的对比

类型	特点	优势	挑战
创新型创业	1. 突破传统观念 2. 创新性较强 3. 可持续发展 4. 个性化	1. 创造新市场 2. 满足顾客需求 3. 实现企业价值最大化	1. 风险较高 2. 创新难度大 3. 需要较高创新能力 4. 持续创新压力
模仿型创业	1. 模仿现有成功模式 2. 市场定位明确 3. 成本和风险较低 4. 发展速度较快	1. 较快进入市场 2. 利用现有资源 3. 成功率较高	1. 创新性较低 2. 市场竞争激烈 3. 可持续发展能力弱

（四）基于价值创造的不同

1. 商业创业

商业创业也称经济创业，顾名思义，是指创业者通过创建新的商业实体，提供商品或服务，以满足市场需求，实现盈利和持续发展的过程。商业创业的核心在于构建一个具有竞争力的商业模式，以实现企业的市场价值和经济效益。商业创业者需要深入了解市场，寻找有需求的行业或市场空缺，提供具有竞争力的商品或服务。同时商业创业更强调盈利能力，创业者需要确保企业的营收大于成本，从而实现可持续发展。

商业创业的成功案例遍布各行各业，如互联网、科技、餐饮、零售等。但是商业创业并非易事，创业者需要具备扎实的商业知识、市场洞察能力、创新思维和执行力等多方面素质。在创业过程中，保持学习、积极应对挑战、善于把握机遇，是实现商业创业成功的关键。

2. 社会创业

社会创业的理念是由阿苏伽基金会（Ashoka）创始人追顿（William Drayton）在 20 世纪 80 年代率先提出的，是一种在新世纪逐渐崛起的创业形式，它以解决社会问题、满足社会需求，推动社会进步为出发点，通过创新和变革，实现社会价值和经济价值的双重目标。社会创业既包括传统的非营利组织逐步引入营利性活动以实现可持续发展，也包括盈利企业基于提高企业形象和承担社会责任而开展的社会活动，实现盈利的同时，关注社会价值。社会创业往往需要政府、企业、非营利组织等多方共同参与，实现资源整合，优势互补。

19 世纪末，钢铁大王安德鲁 · 卡内基开创了现代社会创业事业的先河，他积累了巨额财富，50 岁时卖掉了钢铁公司，转而致力于慈善事业。卡内基 1889 年发表的《财富的福音》一文中阐明了他的慈善观，并激励了很多美国人投身慈善事业，包括与之同时代的洛克菲勒、福特，今天的比尔 · 盖茨、巴菲特等。

如今，社会创业在我国也得到了广泛关注和重视，政府和社会各界纷纷为其提供支持，以期通过社会创业推动社会创新，解决社会难题。例如，以奥康集团董事长名字命名的“王振滔慈善基金会”，帮助贵州、湖北、安徽、四川、重庆等地的 3000 多名贫困学子进入高校继续深造。2008 年汶川地震，福耀玻璃董事长曹德旺的捐款，以及被称为“中国首善”的陈光标的“裸捐”都得到了社会的广泛赞扬。

还有众鑫的企业家的捐赠涵盖了教育、扶贫、科研等多个领域，体现了他们的社会责任感和无私奉献精神。因此，社会创业不仅有助于提高企业社会责任意识，还能激发社会活力，促进经济增长与社会进步的协同发展，希望更多的优秀创业者能够加入其中。

二、创业方式

创业方式，是指创业者为实现商业目标或社会价值所采取的策略和手段。它包括创业的途径、方法、模式等多个方面。创业方式有很多种，不同创业者可以根据自己的需求、资源和市场环境选择合适的创业方式。创业方式的定义可以概括为：在创业过程中，创业者为实现商业目标或社会价值所采用的具有创新、灵活、可持续等特点的方法和策略。

创业方式多种多样，根据不同的分类标准，常见的可以分为以下几种。第一，独立创业，创业者独自创立一家企业，拥有独立的产权和经营权。这种方式适用于有强烈创业意愿、具备一定创业能力和资源的人。第二，合伙创业，创业者与其他人共同出资、共同经营一家企业。合伙创业可以充分发挥各方的优势，共同承担风险，但需注意合伙人之间的沟通协调。第三，加盟创业，创业者加入一家已有的品牌，通过加盟的方式经营一家连锁店或专营店。加盟创业可以借助品牌的知名度和管理体系，降低创业风险。第四，代理创业，创业者代理一家企业的产品或服务，在指定区域内进行销售和推广。代理创业无须承担生产成本，但需具备较强的市场开拓和销售能力。第五，网络创业，通过互联网平台开展电子商务、自媒体经营等创业活动，例如在抖音、微博、小红书等平台进行直播、短视频创作等。网络创业成本较低，但竞争激烈，需要具备一定的互联网运营能力。第六，大学生创业，在校大学生或刚毕业的大学生创办企业，大学生创业可以享受一定的政策扶持，但创业经验和资源相对较少。第七，创业孵化器，创业者入驻创业孵化器，享受政策扶持、创业指导和资源整合等服务。创业孵化器为创业者提供了一个良好的创业环境，有利于提高创业成功率。第八，众筹创业，通过互联网平台筹集资金、资源和人气，实现创业目标。众筹创业可以降低融资难度，但需注意项目风险和合规性，不可触犯道德与法律底线。第九，创业竞赛，参加各类创业竞赛，如中国国际“互联网+”大学生创新创业大赛等，获得资金、资源和政策支持。创业竞赛有利于锻炼创业者的能力，提高创业项目的知名度。第十，转型升级创业，在现有企业基础上进行产业升级、转型发展。转型升级创业需要企业具备较强的创新能力和市场敏锐度。

创业方式的选择和运用对创业成功与否具有重要意义。创业者需要深入了解各种创业方式的特点和适用场景，结合自身实际情况，选择最合适的创业方式。在创业过程中，创业者还需要不断调整和优化创业方式，以应对市场变化和竞争挑战。成功的创业者在创业过程中往往能够灵活运用各种创业方式，实现商业目标和社会价值的双重提升。

第五节　大学生创业的优、劣势及政策保障

一、大学生创业的优、劣势

在当今社会，大学生创业已成为一种日益普遍的现象。随着我国经济的发展和教育的普及，越来越多的大学生开始走出象牙塔，投身创业大潮。大学生创业不仅有利于发挥自

身的知识优势和创新精神，还能为社会经济发展贡献智慧和力量。

（一）大学生创业优势

1. 知识优势

大学生接受过系统的专业教育，具有较高的知识水平和综合素质。在创业过程中，他们具备较强的学习能力和领悟力，能够迅速掌握行业动态和市场信息。此外，大学生在在校期间可通过参加各类竞赛、实习和科研项目，积累丰富的实践经验，为创业提供有力支撑。

2. 创新精神

大学生具有敢于尝试和创新的精神，勇于接受新事物，引领时尚和潮流。在创业过程中，他们敢于挑战传统观念，打破行业壁垒，提出新颖的商业模式和产品理念。创新是创业的核心竞争力，大学生在这一方面具有天然的优势。

3. 校园资源

大学生在校园内可充分利用各种资源，如技术支持、人才引进、政策扶持等。许多高校还设有创业中心、孵化器等机构，为大学生创业提供一站式服务。这些资源有助于降低创业成本，提高创业成功率。

4. 激情与活力

大学生具有年轻的优势，精力旺盛，具备较强的执行力和抗压能力。在创业过程中，他们可以把更多的时间和精力投入到事业中，勇往直前，坚持不懈。激情和活力是大学生创业的重要动力。

5. 技术创新

随着互联网的迅猛发展，大学生在 IT 技术方面具有较强的能力。他们可充分利用互联网平台获取信息、拓展市场、降低成本，实现线上线下业务的深度融合。技术创新为大学生创业提供了无限可能。

6. 发展规划

大学生对未来有较为明确的发展规划，具备较强的目标和计划意识。在创业过程中，他们能够根据市场需求和企业发展战略，制定合理的规划，确保企业持续稳定发展。

7. 家庭支持

在一定程度上，大学生创业可以获得家庭或家族的支持。部分家庭背景较好的大学生更容易获得资金、技术、人脉等方面的援助，为创业提供有力保障。

8. 社会认同

大学生创业在社会上具有一定的关注度和认同感，这有助于在创业过程中提高企业知名度和品牌形象，为企业发展创造有利条件。

（二）大学生创业劣势

时代瞬息万变，越来越多的大学生选择创业作为自己的人生道路。然而，创业并非一帆风顺，大学生在创业过程中有着优势的同时也面临着诸多劣势，常见的劣势有以下几点。

1. 缺乏经验

大学生在创业过程中，缺乏实际工作经验，难以应对复杂多变的市场环境；在经营管理、团队建设、市场营销等方面的知识可能仅停留在理论层面，导致在实际操作中出现困难；此外，大学生在人际关系和沟通协调方面也可能缺乏经验，这会对企业运营产生不利影响。

2. 资金短缺

大学生创业初期，资金来源有限，难以满足企业发展的需求；相较于有丰富经验和背景的企业家，大学生在融资方面处于劣势，银行贷款、投资人的支持等方面可能受到限制；资金短缺将影响企业的运营和发展，甚至导致创业失败。

3. 人际关系不足

大学生在创业过程中，可能缺乏广泛的社会关系和人脉资源，这在企业拓展市场、寻求合作伙伴、招聘人才等方面会带来一定的困难；人际关系不足可能导致企业错过发展机遇，甚至陷入困境。

4. 市场竞争激烈

大学生创业面临激烈的市场竞争，需要具备较强的竞争意识和应对能力；相较于成熟企业，大学生创办的企业在品牌、技术、规模等方面可能处于劣势；在竞争激烈的市场环境下，大学生创业者需要不断提升自身能力和企业实力，才能够在市场中立足。

5. 心理压力大

创业过程中必然会遇到挫折和困难，大学生创业者需要具备较强的心理承受能力，面对失败和挫折，应保持积极的心态，调整战略，不断尝试和努力。心理压力过大容易导致创业者丧失信心，甚至放弃创业。

6. 管理能力有限

大学生在团队管理和企业运营方面会存在不足，需要其在创业过程中不断学习和提升管理能力，确保企业高效运营；管理能力有限会导致团队凝聚力下降，企业目标难以实现。

7. 业务拓展困难

大学生创业初期，易在业务拓展和市场开发方面遇到困难，这一时期需要创业者具备较强的市场敏锐度和洞察能力，找到适合企业发展的市场空间。业务拓展困难会制约企业的发展，影响创业成功率。

8. 法律意识薄弱

大学生在创业过程中，因缺乏社会经验与法律知识而导致其缺乏足够的法律意识，从而导致大学生在签订合同、保护知识产权、规避法律风险等方面存在问题，法律意识薄弱会导致企业陷入法律纠纷，甚至破产。

面对当今激烈的市场竞争，作为新时代创业主力军的大学生应充分利用自身的优势，发挥创新精神，敢于挑战困难，勇攀创业高峰；面临种种劣势，大学生应积极寻求解决方案，以加强与社会各界的沟通交流，积累人脉资源；参加各类培训课程，提升自身能力；寻求政府和社会各界的支持，解决资金问题；加强法律意识，确保企业合法合规经营。只要充分发挥自身优势，不断克服劣势，大学生就一定能够在创业道路上取得

延伸阅读

出师未捷债务缠身

上海市第二中级人民法院对上海某高校学生秦坚民（化名）下达了一纸判书，秦坚民将连带赔偿95万元。学生创业，居然“创”下近百万的债务。

两年前，秦坚民还是一名大四的学生，他想为就业积累经验，便四处寻找实践机会。恰逢联通公司的CDMA处于扩张时期，当时联通公司与上海美天通信工程设备公司签订了销售代理协议，将以直销的方式在校园发展用户。每台手机700元的补贴款和不菲的酬金让获取这一信息的秦坚民动心了，他决定要尝试一下。根据要求，秦坚民找到了上海祥云科技咨询有限公司与美天公司签了协议，在高校师生中发展CDMA客户。

为尽快拓展校园市场，秦坚民还邀请了同学做他的助手，开始了他的第一次创业。

吸引他成为校园代理的重要原因，是联通公司提供的优厚条件。根据双方签订的《CDMA校园集团用户销售协议书》，秦坚民可以以优惠的价格向大学校园内的客户销售CDMA手机，要求客户购买联通公司UIM卡入CDMA网，并至少使用两年。而作为报酬，秦坚民每发展一个客户，根据不同的业务种类，可以获得手机补贴费、业务酬金等，收入不菲。

被高回报、火爆的市场蒙住了双眼，急于求成的秦坚民忽略了合同中的一项重要条款。合同规定，所发展的用户必须凭学生证、教师证原件和复印件才能购买这个CDMA的手机套餐业务，而外地生源的学生还必须有学校的担保，也就是说，严格的身份认证是联通公司这笔业务成功的关键，一旦发现有恶意登记的“黑户”存在，秦坚民就需要负责任。

秦坚民和他的助手们似乎都对这个问题毫不在意，他们在自己的学校里以直销的方式发展客户，生意出奇地好。一开始，他们还查看、登记学生证和教师证，但是后来这道

程序就成了摆设。很多社会上的人得知校园里有卖便宜手机的，便趋之若鹜。有些人带来各种假的身份证件，秦坚民和助手们无暇审查身份，就此埋下了祸根。

仅仅两个月的时间里，秦坚民就发展了4196个客户，而其中有1000多个客户是冒牌“校园客户”，他们中有无主户、不良用户和虚假用户440多户，他们大肆恶意拖欠话费，造成话费异常。上海联通公司无法通过身份登记寻找到这些客户，损失近百万余元，于是将秦坚民告上了法庭。

秦坚民的委托律师张先生表示，秦坚民一方面赚钱心切，另一方面没有自我保护意识和法律意识，才导致了事情的发生，“从他的经济状况来看，法院的判决几乎无法执行”。

二、大学生创业政策保障

大学生是大众创业、万众创新的生力军，支持大学生创新创业具有重要意义。近年来，越来越多的大学生投身创新创业实践，但也面临融资难、经验少、服务不到位等问题。为提升大学生创新创业能力、增强创新活力，进一步支持大学生创新创业，我国政府提出了以下政策保障大学生创业。

（一）政策总体要求

全面贯彻党的教育方针，落实立德树人根本任务，立足新发展阶段、贯彻新发展理念、构建新发展格局，坚持创新引领创业、创业带动就业，支持在校大学生提升创新创业能力，支持高校毕业生创业就业，提升人力资源素质，促进大学生全面发展，实现大学生更加充分、更高质量就业。

（二）提升大学生创新创业能力

1. 将创新创业教育贯穿人才培养全过程

深化高校创新创业教育改革，健全集课堂教学、自主学习、结合实践、指导帮扶、文化引领融为一体的高校创新创业教育体系，增强大学生的创新精神、创业意识和创新创业能力。建立以创新创业为导向的新型人才培养模式，健全校校、校企、校地、校所协同的创新创业人才培养机制，打造一批创新创业教育特色示范课程（教育部牵头，人力资源社会保障部等按职责分工负责）。

2. 提升教师创新创业教育教学能力

强化高校教师创新创业教育教学能力和素养培训，改革教学方法和考核方式，推动教师把国际前沿学术发展、最新研究成果和实践经验融入课堂教学。完善高校双创指导教师到行业企业挂职锻炼的保障激励政策。实施高校双创校外导师专项人才计划，探索实施驻校企业家制度，吸引更多各行各业优秀人才担任双创导师。支持建设一批双创导师培训基地，定期开展培训（教育部牵头，人力资源社会保障部等按职责分工负责）。

3. 加强大学生创新创业培训

打造一批高校创新创业培训活动品牌，创新培训模式，面向大学生开展高质量、有针对性的创新创业培训，提升大学生创新创业能力。组织双创导师深入校园举办创业大讲堂，进行创业政策解读、经验分享、实践指导等。支持各类创新创业大赛对大学生创业者给予倾斜（人力资源社会保障部、教育部等按职责分工负责）。

（三）优化大学生创新创业环境

1. 降低大学生创新创业门槛

持续提升企业开办服务能力，为大学生创业提供高效便捷的登记服务。推动众创空间、孵化器、加速器、产业园全链条发展，鼓励各类孵化器面向大学生创新创业团队开放一定比例的免费孵化空间，并将开放情况纳入国家级科技企业孵化器考核评价，降低大学生创新创业团队入驻条件。政府投资开发的孵化器等创业载体应安排30%左右的场地，免费提供给高校毕业生。有条件的地方可对高校毕业生到孵化器创业给予租金补贴（科技部、教育部、市场监管总局等和地方各级人民政府按职责分工负责）。

2. 便利化服务大学生创新创业

完善科技创新资源开放共享平台，强化对大学生的技术创新服务。各地区、各高校和科研院所的实验室以及科研仪器、设施等科技创新资源可以面向大学生开放共享，提供低价、优质的专业服务，支持大学生创新创业。支持行业企业面向大学生发布企业需求清单，引导大学生精准创新创业。鼓励国有大中型企业面向高校和大学生发布技术创新需求，开展“揭榜挂帅”（科技部、发展改革委、教育部、国资委等按职责分工负责）。

3. 落实大学生创新创业保障政策

落实大学生创业帮扶政策，加大对创业失败大学生的扶持力度，按规定提供就业服务、就业援助和社会救助。加强政府支持引导，发挥市场主渠道作用，鼓励有条件的地方探索建立大学生创业风险救助机制，可采取创业风险补贴、商业险保费补助等方式予以支持，积极研究更加精准、有效的帮扶措施，及时总结经验、适时推广。毕业后创业的大学生可按规定缴纳“五险一金”，减少大学生创业的后顾之忧（人力资源社会保障部、教育部、财政部、民政部、医保局等和地方各级人民政府按职责分工负责）。

（四）加强大学生创新创业服务平台建设

1. 建强高校创新创业实践平台

充分发挥大学科技园、大学生创业园、大学生创客空间等校内创新创业实践平台作用，面向在校大学生免费开放，开展专业化孵化服务。结合学校学科专业特色优势，联合有关行业企业建设一批校外大学生双创实践教学基地，深入实施大学生创新创业训练计划（教育部、科技部、人力资源社会保障部等按职责分工负责）。

2. 提升大众创业万众创新示范基地带动作用

加强双创示范基地建设，深入实施创业就业“校企行”专项行动，推动企业示范基地和高校示范基地结对共建、建立稳定合作关系。指导高校示范基地所在城市主动规划和布局高校周边产业，积极承接大学生创新成果和人才等要素，打造“城校共生”的创新创业生态。推动中央企业、科研院所和相关公共服务机构利用自身技术、人才、场地、资本等优势，为大学生建设集研发、孵化、投资等于一体的创业创新培育中心、互联网双创平台、孵化器和科技产业园区（发展改革委、教育部、科技部、国资委等按职责分工负责）。

（五）推动落实大学生创新创业财税扶持政策

1. 继续加大对高校创新创业教育的支持力度

在现有基础上，加大教育部中央彩票公益金大学生创新创业教育发展资金支持力度。加大中央高校教育教学改革专项资金支持力度，将创新创业教育和大学生创新创业情况作为资金分配重要因素（财政部、教育部等按职责分工负责）。

2. 落实落细减税降费政策

高校毕业生在毕业年度内从事个体经营，符合规定条件的，在 3 年内按一定限额依次扣减其当年实际应缴纳的增值税、城市维护建设税、教育费附加、地方教育附加和个人所得税；对月销售额 15 万元以下的小规模纳税人免征增值税，对小微企业和个体工商户按规定减免所得税。对创业投资企业、天使投资人投资于未上市的中小高新技术企业以及种子期、初创期科技型企业的投资额，按规定抵扣所得税应纳税所得额。对国家级、省级科技企业孵化器和大学科技园以及国家备案众创空间按规定免征增值税、房产税、城镇土地使用税。做好纳税服务，建立对接机制，强化精准支持（财政部、税务总局等按职责分工负责）。

（六）加强对大学生创新创业的金融政策支持

1. 落实普惠金融政策

鼓励金融机构按照市场化、商业可持续原则对大学生创业项目提供金融服务，解决大学生创业融资难题。落实创业担保贷款政策及贴息政策，将高校毕业生个人最高贷款额度提高至 20 万元，对 10 万元以下贷款、获得设区的市级以上荣誉的高校毕业生创业者免除反担保要求；对高校毕业生设立的符合条件的小微企业，最高贷款额度提高至 300 万元；降低贷款利率，简化贷款申报审核流程，提高贷款便利性，支持符合条件的高校毕业生创业就业。鼓励和引导金融机构加快产品和服务创新，为符合条件的大学生创业项目提供金融服务（财政部、人力资源社会保障部、人民银行、银保监会等按职责分工负责）。

2. 引导社会资本支持大学生创新创业

充分发挥社会资本作用，以市场化机制促进社会资源与大学生创新创业需求更好对接，引导创新创业平台投资基金和社会资本参与大学生创业项目早期投资与投智，助力大学生创新创业项目健康成长。加快发展天使投资，培育一批天使投资人和创业投资机构。发挥财政政策作用，落实税收政策，支持天使投资、创业投资发展，推动大学生创新创业（发展改革委、财政部、税务总局、证监会等按职责分工负责）。

（七）促进大学生创新创业成果转化

1. 完善成果转化机制

研究设立大学生创新创业成果转化服务机构，建立相关成果与行业产业对接长效机制，促进大学生创新创业成果在有关行业企业推广应用。做好大学生创新项目的知识产权确权、保护等工作，强化激励导向，加快落实以增加知识价值为导向的分配政策，落实成果转化奖励和收益分配办法。加强面向大学生的科技成果转化培训课程建设（科技部、教育部、知识产权局等按职责分工负责）。

2. 强化成果转化服务

推动地方、企业和大学生创新创业团队加强合作对接，拓宽成果转化渠道，为创新成果转化和创业项目落地提供帮助。鼓励国有大中型企业和产教融合型企业利用孵化器、产业园等平台，支持高校科技成果转化，促进高校科技成果和大学生创新创业项目落地发展。汇集政府、企业、高校及社会资源，加强对中国国际“互联网＋”大学生创新创业大赛中涌现的优秀创新创业项目的后续跟踪支持，落实科技成果转化相关税收优惠政策，推动一批大赛优秀项目落地，支持获奖项目成果转化，形成大学生创新创业示范效应（教育部、科技部、发展改革委、财政部、国资委、税务总局等按职责分工负责）。

（八）办好中国国际“互联网＋”大学生创新创业大赛

1. 完善大赛可持续发展机制

鼓励省级人民政府积极承办大赛，压实主办职责，进一步加强组织领导和综合协调，落实配套支持政策和条件保障。坚持政府引导、公益支持，支持行业企业深化赛事合作，拓宽办赛资金筹措渠道，适当增加大赛冠名赞助经费额度。充分利用市场化方式，研究推动中央企业、社会资本发起成立中国国际“互联网＋”大学生创新创业大赛项目专项发展基金（教育部、国资委、证监会、建设银行等按职责分工负责）。

2. 打造创新创业大赛品牌

强化大赛创新创业教育实践平台作用，鼓励各学段学生积极参赛。坚持以赛促教、以赛促学、以赛促创，丰富竞赛形式和内容。建立健全中国国际“互联网+”大学生创新创业大赛与各级各类创新创业比赛联动机制，推进大赛国际化进程，搭建全球性创新创业竞赛平台，深化创新创业教育国际交流合作（教育部等按职责分工负责）。

（九）加强大学生创新创业信息服务

1. 建立大学生创新创业信息服务平台

汇集创新创业帮扶政策、产业激励政策和全国创新创业教育优质资源，加强信息资源整合，做好国家和地方的政策发布、解读等工作。及时收集国家、区域、行业需求，为大学生精准推送行业和市场动向等信息。加强对创新创业大学生和项目的跟踪、服务，畅通供需对接渠道，支持各地积极举办大学生创新创业项目需求与投融资对接会（教育部、发展改革委、人力资源社会保障部等按职责分工负责）。

2. 加强宣传引导

大力宣传加强高校创新创业教育、促进大学生创新创业的必要性、重要性。及时总结推广各地区、各高校的好经验好做法，选树大学生创新创业成功典型，丰富宣传形式，培育创客文化，营造敢为人先、宽容失败的环境，形成支持大学生创新创业的社会氛围。做好政策宣传宣讲，推动大学生用足用好税费减免、企业登记等支持政策（教育部、中央宣传部牵头，地方各级人民政府、各有关部门按职责分工负责）。

在政策体系的不断完善和大学生自身努力的基础上，我国大学生创业将迎来新的发展机遇。具有创新精神和创业能力的大学生将成为推动我国经济社会转型发展的重要力量，为实现中华民族伟大复兴的中国梦贡献力量。在此基础上，期待更多大学生勇敢地追求创业梦想，发挥自身优势，克服困难，取得成功。同时，政府、高校和社会各界也将为大学生创业提供更多支持和帮助，为大学生创业创造更好的环境，共同为我国经济的繁荣和发展注入新的活力。

延伸阅读

创业测试：现在你的创业资质可以了吗？

创业充满了诱惑，但并非每个人都适合走这条路。美国创业协会设计了一份测试题，假如你正想着自己“单挑”，不妨做做下面的题。

以下每道题都有 4 个选项：A. 经常；B. 有时；C. 很少；D. 从不。

1. 在亟须决策时，你是否在想“再让我考虑一下吧”？（　　）
2. 你是否为自己的优柔寡断找借口说“得慎重，怎能轻易下结论呢”？（　　）
3. 你是否为避免冒犯某个有实力的客户而有意回避一些关键性的问题，甚至有意

迎合客户呢？（　　）

4．无论遇到什么紧急任务你是否都先处理日常的琐碎事务呢？（　　）

5．你是否非得在巨大压力下才肯承担重任？（　　）

6．你是否无力抵御妨碍你完成重要任务的干扰和危机？（　　）

7．你在决策重要的行动和计划时，常忽视其后果吗？（　　）

8．当你需要作出很可能不得人心的决策时，是否会找借口逃避而不敢去面对？（　　）

9．你是否总是在晚上才发现有要紧的事没办？（　　）

10．你是否因不愿承担艰巨任务而寻找各种借口？（　　）

11．你是否常来不及躲避或预防困难情形的发生？（　　）

12．你总是拐弯抹角地宣布可能得罪他人的决定吗？（　　）

13．你喜欢让别人替你做你自己不愿做而又不得不做的事吗？（　　）

计分：选 A 得 4 分，选 B 得 3 分，选 C 得 2 分，选 D 得 1 分。将所有题目得分相加，总分为你的得分。

得分分析：

50 分以上，说明你的个人素质与创业者相去甚远；

40～49 分，说明你不算勤勉，应彻底改变拖沓、低效率等问题，否则创业只是一句空话；

30～39 分，说明你在大多数情况下充满自信，但有时犹豫不决，不过没关系，这也是稳重和深思熟虑的表现；

15～29 分，说明你是一个高效率的决策者和管理者，有望成为成功的创业者，你还等什么？

本章习题

1．什么是创业？

2．创业的主要要素有哪些？

3．主要的创业过程有几个阶段？

4．创业的类型分为哪几大类？

5．分析个体创业和公司创业的优缺点。

6．对比创新型创业和模仿型创业的异同。

7．常见的创业方式有哪些？

8．结合大学生创业优、劣势分析自身有哪些创业优、劣势？

9．我国大学生创业政策你觉得哪些对于自己的帮助最大？

案例评析

陈伟和他的红土洼小米

陈伟，山西财经大学工商管理学院市场营销专业 2016 届毕业生，红土洼小米有限公司经理。大学毕业后，他带领他的创业团队把红土洼小米做得风生水起。

在大学期间，陈伟就联系了一批志同道合的同学组成创业团队，成为某品牌罐头山西省渠道销售校方代表。最初，他们通过发传单、上门推销等较为简单的方式进行营销，而后又借助微信等新媒体平台销售产品，逐步取得良好的效果。经过磨合，团队成员比较稳定且协作能力不断增强。2015 年冬天，在就业与创业的十字路口，团队成员对创业的一系列因素进行系统分析，选择了适合自身的项目：红土洼小米。

为找到满意的小米，陈伟和他的团队成员走访了家乡种小米的乡亲们，还多次向农大教授请教，深层次了解种植小米的气候、水质、海拔、土质等各方面参数，从而综合评判适合种植小米的区域。寻找一块适合种植小米的土地异常艰难，经历了多次失败，团队部分成员开始动摇。但在“山穷水尽疑无路”之际，平定山区的一首童谣使他们发现了太行山深处一座几乎与世隔绝的自然村，这里有着生长山区旱地小米所需的一切条件。

小米的存储条件要求高——高温易变质，潮湿易霉变。所以，烹饪和存储都要考究。小米要选定阴凉、干燥、通风好的地方存储。亮晶晶的平定砂器，世代相传的九道工序，造就了最纯正古朴的平定砂锅。小米与砂锅的完美融合，能吃出红土洼小米最正宗的味道。平定砂罐具有耐酸、耐碱、透气性好、实用美观等特点，用砂罐储米并将砂罐放在阴凉、干燥的地方，可以充分保障小米的营养及品质。由陶瓷师傅一笔一画亲手雕刻的“红土洼”容器便成为熬煮和存储小米的最佳选择。

2016 年 11 月，经过一年的筹备，红土洼小米正式推向市场。出于对纯天然食品的认同，前期宣传在山西产生了很好的效果，取得开门红。同时，团队成员通过微信平台结识了想助力家乡发展的山西游子，这些在他乡的客户成为他们的铁杆粉丝，尤其是在大连，截至 2017 年 6 月，累计销售 400 多套产品，尤其是防潮的砂罐和养生砂锅，特别受青睐。目前，陈伟及其团队又推出“全年都吃新小米”的计划，本着“为健康代言，为农村生态产品发声”的理念，为其客户提供新米现碾现寄的服务，成功解决了陈小米营养成分流失的问题，为顾客送去好的产品。

陈伟通过对市场的敏锐触觉，识别并抓住了“绿色食品”这一创业机会，整合人力、资金、市场资源，根据个人及企业发展的需求，不断创新，为企业盈利，最终实现创业价值，获得回报。

思考与讨论

1．什么是创业，它的要素有哪些？

2．创业过程有几个阶段，讨论本案例在各个阶段的具体做法有哪些？

本章思维导图

- 认识创业
  - 创业内涵
  - 创业要素
    - 创业三要素论
      - 创业机会
      - 创业团队
      - 创业资源
    - 蒂蒙斯创业模型
  - 创业过程
    - 识别创业机会
    - 创业资源整合
    - 创办新企业
    - 新企业生存及持续管理
  - 创业类型与方式
    - 创业的类型
      - 基于创业动机的不同
      - 基于创业主体的不同
      - 基于创新程度的不同
      - 基于价值创造的不同
    - 创业方式
  - 大学生创业的优、劣势及政策保障
    - 大学生创业的优、劣势
      - 大学生创业优势
      - 大学生创业劣势
    - 大学生创业政策保障
      - 政策总体要求
      - 提升大学生创新创业能力
      - 优化大学生创新创业环境
      - 加强大学生创新创业服务平台建设
      - 推动落实大学生创新创业财税扶持政策
      - 加强大学生创新创业的金融政策支持
      - 促进大学生创新创业成果转化
      - 办好中国国际“互联网+”大学生创新创业大赛
      - 加强大学生创新创业信息服务

下　篇

实务篇

第三章 Chapter 3 创业者

本章导读

当今的世界已经从管理型经济转向创业型经济。我国经济进入了建设新时代中国特色社会主义事业的历史阶段。创业型经济需要一大批高素质的创业者，而创业是一项艰苦、复杂的系统工程，这就要求创业者具备一些比常人更高的素质和能力。本章重点介绍了创业者、创业素质、创业动机与创业能力以及创业者责任。

学习目标

学完本章后，你应该能够：

1. 了解创业者的概念、类型、特征及责任，形成对创业者的理性认识。
2. 了解什么是创业素质。
3. 理解创业者应该具备的创业素质。
4. 了解创业者责任。

引导案例

霍英东的创业故事

霍英东出身寒微，曾就读于香港名校皇仁书院。霍英东做过六七种繁重的体力活，最后发现，最适合的工作是当老板，于是他开了一家杂货店。1945 年日本投降后，英文版《宪报》上刊登了不少拍卖战时剩余物资的通告。霍英东一眼就窥出其中的商机，用借来的 100 港元，一转手就赚了 2.2 万港元，从身无分文一跃而成为小财主。为了改变生活境地，25 岁的霍英东离妻别子，率领 100 多人到人迹罕至的荒岛采集“海人草”。在荒岛上度过了半年的原始生活，在一次台风中还命悬一线。跟随霍英东远征东沙的第一支团队因畏险作鸟兽散。

第二支团队同样因受不了那份苦中苦，半途而废，打道回府。然而，霍英东第三次拉起队伍，继续不屈不挠地开拓。这段历险，足以让霍英东将人世间的一切苦难视为小菜一碟。后来霍英东闯入地产界，他率先利用宣传小册子及广告推销自己的楼宇，并天才地首创了分层分单元出售楼宇及预售楼花的经营方法，催发了整个香港地产业的勃兴，而地产业的振兴又带动了整个香港经济的腾飞。

霍英东名言：我一向喜欢接受挑战，最艰苦的事情，我一定要做好。

第一节 创业者

一、创业者的定义

创业的意思是创始，首创。“创”的原始本义《说文解字》解释是新伤口，如创伤。后来引申为开始、始造，如草创。唐代颜师古注《汉书·叙传下》中的“礼仪是创”一条时说：“创，始造也”。

创业者对应的英文单词是 entrepreneur，有两个基本的含义：一是指企业家，即在现有企业中负责经营和决策的领导人；二是指企业创始人，即将要创办新企业或者是刚刚创办新企业的领导人。

创业者是什么样的人？创业者一词由法国经济学家坎蒂隆（Cantillon）于 1755 年首次引入经济学。1800 年，法国经济学家萨伊（Say）首次给创业者做了定义，他描述创业者是将经济资源从生产率较低的区域转移到生产率较高区域的人，并认为创业者是经济活动过程中的代理人、著名经济学家熊彼特则认为创业者应当是创新者。彼得·德鲁克给创业者所下的定义是：创业者就是赋予资源以生产财富的人，创业者善于创造或发现机会，然后抓住机会，并创办起有高度发展潜力的企业，其思想和行为与众不同。还有些学者将创业者界定为，一种主导劳动方式的领导人。

一般来说，国内外有关创业者的定义可分为狭义和广义两种。狭义的创业者是指参与创业活动的核心人员，该定义避免采用领导者或组织者的概念。因为在当今的创业活动中，技术的含量越来越高，离开了核心的技术专家，很多创业都无法进行，核心的技术专家理应成为创业者。事实上，很多创业活动最早都是由拥有某项特定成果的技术专家发起的。广义的创业者是指参与创业活动的全部人员，创业者可能更多地以团队的形式出现。在创业过程中，狭义的创业者将比广义的创业者承担更多的风险，但也会获得更多的收益。另外，要把创业者与职业经理人作为对比概念加以区分。创业者是指一种开办或经营自己企业的人，他们既是员工，又是雇主，对经营企业的成功与失败负责；职业经理人通常不是他们所管理公司的所有者，而是被雇来管理公司日常运作的人。

综上，我们不妨将创业者定义为：具有能力发现信息、资源、机会并以一定的方式进行转化，从而创造更多财富和价值的人。创业是创业者对自己拥有的资源或通过努力能够拥有的资源进行优化整合，从而创造出更大经济或社会价值的过程。

二、创业者的类型

创业者可以从几种不同的角度来分类，主要可以根据创业者在创业过程中所扮演的角色、创业者的影响力和创业者的创业内容、创业者所处的创业领域等分类。

（一）根据创业者的角色划分

根据创业者在创业过程中所扮演的角色，可划分为独立创业者和创业团队。同为创业者也有不同的角色和地位，有人适合独立创业，比如其有一定的资金，有极强的独立性等。有人适合团队创业，比如与人相处融洽。有人不适合团队创业，比如该创业者能力很强，但不善于与其他人相处。在团队创业中，有的创业者适合担任主导人物，有的创业者只适合扮演参与创业的角色。

1. 独立创业者

独立创业者是指独自创业的创业者，即个人独自出资和个人独自管理。独立创业者的创业动机和实践受很多因素影响，如发现很好的创业机会，对创业活动具有专注的精神、独立性强，失去工作或找不到合适的工作，对目前所从事的工作失去兴趣，受他人成功创业的影响等，这些因素都有可能激发独立创业活动。

独立创业者的主要特点是：创业过程中充满挑战和机遇，可以充分发挥创业者的想象力、创造力，自由展示独立创业者的主观能动性和创新能力。独立创业者可以主宰自己的工作和生活，按照个人意愿追求自身价值最大化，实现创业的理想和抱负。但是，独立创业者的难度和风险较大，独立创业者可能会缺乏管理经验，或缺少资金、技术资源、社会资源、客户等，创业压力也相对较大。

2. 创业团队

创业团队是由两个或两个以上技能上互补的成员，为实现共同的创业目标而组成的群体。

（1）创业团队的基本特征。

一是小规模性。创业团队的规模一般不大，如果规模过大，虽然在体量上有优势，但是很难做到相互配合，也很难对具体可行的事情达成共识。

二是目标一致性。一个创业团队应有远景目标和近期业绩目标。团队成员的组成和能力都是为了实现共同目标，一个共同的远景目标可以调动团队的积极性，可以发展成对某一具体业绩目标不懈的追求，近期业绩目标的实现是实现远景目标的基础。

三是技能互补性。技能互补即团队成员在团队中的不可替代性，其所具备的每一种技能都是为了完成团队的目标，对技能的要求包括技术性或职能性的技能、解决问题和决策的技能以及人际关系技能。

四是责任相互性。在创业团队中，成员根据不同分工必须承担与之相应的责任，工作职责划分很明确，并有严格的工作流程和清楚的职责制度，可以提高团队的工作效率。另外，创业团队成员在创业初期往往可以把创建新企业作为共同努力的目标，在集体创新、分享认知、共担风险协作进取的过程中，形成特殊的情感，创造出高效率的工作流程。创业团队成员可能具有不同的特质，但他们相互配合、相互帮助，通过坦诚的意见沟通形成了团队协作的行为风格，能够共同地对拟创建的新企业负责，从而产生较好的凝聚力。

（2）创业团队的类型。

依据创业团队的组成者特征可以划分为不同类型的创业团队，主要有星状创业团队和网状创业团队。

星状创业团队。星状创业团队是目前最为常见的创业团队。星状创业团队有一个核心人物作为团队领导者，由该领导者基于自身创业理念和需要组建团队。成员间可能熟悉，也可能陌生。团队成员主要为团队提供支持和执行具体任务。例如，美国太阳微系统公司创业之初就是由维诺德·科尔斯勒确立了多用途开放工作站的概念，接着他找了乔和本其托斯两位分别在软件和硬件方面的专家，以及一位具有实际制造经验和人际沟通技巧的麦克尼里，组成了太阳微系统公司的星状创业团队。但核心人物的权威性过强可能导致权力的过分集中和盲目权威，一旦团队冲突出现，其他团队成员处于被动地位，易做出退出决定，对团队发展不利。

星状创业团队主要的特点是：新企业结构紧密，创业团队向心力强，主导人物在新企业中的行为对其他个体影响巨大；创业过程中决策程序相对简单，新企业效率较高；星状创业团队容易形成权力过分集中的局面，从而使决策失误的风险加大。

网状创业团队。网状创业团队一般都是团队成员在过去的交往过程中，共同认知并确认某个创业想法，同时就创业行为和活动达成了共识以后，开始共同创业。一般来说，网状创业团队的成员在创业之前原本就有密切的关系，可能是同学、亲友、同事、朋友等。与星状创业团队不同，在网状创业团队组成时，并没有明确的核心物，创业团队成员根据各自的特点在新企业中进行自发的角色定位。因此，在新企业中。团队的每位成员基本上扮演的是协作者或者伙伴角色。一些著名企业的创建多是由于具有某种关系而结识，基于团队成员互动激发出创业点子，然后合伙创业，例如美国微软公司的比尔·盖茨和童年玩伴保罗·艾伦，惠普公司的戴维帕卡德和他在斯坦福大学的同学比尔·体利特等，都是典型的网状创业团队。

网状创业团队的主要特点是：创业团队中没有明显的主导人物，整体结构较为松散，新企业在决策时，一般采取集体决策的方式。通过大量的沟通和讨论达成一致意见，因此新企业的决策效率相对较低；当团队成员之间发生冲突时，一般都采取平等协商、积极解决的态度消除冲突，团队成员不会轻易离开，但是一旦团队成员间的冲突升级，使某些团队成员撤出团队，就容易导致整个团队的涣散。

（二）根据创业者的影响力划分

根据创业者的影响力可划分为复制型、模仿型、安定型和冒险型四种创业者类型。

1. 复制型创业者

创业者复制原有公司的经营模式，创新的成分很低。新企业中属于复制型的创业者比率虽然高，但由于这种类型的创业者创新贡献低，缺乏创业精神的内涵，不是推动社会、经济发展的主要动力。

2. 模仿型创业者

模仿型创业者对于市场虽然也无法带来新价值的创造，创新的成分也很低，但与复制型创业者的不同之处在于，创业过程对于创业者而言还是具有很大的冒险成分。这种类型的创业者如果具有一定的素质，经由系统的创业培训，掌握正确的市场进入时机，还是有很大机会可以获得成功的。

3. 安定型创业者

安定型创业者虽然为市场创造了新的价值，但对这类创业者而言，本身并没有遭遇太大的改变，从事的也都是比较熟悉的业务。这种类型的创业者强调的是创业精神的实现，也就是创新的活动，而不是新组织的创造。

4. 冒险型创业者

这种类型的创业者本身的转变大，创业不确定性很高；对新事业的产品创新而言，也将面临很高的市场不确定风险。冒险型创业者是一类创业难度很高且风险比较大的创业者，有很高的失败率，但成功所获得的报酬也很大。这种类型的创业者如果想要获得成功，则必须要在创业者能力、创业时机、创业精神发挥程度、战略、创业过程管理等方面，都有很好的搭配。

（三）根据创业者的创业内容划分

按照创业者的创业内容，可划分为生产型、管理型、市场型、科技型和金融型五种创业者类型。

1. 生产型创业者

生产型创业者是指通过创办企业推出产品的创业者。主要特点是创业者一般都具有企业的生产技术或产品开发背景，以生产技术为主体，常常直接从事商业化技术或者产品开发，生产的产品通常科技含量比较高。

2. 管理型创业者

管理型创业者是指那些综合能力较强的创业者，他们对专业知识并不十分精通，主要特点是创业者在管理和协调中有自己的特长，能够通过各种有效的管理手段带领新企业前进。

3．市场型创业者

市场型创业者通常是指缺乏企业的技术专业背景、没有技术经验或者只有非技术组织的职业经验，但是善于识别机会、有创业的点子，又有一定的资金支持的创业个体，主要特点是注重市场，善于把握变化中的机会。例如，MBA 学生具有管理知识，大多数有管理实践经验，他们捕捉到了某个创业机会，自主创业，属于市场型创业者。在我国计划经济向市场经济转轨过程中，就曾涌现出大批的市场型创业者。海尔集团总裁张瑞敏有一句名言“三只眼睛看世界”，其意思就是计划经济时期企业只要一只眼，即盯住政府就可以了；市场经济条件下的企业则要有两只眼，一只盯住市场，另一只盯住员工；转型期的企业则需要具备第三只眼，也就是说除了盯住市场和员工之外，还要盯住政府出台的政策。

4．科技型创业者

科技型创业者多与高校和科研机构有关联，具有很强的科研知识背景，并常常从事基础科研开发，掌握了某种技术，有强烈的欲望把科研成果转换成生产力，一般在高等教育机构或非商业化的实验室担任或曾担任过学术职位，主要特点是创业者以高科技为依托创办企业。如高校里的部分科研型教授以自己的科研成果为核心，筹集资金，创办实体，属于典型的科技型创业者。20 世纪 80 年代后，为了鼓励科技成果转化为生产力，我国推出了一系列鼓励高等院校和科研机构创办企业的措施，如今的许多科技企业的前身就是原来的校办企业和科研机构创办的院（所）办企业，如北大方正、清华同方以及联想集团等。

5．金融型创业者

金融型创业者实际上是一种风险投资家，他们向新企业提供的不仅仅是资金，更重要的是专业特长和管理经验。他们不仅参与新企业的经营方针和规划的制定，而且还参与新企业的营销战略制定、资本运作以及人力资源管理。

（四）根据创业者所处的创业领域划分

根据创业者所处的创业领域可划分为传统创业者和技术创业者。传统创业者指在传统的行业，如餐饮、房地产、服装等行业筹集资金，创办企业，为顾客提供产品或服务的创业者。技术创业者以突出技术为主，所创办的企业一般规模较小，产品的技术含量较高，附加值比较高，利润空间比较大。

三、创业者的特征

（一）创业者的人口统计特征

对创业者的研究首先是从人口统计特征入手的，有些研究成果发现的确有些群体更有可能参加创业活动。例如，萨克森尼安（Saxenian）在 2000 年的研究成果表明，移民更趋向于高创业性。还有研究表明，头胎出生的孩子更有可能成为创业者，创业经常发生在人们会感到焦躁不安的里程碑年份（例如 30 岁、40 岁、50 岁）。上述研究听起来很有趣，但这些事实并不能让我们更进一步了解真正的创业者特征。人口统计学特征并不能真正决定人们是否会创业，它们只是和真正影响创业的特征呈现相关性。

（二）创业者的心理特征

除人口统计特征外，学术界研究创业者的心理特征，发现创业者的心理特性比天生特质重要得多，而心理特征或素质在一定程度上可以改变和培养。创业者区别于一般人的特征表现为以下 6 个方面。

（1）创新。既然创新是创业精神的本质所在，创业者趋向于那些具有创新精神的群体就不足为奇了。换句话说，他们发明新的方法迎接不同的挑战。

（2）成就导向。创业者几乎无一例外都是目标导向型的，他们很自然地设定个人目标并且确保成长以完成这些目标。

（3）独立。创业者是出了名的独立自主。他们大多数都自我依赖，并且他们中的许多人都很自然地偏向于独立工作来完成他们的目标。

（4）内控性人格。创业者很少把自己看作环境的受害者，而是自己掌控自己的命运。这可能是由于他们具有把消极的环境看作机会而不是威胁的趋向。

（5）低风险厌恶。创业者不会为了风险带来的利益而去寻找风险，而是对风险有更多的包容性，并且在找到方法降低风险方面更具有创造性。

（6）对不确定性的包容。创业者总是比其他人更加适应动态变化且不是特别明确的情况。

20 世纪 90 年代以来，针对创业者创业之前的经验（简称先前经验）研究进入创业学者的视野，识别到有影响的先前经验主要有：行业经验，即曾经在新企业同一行业工作过的经验；创业经验，即创建并管理新企业的经验；管理经验，即从事领导及管理岗位的经验；与新产品开发、特定的技术研发及与某类顾客打交道的独特经验；其他职能经验，如从事研发、市场营销、财务等工作的经验。先前经验对机会发现及所发现机会的创新性、资源获取、战略选择、新企业生存和成长绩效有影响作用。有的研究发现，行业经验、管理经验比创业经验对新企业绩效的正向影响程度更显著。这些经验可以通过后天获取，可以有意识地积累。关于创业者的另一类研究是人力资本、社会资本，以及所处的社会阶层等因素。这些研究成果的应用价值广泛。例如，对刚毕业的大学生，可以给出较明确的职业发展建议，为了今后的创业，甚至可以建议到什么类型的组织积累什么样的经验。

（三）创业者与职业经理人的区别

现实中，人们往往记住了创业者的名字，对谁是职业经理人却不怎么关心。例如，我们知道罗红是好利来的创建者，而为他运作企业的职业经理人多数人并不知晓；我们知道万科创始人王石的很多故事，但并不清楚哪些人在他的背后运营整个万科集团。创业者与职业经理人有什么区别呢？

通过观察，可以很容易地识别出创业者与职业经理人的区别：创业者为自己打工，职业经理人是为他人打工；创业者很自然地将公司当作自己真正的家，职业经理人加班再晚还是会将公司与家严格区分开来；对于创业者来讲，赚到一分钱都是自己的，职业经理人不会认为一分钱的利润对公司有多重要；创业者养成的习惯是凡事亲力亲为，职业经理人的习惯就是尽量把工作布置给下属。

创业者和职业经理人最重要的区别在于，创业者从事的是开拓性的工作，通过他们的创业活动，实现了从 0 到 1 的变化；职业经理人则侧重于经营性活动，按照程序、制度开展工作，他们将 1 变成 10，将 10 变成 100。创业者发现机会，创造新事物，而经理人在维持现状的基础上，保持事物的持续和演进。其次，创业者承担财务风险，而经理人则不会也不可能承担此类风险。

（四）正确看待创业知识的学习

20 世纪 80 年代初期，关于创业知识学习的重点在于新创企业管理与大公司专业化管理的区别。重点首先是培养对机会的识别、评估和捕捉能力。能够看到或者想到做事情的新方法是创业精神的根本所在，对机会的评估是一种重要的技能。其次是掌握和运用管理知识和技能创建并管理新企业、新事业，使机会转化为商业利润和社会价值。最后是培养应对不确定性环境的能力。

对于创业知识的学习而言，首先就是要改变创业就是创建新企业的狭隘观念。创业是一种理念、一种精神，一种不满足于现状、敢于创新并承担风险的精神；是一种在不考虑资源约束情况下把握机会、创造价值的认识；是一种做人的态度，给人以积极向上的感觉，树立用创业精神开展工作的意识。

第二节 创业素质

一、创业素质的定义

说起创业者，人们自然会关注他们独特的品质特征，比如强烈的成功欲望、勇于承担风险的独特心理素质，总感觉创业与自己无关，是遥不可及的事情，那些成功创业者所完成的事业，是常人所难以模仿的、无法学习的。

创业成功与否取决于创业者的天赋，这样的观点今天仍然很有市场，由此引发的观点是创业者无法培养的，创业者是天生的。乔布斯、比尔•盖茨、戴尔大学不都没上完嘛！如果继续学习能造就苹果、微软、戴尔这些伟大的公司吗？这些例子似乎的确难以辩驳，甚至可以引发对教育的思考。大多数有影响的创业者在其以往的经历中，总有某方面或某些方面的过人之处，比如他们的胆识，毅力和眼光等，这就更加重了关于创业者与非创业者之间的差异、创业者是否天生等问题的争论。在塞萨里・萨拉维斯教授看来，更正确的方式是抛弃将人们分成创业者和非创业者这种简单的两分法，而应该看成一个概率分布。在这个概率分布中，有一些人，只要不存在严格的限制条件就会成为创业者（“天生的创业者”）；而有一些人，即使在有利的条件下也不会踏上创业的征途（“天生的非创业者”）；至于大部分人，在某种条件下，他们可能会成为创业者，而在其他条件下，他们可能不会成为创业者。我们所应思考的问题是：“应该创造什么条件，帮助这大部分人克服障碍，成为创业者。”事实上，天生创业者和天生非创业者所占的比例都很小，就像“二八定律”一样，应该承认创业者特质在创业活动中的作用甚至是决定性的作用，但不能过分放大少数天生创业者的特质影响。

创业者素质是一种特殊个性特征，这种个性特征往往影响创业活动的效率和创业的成功与否。

二、创业者应该具备的创业素质

著名演说家马丁 J. 格伦德认为，成功创业者的“九大素质”分别是选择一个爱好、制订一个目标、拿着薪水学习、与成功者为伍、相信自己、以己之长发财致富、敢于提问、不循规蹈矩、不墨守成规、努力工作等。而事实上，创业者表现形形色色，纷繁复杂，成功的途径各有千秋，方式领域也各不相同，所以有关创业者素质的界定也不尽相同。但综观中外成功创业者走过的途径，下列基本素质应该是共同具备的。

（一）创业者所应具备的基础素质

1. 身体素质

俗话说，身体是革命的本钱。良好的身体素质是成功创业的前提。在创业之初，受资金、环境等各方面条件的限制，许多事情都需创业者亲力亲为，他们需要不断地思考来改进经营，加上长时间的工作和巨大的风险与压力，若无充沛的体力、旺盛的精力、敏捷的思路，必然会力不从心、难以承担起创业重任。

2. 创业决心

要想取得创业的成功，创业者必须具备自我实现，追求成功的强烈的创业意识和激情，它们能帮助创业者克服创业道路上的各种艰难险阻，将创业目标作为自己的人生奋斗目标。只有具备了它们，才能不断地去挖掘和寻找创业资源，不断地去解决经营过程中遇到的各种矛盾。

3. 知识素质

创业者的知识素质对创业起着举足轻重的作用。创业者要进行创造性思维，要做出正确决策，必须掌握广博知识，具有一专多能的知识结构。具体来说，创业者应该具有以下几方面的知识：专业知识、经营管理知识、市场经济知识、法律知识、财务会计知识。

4. 竞争意识

随着我国社会主义市场经济从低级向高级发展，竞争愈来愈激烈。创业者若缺乏竞争意识，实际上就等于放弃了自己的生存权利。创业者只有敢于、善于竞争，才能取得成功。创业者创业之初面临的是一个充满压力的市场，如果创业者缺乏竞争的心理准备，甚至害怕竞争，就只能是一事无成。

5. 诚信

诚信乃创业者之本。创业者在创业过程中，要以诚信动人。如不讲信誉，就无法开创出自己的事业。失去信誉，就会寸步难行。

（二）创业者心理素质

根据成就动机理论，那些拥有创业心理素质的人比不具备创业心理素质的人具有更高的实施创业行为的倾向，成功可能性也更大。创业者一般要具备如下心理素质：成就需要、控制源、风险承担倾向、不确定性容忍度、创业精神、团队意识等。

1. 成就需要

创业者对创业成功有强烈的意愿，而成功创业不是为了获得社会承认或声望，而是为了获得个人内在自我实现的满足感。对于任何一位创业者来说，“渴望”创业其实首先就是希望获得金钱，使自己摆脱对贫穷的恐惧，并由此上升为一个自由的、不受金钱控制的人。因此，金钱、健康、家庭、亲友、地位等，都是创业者成功的条件，但更重要的条件是“渴望创业的野心”。

2. 控制源

控制源是指创业者相信自己控制人生的程度能帮助创业者克服创业道路上的各种艰难险阻，将创业目标作为自己的人生奋斗目标。研究表明，创业者相信自身而不是他人能决定自己的创业能否成功，他们有很强的控制欲，总是希望把创业过程掌握在自己手中。和控制源相关的是创业者的个人独立性，创业者往往喜欢独立思考和行动，渴望独立自主。

3. 风险承担倾向

在扑朔迷离、纷繁复杂的经济环境中，机会和风险并存，既有成功的机遇，也有失败的危险。所承担的风险，无论是财务、社会方面的，还是心理方面的，都是创业过程中不可分割的一部分。但是，在市场风险中，无疑还会有许多突破点，关键在于创业者如何面对机会和风险，并以充分的准备去迎接机会的到来，躲避风险的侵害。只要是创业者，肯定会遇到各种各样的困境，对此必须要有充分的思想准备，敢于承担风险，不被困难击垮，并坚韧不拔地朝着既定的目标前进，终究会有成功的一天。

4. 不确定性容忍度

在创业过程中会遇到各种意想不到的困难，如资金周转困难、商品滞销、员工管理不到位等，而一定程度的不确定性容忍度可以对一个创业者的成功起到积极的影响作用。对上述这些问题处理不当就有可能导致经营失误。因此，要做好随时应对困难的思想准备，迎接不断出现的挑战，始终朝着既定的目标，坚持不懈地努力。作为一个创业者若勇于承担困苦、艰难、阻挠、障碍，并保持旺盛的斗志，最终将成为一个出色的创业家。

5. 创业精神

创业精神是创业者的精神状态和对事业所持的态度。新企业不论规模大小，归属哪个行业，创业精神始终与某些普遍适用的创业行为素质相关联。创业要发扬创业精神，没有创业精神的创业者通常不会成功，也不能称之为创业者。创业精神主要表现为自信、自强、自主、自立等。

自信就是创业者要对自己充满信心。对于准备创业的人士而言，自信心尤为重要。一个比较成功的创业者的特点之一，就是对自己充满信心。如果一位总裁连公司走哪条路都拿不定主意，那么可想而知，公司的发展也一定不会顺利的。但是，自信并不是自傲。有一种极端情况是，我们常常见到的有些人在采取行动时，表现得过于自信，听不进任何人的意见。其实，这并不是自信。自信者不会拒绝别人的意见和建议，否则，只能是盲目自大者。这对于一个创业者来说，是必须戒掉的陋习。

自强就是创业者在自信的基础上，不贪图眼前的利益，敢于实践，不断增长自己各方面的能力与才干，勇于使自己成为生活与事业的强者。

自主就是具有独立的人格，具有独立性创业思维能力。创业是一种需要全身心投入的事业，只有具有积极的态度和务实的精神才能使创业获得成功。在这个过程中，没有人会给创业者制订计划，面临困难、问题、危机时，创业者只有积极努力、脚踏实地地奋斗，才有可能取得创业效益。

自立就是创业者凭自己的头脑和双手、智慧和才能、努力和奋斗，建立起自己事业的基础。

6. 团队意识

在创业道路上，创业者必须摒弃“同行是冤家”的狭隘观念，学会合作与交往。通过语言、文字等多种形式与周围的人进行有效的交流与沟通。有效沟通可以提高办事效率，增加成功的机会。在创业过程中，创业者需要与客户打交道，与公众媒体打交道，与外界销售商打交道，与企业内部员工打交道，这些交往、沟通可以排除障碍，化解矛盾，降低创业难度，增加信任度，有助于创业事业的发展。

（三）创业者行为素质

创业者在行为方式上主要应具有勤学好问、执着、灵活应变、良好的商业道德和责任感等素质。

1. 勤学好问

创业者往往不满足于现状，经常意识到能将事情做得更好，渴望并从不放弃学习和改进的机会。现代社会需要学习型的企业，创业者在创业初期更需要学习行业内的领先企业、标杆企业的成功经验。创业者的学习为新企业的发展提供了源源不断的智力源泉。

2. 执着

一个心理健全的人，他的一切有目的的活动和行为都是意志活动。在日常带目的性和方向性的活动和行为中，意志因素表现得并不明显；然而，在创业活动中，目的性和方向性就表现得异常强烈、鲜明。这时候如果存在巨大的障碍和困难需要创业者去克服，人的精神就处在高度紧张的状态，在这种紧张的情况下，意志因素起着异常重要的作用。可以说创业者的创业活动也就是复杂的意志活动。渴望成功的意志是创业者所不可缺少的。

3. 灵活应变

灵活应变指的是创业者对创业方法和路径的选择，一切从实际出发，根据环境的变化对创业活动做出相应的调整。

4. 良好的商业道德

诚信、诚实、诚恳是一个新企业生存和发展的根基，是对创业者的商业道德要求。创业者若没有良好的商业道德，而时刻只为自己的个人利益行事，肯定不会创立起企业；即使能够创办企业，最终也难免昙花一现，生命力不会长久。只有创业者对顾客、对员工诚信，顾客和员工才会为新企业的发展锦上添花。

5. 责任感

在创业过程中，创业不仅是为了实现自己的价值，更重要的是承担很多社会责任。一开始创业，可能是为了家庭。当新企业越来越壮大的时候，创业者会被身边的员工所感动。对更多的人负责，通过创业，让身边的人在物质上有所提高和回报，这才是一个真正的创业者应该有的动机。

（四）创业者背景特质

1. 教育

教育对于创业者的成长是至关重要的。教育的重要性体现在创业者是否具备解决问题的能力和素质，并不是指一个或若干个正规的学位。教育能够为创业者形成一个极有说服力的个人背景，特别是所接受的教育与创业领域有关的时候，更是如此。教育解决的是认识论和方法论的问题，一个人通过教育的手段和渠道，可取得文化、技术和创业等方面的一些资格。教育除给予接受教育者知识、方法和体会之外，还给予他们平台和团队，同时给予接受教育者许多无形的光环。

2. 个人价值观

个人的需求包括生理的需求和心理的需求，也就是自然性的需求和社会性的需求。心理需求是高层次的终极的需求。个人需求的满足最终必然通过心理需求的满足来实现，而心理需求往往与社会及他人的肯定密切相关，因而创业者个人的满足是与服务社会紧密联系的。我国作为发展中的社会主义国家，在发展水平上，需要创业者树立大局意识和为祖国服务的意识，以使我们尽快地追赶世界先进水平；在社会性质上，人与人之间、人与社会之间的根本利益是一致的，创业者只有将个人价值的实现融入到为祖国服务中去才符合国家、社会及个人的长远利益。个人价值的实现建立在国家和人民承认的基础之上。创业者只有树立了这种正确的长远的价值观，才有可能树立正确的人生信念和人生理想。所谓的坚定人生信念和明确人生理想就是能够确认自己为什么创业。只有具备了这一点，创业者才能一往无前，遇到挫折也不后退，否则容易见异思迁、摇摆不定。

第三节 创业动机与创业能力

一、创业者的创业动机

人们为什么要创业以及他们与非创业者（或创业失败的人）的不同，这一问题与创业者的动机密不可分。虽然对创业者心理特征的研究还没能得出一致结果，但认识心理因素在创业过程中的作用还是很重要的。

人们选择创业的动机多种多样，调查发现，基本的创业动机有三个。

1. 自己当老板

这是最常见的原因。然而，这并不意味着创业者与他人难以共同工作，或他们难以接受领导权威。实际上，许多创业者想自己当老板，或是因为他们怀有要拥有一家自己的企业的恒久梦想，或是因为他们在传统工作中变得很沮丧。

2. 实现自己的创意

有些人天生机敏，当他们认识到新产品或服务创意时，他们就渴望看到这些创意得到实现。在既有企业环境下进行创新的公司创业者，常常具有使创意变为现实的意念。然而，既有企业经常阻碍创新。当这种情况发生时，因为他们对创意的激情和承诺，一些雇员会决定离开雇用他们的企业，开创他们自己的企业并将其作为开发自己创意的途径。这种事件发展过程也可以发生在企业以外的背景条件下。例如，有些人通过爱好、休闲活动或日常生活，认识到市场中有未被满足的产品或服务需求。如果创意非常可行且能够支撑一个企业，他们就会付出大量时间和精力将创意转变为一家兼职经营或全职经营的企业。

3. 获得财务回报

这种动机与前两种动机相比明显是次要的，它也常常不能达到所宣称的那种目的。平均来看，与传统职业中承担同样责任的人相比，创业者并没有赚取更多的金钱。创业的财务诱惑在于它的上升潜力。像戴尔电脑公司的迈克尔·戴尔、雅虎的杨致远等人，他们从创建企业中获得了数以亿计的美元收入。但这些人坚持认为，金钱并非他们的主要动机。

二、创业动机的影响因素

从短期看，创业者的需求层次及其影响因素的共同作用形成了创业者不同的创业动机，不同的创业动机导致创业者创业行为过程与行为结果的差异；同时，创业者的创业活动导致创业者的现实需求得到满足。而从长期看，由于需求在时间上的连续性，已有需求的满足又会导致新需求的产生，从而形成一个循环，最终表现为创业精神对经济增长的贡献与经济的繁荣。由此可见，决定创业者行为差异的深层次原因是创业者的需求层次及其影响因素。

创业决策是各种因素共同作用的结果。一方面包括创业者的个性特点、个人环境、相关的商业环境、个人目标和可行的商业计划。另一方面，创业者将预期的结果同自己的心理期望相比较。此外，创业者还关心创业中付出的努力与可能的收获之间的关系。

三、创业能力

创业能力是一种特殊的能力，这种特殊能力往往影响创业活动的效率和创业的成功。

（一）组织领导能力

1. 战略管理能力

创业者的战略管理能力表现在，创业实施的第一步是找准方向、严密论证，进而做出战略决策。创业环境总是复杂的，在这个环境当中，政治的、经济的、文化的各种要素相互联系、错综复杂，任何方案都不是完备的和确定的，这就需要全局的战略管理能力和决断素质。古人云：“不谋全局者，不足谋一域；不谋万世者，不足谋一时。”在今天这样一个新生事物层出不穷的时代必须能够正确认识知识经济的发展规律、敏锐地分析市场的发展变化、准确地把握国家的政策法规，才能够正确地评估创业机会和创业方案。从全局的高度认识和把握问题是全面分析把握创业方向的基本要求。

2. 领导能力

“领导能力”在字典中的意思，就是“指导和统率的能力”。在创业过程中，创业者的领导能力通常通过如下三个方面体现。

第一，活力。具有巨大的个人能量，对于行动有强烈的偏爱，干劲十足，不屈服于逆境，不惧怕变化，不断学习，积极挑战新事物，充满活力。

第二，鼓动力。激励和激发他人的能力，能够活跃周围的人，善于表达和沟通自己的构想与主意。

第三，实施力。提交结果，能够将构想和结果联系起来，不仅仅是口头说说就完了，而是将构想变成切实可行的行动计划并能够直接参与和领导计划的实施。

3. 协调整合能力

良好的协调能力有利于信息的沟通，对于加强相互理解有着切实的好处。创业者与竞争者之间、创业者与客户之间都存在这样或那样的摩擦，高超的协商能力能够化解矛盾，使创业者能够获得良好的形象，能够提高可信程度，为合作打好基础。协调能力还可以融洽相关主体间的感情，增加合作的愿望和机会。协调能力体现在团队内部就是如何促使团队能够积极、高效地开展工作。协调能力一方面能够使团队成员之间关系融洽、化解矛盾、相互支持；另一方面使得工作有序、配合协调，整个团队的工作效率达到最高。

创业需要资金、技术、人际关系等条件，但并不是全部具备这些条件才可以创业。创业路上的成功者往往不是那些条件好的人，而是善于调用资源为我所用的人，所谓“拥有资源不如善用资源”。例如，社会上有音乐学院毕业的大学毕业生在家闲着找不到工作，也有很多家长想让孩子学音乐却苦于找不到老师，一个不懂音乐的下岗职工看到这一市场需求，借钱以加盟的形式创办一所古筝培训学校，一边聘老师，一边招学生，很快挣到了属于自己的“第一桶金”。这就是最简单的通过整合资源来创业的例子。善用资源是创业成功者最核心的能力，它能够巧妙地把各种创业要素整合到一起，创造性地解决各种瓶颈问题，进而满足顾客需要，自己获得财富。

4. 亲和力

亲和力是一种个人魅力，创业者富有亲和力可以更好地团结同事和朋友，为交际、协调等带来方便。一个人的亲和力一方面来自其观点、主张和处事原则，使得人们感觉到他可以信任和依赖；另一方面来自行事作风和气质风范，能够给人一种莫名的亲切感。

（二）业务能力

1. 经营管理能力

经营管理能力是指创业者对人员、资金以及新企业的内外部运营的能力。经营是对外的，追求从企业外部获取资源和建立影响，追求的是效益，是扩张性的，要积极进取、抓住机会。经营能力是创业成功的关键。创业者一般也是新企业的经营者，新企业的发展在很大程度上取决于创业者的经营能力强弱，它是新企业能否成功的重要因素之一。管理是对内的，强调创业者对内部资源的整合和建立秩序，追求的是效率，是收敛性的，要谨慎稳妥、评估和控制风险。管理能力主要包括营销管理能力和财务管理能力等。其中创业团队组建能力十分重要。一个企业需要细致的“内管家”，活跃的“外交家”，战略的“设计师”，执行的“工程师”，发散思维的“开拓者”，内敛倾向的“保守派”。创业者既需要能够把不同专长、不同个性的团队成员凝聚在一起，更要能够让他们在一起融洽地、愉快地工作，组成优势互补的创业团队，形成协同优势。可以说，经营管理能力是解决新企业生存问题的第一要素。

2. 专业技术能力

专业技术能力是创业者掌握和运用专业知识进行专业生产的能力。专业技术能力的形成具有很强的实践性。许多专业知识和技巧要在实践中摸索，逐步提高发展和完善。创业者要重视创业过程中积累的专业技术方面的经验和职业技能的训练，对于书本上介绍过的知识和经验在加深理解的基础上予以提高、拓宽；对于书本上没有介绍过的知识和经验要积极探索，认真分析，进行总结，形成自己的经验，只有这样，专业技术能力才会不断提高。

3. 交际能力

交际能力包括表达能力和反应能力。表达能力是充分、有效地将自己的观点阐释给对方的能力，尤其作为创业者对客户充分有效的表达能够使客户充分理解企业的产品情况，有利于推销自己，对创业团队充分有效的表达能够使大家领悟新企业的目标、面临的环境和要采取的对策，能够使大家更加有效地为完成共同的目标而努力。反应能力是交际能力的另一个方面，是表达能力的补充。在交际过程中，良好的反应能力能够帮助创业者随时领会和把握表达对象的需求和对表达内容的理解，有效调整表达的方式和内容。

表达能力分为口头表达能力和书面表达能力。口头表达能力是创业者将自己的思想、观点以最生动有效的方式传递给听者，以对听者产生最有效的影响的能力。书面表达能力是创业者将自己的思想、观点运用文字表达方式，使之系统化、科学化和条理化的能力。

语言表达能力主要表现在语言的分量、逻辑性和幽默感等方面。语言的分量是语言内容与表达态度的一个综合效果，它可以让创业者给听者一个准确的判断和感受，达到有效的激励效果。逻辑性是指内容清晰严谨、因果关系强、没有漏洞，语言的逻辑是增强说服力的主要手段。幽默感能够营造轻松愉快的氛围，使语言内容形象易于理解，有利于听者接受创业者的观点。

4. 创新能力

创新的实质是通过科学研究、生产活动和管理实践，创造新的理念、产品或服务成果并转化为生产力，以促进社会经济的发展。不论是知识创新、技术创新还是管理创新。创新的主体是人，创新的成果都要靠人来完成。创新能力是创业人才的核心。在创业者的创业过程中，无论是发现新的创感、捕捉新的机遇，寻找新的市场。还是撰写一份有潜质的创业计划，以至于创业融经、创办公司和企业运作、管理和控制，都包含着创新的内容。所以，作为一个创业者或创业团队。必须具备市场、技术、管理和控制的创新能力。创新能力又来源于创造性恩维，一个成功的创业者一定具有独立性、求异性、想象性、新颖性、灵感性、敏锐性等人格特质。

5. 学习能力

相当数量的创业者从事的是程序化的创新工作，需要以新的知识解决新的问题。同时，创业者现在所面临的是一个日新月异的社会环境，往往会发现在一觉醒来之后自己已经落伍了。

正是这种知识的爆炸和技术更新速度的加快，决定了新企业面临的竞争环境异常激烈。只有具有高度学习能力的创业者，才能驾驭创业的理想，驶上成功的航程。学习能力是现代社会里任何组织、任何人都必须努力具备的东西，只不过是新企业和创业者在企业的孕育期要求更为强烈。因此，现代管理最时髦的术语就是学习型组织、学习的革命、终身学习等有关提高学习能力的问题。学习能力不只是学习已存在的知识的能力，更重要的是搜集外部信息并进行总结、提高、创新的能力，这种能力在实际运用中往往表现为当事人良好的做事“直觉”。创业者的非理性行为，指的就是这种靠直觉行事的方式。直觉是知识，也是学习的结果。创业者在企业的孕育阶段更多的是依赖这种直觉来行事的，因而需要具备较高的学习能力。

应该特别指出的是，并非每位关键性素质、能力都具备的人才能创业成功。通过观察那些创业成功者就会发现，他们和普通人一样有这样或那样的毛病，只不过他们身上一定有某种关键性素质异常突出。只要有突出的优点压过缺点就足以让人成事。这表明了组成创业团队的必要性和重要性，也表明在选择创业团队成员时要考虑其是否具备这些素质，特别是团队成员之间具有互补性。所以，人不怕有缺点，就怕没优点。把自己的优势发挥出来是创业成功的关键。同时我们还应该知道，人是可以通过学习不断改变的，关键性素质、能力也是可以通过学习和实践来培养的，创业成功的过程也是完善个人创业素质的过程，决心改变者无所不能。

（三）创业能力的训练与培养

大量事实表明创业者具有先天素质，并可以在后天被塑造得更好，某些态度和行为可以通过经验和学习学到、被开发、实践或被提炼出来。蒂蒙斯教授总结出通过训练强化的态度和行为包括：

1. 责任感与决策力

承担责任和决策力是创业者具备的第一要素。有了责任承诺（承诺指对过去所做努力的坚持）和决策力，创业者可以克服难以想象的障碍，并且可以弥补其他缺点。责任感与决策力通常意味着个人牺牲。衡量创业者的责任承诺有以下三方面：是否把自己净资产的一大部分投资于企业；是否愿意接受较少的薪水；在生活方式和家庭上是否愿意作出较大牺牲。

2. 领导力

成功的创业者不需要凭借正式权力（多为组织授予的权力）就能向别人施加影响，这是领导力。他们善于化解冲突，懂得什么时候以理服人，什么时候以情感人，什么时候该妥协，什么时候寸步不让。成功经营企业，创业者必须学会与许多角色，包括客户、供应商、资金援助者、债权人、合伙人以及内部员工等相处。由于不同的角色在目标上常会有冲突，创业者要成为一个调停者、磋商者而非独裁者。

3. 执着于创业机会

成功的创业者都会为创业机会而殚精竭虑。他们的目标是寻求并抓住商机，并将其变成有价值的东西。他们总能发现机会，他们受到的困扰往往是陷在商机里不能自拔。这就要求创业者区分各种创意和机会的价值，抓住重点。

4. 对风险、模糊和不确定性的容纳度

创业总是伴随着高风险、模糊和不确定性，成功的创业者需要容忍风险、模糊和不确定性。他们能乐观而清晰地看到公司的未来，从而保持勇气。通过仔细定义目标、战略，控制和监督他们的行动方式，并按照他们预见的未来加以调整，减少了创业风险。成功的创业者把压力化为好的结果，将绩效最大化，并把负面影响、精疲力竭和沮丧情绪最小化。

5. 创造、自我依赖和适应能力

成功的创业者不满足也不会停留于现状，是持续的革新者。真正的创业者会积极寻找主动权并采取主动。他们喜欢主动解决问题，通过创新和创造实现生存和发展。成功创业者有很强的适应力和恢复力，从错误和挫折中学习经验，能在将来避免类似的问题发生。创业者总是优秀的听众和快速的学习者。

6. 超越别人的动机

成功企业家受到内心强烈愿望的驱动，希望和自己定下的标准竞争，追寻并达到富有挑战性的目标。新创建企业的创业者对地位和权力需求很低，他们从创建企业的挑战和兴奋中产生个人动机。他们受获取成就的渴望，而不是地位和权力的驱动。

第四节 创业者责任

一、创业者的社会责任

（一）创业者改变世界

我国的改革开放给创业者提供了创业机会，创业者又借助创业活动推动了经济成长。在中国改革开放之初，创业者一般表现为胆大、冒险。只要敢于突破禁区，有胆量，敢于尝试别人不曾涉足的领域，一般就能成功。因为那时不缺少创业机遇，缺的是把握机遇敢于冒风险的人。冒险家就是企业家的代名词。随着改革开放的深入发展，越来越多的人感受到创业成功带来的满足和喜悦，新的创业者复制、模仿、跟随随之而来，然后是暴利机会的减少和平均利润率的下降。这时创业者更趋于理性，资本和实力开始占有重要地位。今天，单纯靠胆量、冒险和资本实力已很难再取得成功，还需要靠知识、协作精神等。因此，过去单打独斗的精神需要由团结协作、奋发向上、积极进取、不断学习的新创业精神所替代。创业对中国经济的影响力日益增强。

再看美国。创业与创业精神一直是支撑美国经济繁荣的重要力量。在美国，每年新创

建的企业大约有 350 万家；在 5%～8 %的家庭里，至少有一位家庭成员不是在想而是正在着手创建新的企业。他们在采取行动，如向律师咨询，与银行家探讨贷款事宜，与土地所有者讨论厂址。在这些新企业的创办者中，四分之一的人表示想把他们创办的企业发展成为高速成长的企业；不低于 40 %的美国家庭中至少有一位家庭成员在职业生涯的某个时段创建或经营过小企业，有更多的家庭成员在小企业就职。24 %的家庭中，至少有一位家庭成员正在参与企业创建或拥有自己的企业，或是处于创建阶段企业的天使投资人。在美国，这种天使投资人到处存在，尽管他们的规模较小，但是在美国所涉猎的范围远远超出了大多数人的想象。小企业在美国经济中占据十分重要的地位：雇员少于或等于 7 人的企业占到企业总数的 80%，小企业提供 50 %的就业机会；2000 万家小企业为美国提供了大约一半的就业，创造了三分之一强的国内生产总值（GDP）。如果美国的小企业群体是一个独立的“国家”，按照 GDP 排名，这个国家将在全世界排第三。

创业者改变了我们的世界。如果你在路上看到行驶的新能源车比亚迪，这是王传福实现了自己创业远见的一部分；你用的华为手机，这和任正非有着非常密切的关系；你骑共享单车去地铁站，这和摩拜、美团等共享经济平台息息相关。著名管理学家彼得·德鲁克曾经强调，顾客不是上帝创造的，而是企业创造的。关于企业，唯一正确的定义，是创造顾客的组织。企业又是谁创造的呢？是创业者。

创业者具备改变世界的能力，是创新以及经济与社会发展的重要力量。因此，创业者在创业过程中一定要成为遵守道德伦理并积极承担社会责任的典范，这是创业成功的重要保证，也是成功创业者的基本素质要求。

（二）社会责任

清华大学经济管理学院仝允桓教授在其微博中写道：开社会责任课程想告诉学生什么？企业主动承担社会责任有利可图？还是为博得个好名声然后有利可图？或是为了躲开危机不被谴责？其实，趋利避害不是承担社会责任的唯一逻辑，承担社会责任本身就是企业价值所在。让世界更加美好应该是创业者奋斗的目标，也应该成为新创企业的愿景。“承担社会责任不是一个企业作出的选择——这不是什么可做可不做的事情，这是任何一家公司必须要负起的责任。”莫佐克说，“企业只有担当起社会责任，才能和世界一起前进、发展。”

企业社会责任问题日益受到各国政府和民众的广泛关注。最新修订的《中华人民共和国公司法》（以下简称《公司法》）第 5 条明确要求，公司从事经营活动必须“承担社会责任”，公司理应对其劳动者、债权人、供应商、消费者、公司所在地的居民、自然环境和资源、国家安全和社会的全面发展承担一定责任。新《公司法》不仅将强化公司社会责任理念列入总则条款，而且在分则中设计了一套充分强化公司社会责任的具体制度。可见，企业社会责任在我国具有法律地位。

企业社会责任（Corporate Social Responsibility，CSR）的概念已经广为接受，但目前还没有一个统一的定义。从国际组织对企业社会责任给出的定义可以看出，其基本内涵和外延是一致的，它是指企业在创造利润、对股东利益负责的同时，还要承担起对企业利益相关者的责任，保护其权益，以获得在经济、社会、环境等多个领域的可持续发展能力。利益相关者是指企业的员工、消费者、供应商、社区和政府等。企业得以可持续经营，仅仅考虑经济因素对股东负责是远远不够的，必须同时考虑到环境和社会因素，承担起相应的环境责任和社会责任。

在实践中，随着企业社会责任运动的发展，越来越多的公司通过设立企业社会责任委员会或类似机构来专门处理企业社会责任事项，越来越多的企业公开发布社会责任报告。对于创业者及其企业来说，承担企业社会责任就是要积极参与企业社会责任运动，贯彻执行由此衍生的 SA8000 等各种企业社会责任国际标准。

在我国，强化企业的社会责任是一个紧迫的现实问题，是全球化背景下中国企业提高国际竞争力面临的一项新挑战。我国新企业在创建伊始就应清楚地认识到推行企业社会责任是人类文明进步的标志。劳工权益保护不仅是西方国家的要求，也是现代企业的历史使命，符合《中华人民共和国劳动法》（以下简称《劳动法》）等许多现行法规的要求。创业者应该在积极参与和关注企业社会责任运动和企业社会责任国际标准出台的同时，从以下几个方面着手提高承担企业社会责任的意识和能力。第一，制定实施体现企业社会责任的竞争战略。突破传统的企业竞争战略，在勇于承担企业社会责任的同时，打造企业新的竞争优势，是我国新一代创业者的必然选择。第二，把企业社会责任建设融入企业文化建设中。企业文化建设其实是企业发展战略的一部分，企业文化建设既可以提高企业竞争能力，也可以使人在工作中体会生命的价值。把企业社会责任作为新时期企业文化整合和再造的重要内容，已成为国际企业文化发展的大趋势。第三，把社会责任的理念付诸实实在在的行动。在企业的日常经营管理过程中，不仅要对股东负责，对员工负责，还要对客户、供应商负责，对自然环境负责，对社会经济的可持续发展负责。

二、创业伦理

与企业社会责任相比，强调伦理规范是更高层次的素质要求。伦理主要应对和处理国家法律、政策和企业制度等明文规定和约束大多无法覆盖的一些问题。事实上，法律再健全的国家，也不可能对人类的一切行为都予以明确的规范，“天理、国法、人情”的顺序本身就说明了这一点。有些行为本身并不违法违规，但对健康的商业环境和优秀的组织文化不利，仍然要求创业者能够自我约束，这不仅是一种境界，也有利于企业健康可持续发展。

伦理主要应对和处理国家法律、政策和企业制度等明文规定和约束无法覆盖的一些问题。

《创业者乐园》（*The Start - up Garden*）一书的作者汤姆·厄仁菲尔德提供了以下一些保证创业符合伦理规范的忠告和建议。

一是做正确的事。创办企业能将人置于为获取竞争优势而言过其实的境地，它可能以多种方式出现。创业者可能宣称自己很强大或者是一个成立已久的公司，来吸引投资者或顾客。他们用夸大未来前景的故事吸引雇员或消费者。他们可能在刚去说服关键人物时，就声称已经拥有了某些关键要素。这种虚构故事的方式往往仅仅是为了使公司有倍增效应而吸引他人。创业者可能会辩解他们的极端行为全是为了公司，也就是为企业而非为个人，然而对某些人来说是为个人利益。

二是说到做到。一个开诚布公的文化会带来同样多的公开和诚实，而对谎言的默许和认可将不可避免地产生更多的谎言。

本章习题

1．如何看待大学生毕业即创业，请发表你的意见。

2．创业者应该具备哪些素质?

3．创业者的社会责任有哪些?

本章思维导图

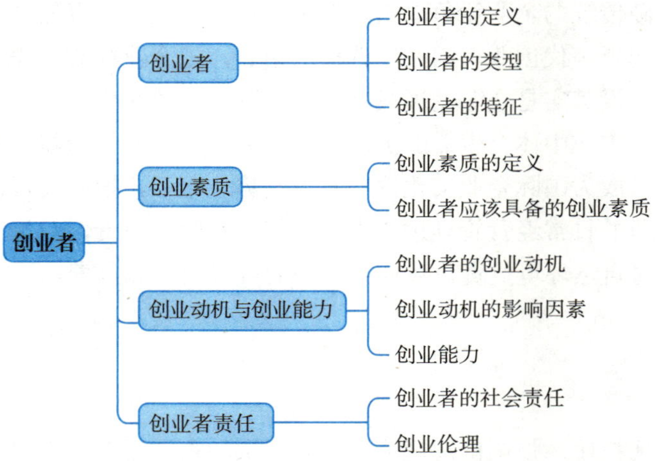

第四章 Chapter 4 创业团队

本章导读

任正非说过，企业发展就是要发展一批“狼”。狼有三大特性：一是敏锐的嗅觉；二是不屈不挠、奋不顾身的进攻精神；三是群体奋斗的意识。企业的运营、产品生产与销售是靠人来做的，创业者需要制订详细的计划并组织人员实现市场营销计划。合作创业、团队创业是大学生创业通常选择的形式。为了使新企业顺利而成功地运行，创业者必须知道企业有哪些工作要做，并且要安排合适的团队成员去做这些工作。一家有效率的企业必须有一支具备知识和技能的团队。每个团队成员都对企业的成功发挥作用。通过本章的学习，学生应认识到创业团队的重要性，掌握创业团队的5P要素，了解创业团队的组建方法和团队管理的技巧策略。

学习目标

学完本章后，你应该能够：

1. 了解创业团队的概念及组建过程。
2. 认识创业团队的人员选择方式、类型及意义。
3. 理解常规创业团队发展的过程理论及创业团队股权分配。
4. 掌握组建创业团队的5P要素能有意识地开展核心团队建设活动，并学会其管理技巧和策略。

第一节 创业团队概述

你可能拥有世界上最好的创业想法，但如果团队不好，项目肯定会失败，除非成功更换管理层。一般来说，创业者将创意转变成真正意义上的产品，并且使其进入市场并获得盈利，要从人、物、财等角度考虑企业的建设。人才的支持对于创业者来说不仅仅是创业资源，还是创业成功的助推器。在创业之初，创业者需要建设一支有凝聚力、有工作效率的团队来为自己的新企业服务。

一、创业团队的含义

关于创业团队的含义，斯蒂芬·P. 罗宾斯（Stephen P. Robbins）在其所著的《组织行为学》一书中是这么定义的，创业团队就是由两个或者两个以上的，相互作用、相互依赖的个体，为了特定目标而按照一定规则结合在一起的组织。对创业团队的界定包括以下几个方面的条件：①在企业创立的较早阶段就加入企业；②拥有企业的股份；③在企业内部承担相应的管理工作或者其他任务。因此，可将**创业团队定义为由两个或两个以上的人组成的，具有共同的财务方面的义务等，对企业的未来和成功承担责任；在追求共同目标和成功方面相互依赖；在企业成立前和创办时，担负相应的责任；此外，外界及他们自身都将他们视作一个社会团体**。创业团队是一种特殊团体，具有以下几个方面的基本特征：一是小规模性。创业团队的规模一般不大。如果规模过大，虽然在体量上有优势，但是很难做到相互配合，也很难对具体可行的事情达成共识。二是目标一致性。一个创业团队应有远景目标和近期业绩目标。团队成员的组成和能力都是为了实现共同目标，一个共同的远景目标可以调动团队的积极性，可以发展成对某一具体业绩目标不懈的追求。三是技能互补性。技能互补即团队成员在团队中的不可替代性，其所具备的每一种技能都是为了完成团队的目标。技能包括技术性或职能性的技能、解决问题和决策的技能以及人际关系技能。四是责任相互性。在创业团队中，成员根据不同分工必须承担与之相应的责任，工作职责划分很明确，并有严格的工作流程和清楚的职责制度，可以提高团队的工作效率。另外，创业团队成员在创业初期往往可以把创建新企业作为共同努力的目标，在集体创新、分享认知、共担风险、协作进取的过程中，形成特殊的情感，创造出高效率的工作流程。创业团队成员可能具有不同的特质，但他们相互配合、相互帮助，通过坦诚的意见沟通形成团队协作的行为风格，能够共同地对拟创建的新企业共同负责，从而产生较好凝聚力。

思政讲堂：

党支部的成员

自2018年10月28日起施行的《中国共产党支部工作条例（试行）》规定：有正式党员7人以上的党支部，应当设立党支部委员会。党支部委员会由3至5人组成，一般不超过7人。党支部委员会设书记和组织委员、宣传委员、纪检委员等，必要时可以设1名副书记。正式党员不足7人的党支部，设1名书记，必要时可以设1名副书记。

二、创业团队的5P要素

创业团队构成的5P要素包括目标、人、定位、权限和计划。

1. 目标

目标（purpose）是指团队应该有一个共同的既定目标，为团队成员导航，知道要向何处去。没有目标，这个团队就没有存在的价值。创业团队应将目标分作为长期目标与短期目标。长期目标即公司的愿景，短期目标则是长期目标的分解。目标的完成过程，应当是所有团队成员共同努力的过程，而不能成为创业者自己奋斗的辛酸史。

2. 人

人（people）是构成团队最核心的力量。两个（包含两个）以上的人就可以构成团队。目标是通过人员具体实现的，所以人员的选择是团队中非常重要的一部分。一般来说，创业者都愿意选择那些技能最优、经验丰富的人员作为创业团队成员。当这些人员进入团队时，如何留住他们成为摆在创业者面前的一个难题。如果处理不得当，就会造成人才的流失。这是创业过程中的普遍现象之一。

3. 定位

定位（place）通常包含两个层次：一是团队在企业中的定位，是指团队在企业中所扮演的角色以及团队内部的决策力和执行力；二是成员在团队中的定位，是指团队成员在团队中扮演的角色及团队内部决策的制定和执行。一般而言，创业团队需要以下八种角色，具体如表 4.1 所示。

表 4.1　创业团队需要的八种角色

角色	行动	特征
协调者	阐明目标和目的，帮助分配角色、责任和义务，为群体做总结	稳重、智力水平中等，信任别人，公正，自律，积极思考，自信
决策者	寻求群体进行讨论的模式，促使群体达成一致，并做出决策	有较高的成就，极易激动，敏感，不耐心，好交际，喜欢辩论，具有煽动性，精力旺盛
策划者	提出建议和新观点，为行动过程提出新的视角	个人主义，慎重，知识渊博，非正统，聪明
监督评估者	分析问题和复杂事件，评估其他人的贡献	冷静，聪明，言行谨慎，公平客观，理智，不易激动
支助者	为别人提供个人支持和帮助	喜欢社交，敏感，以团队为导向，不具有决定作用
外联者	介绍外部信息，与外部人员谈判	有求知欲，多才多艺，喜爱交际，直言不讳，具有创新精神
实施者	强调完成既定程序和目标的必要性，并且完成任务	力求完美，坚持不懈，勤劳，注意细节，充满希望
执行者	把谈话和观念变成实际行动	吃苦耐劳，实际，宽容，勤劳

4. 权限

权限（power）是指新创企业中职、责、权的划分与管理。一般来说，团队的权限与企业的大小、正规程度相关。在新创企业的团队中，核心领导者的权力很大。随着团队的成熟，核心领导者的权限会降低，这是一个团队成熟的表现。

5. 计划

计划（plan）有两层含义：一方面是为保证目标的实现而制订的具体实施方案；另一

方面，计划在实施过程中又会分解出细节性的计划，需要团队共同努力完成。

在创业之初，创业者往往会面临很多困难，团队的建设并不像想象中的那样简单，这需要创业者有心理准备。有时创业过程会与团队组建一起完成。由于创业活动的特殊性，创业团队不必具备每一个因素。随着企业发展逐步成熟，团队建设应该逐步完善。创业者应当时刻记住一句俗语“三个臭皮匠，顶个诸葛亮”。这正说明创业团队在创业过程中的重要性。

三、创业团队的类型、优势与作用

创业团队并非一模一样，也不是一成不变的。依据创业团队的地位平等性和成员间依赖性的强弱，创业团队可以划分为不同类型，包括风铃型创业团队、环型创业团队、星型创业团队以及散点型创业团队。有些书中也将创业团队划分为领袖型创业团队、伙伴型创业团队和核心型创业团队。

1. 风铃型创业团队

风铃型创业团队是指存在一个“领袖”式的主导人物，但成员相互间的独立性较强的团队。团队中的“领袖”往往是掌握了较强的技术或较好的创意之后，寻找合伙人加入该创业团队的人。在选择合伙人的时候，“领袖”会根据自己的判断选择合适的人作为自己的“支持者”（如图 4.1 所示）。

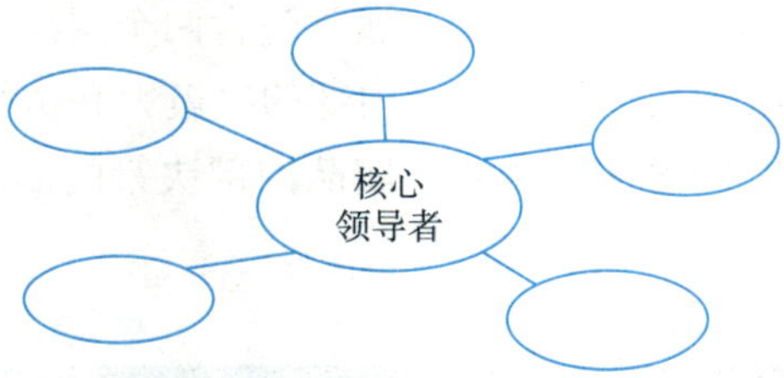

图 4.1　风铃型创业团队

风铃型创业团队的特点如下：

（1）“领袖”的话语权较大。

（2）作决策速度较快。

（3）权力集中，导致决策失败的可能性增加。

（4）在“领袖”和“支持者”的意见不统一时，“支持者”较为被动。但是，如果“支持者”离开团队，这种冲突对团队的影响相对较小。

（5）不易形成权力重叠。

（6）寻找团队目标的速度较快。

（7）团队的执行力较强。

2. 环型创业团队

环型创业团队是由怀揣着共同的目标且相互依赖的成员组成的团队。这种创业团队没有一个明确的领导，而且它的形成通常是经过成员的共同协商后，将创业理念厘清，最终组合在一起的。对于新创企业而言，每一个“伙伴”都要找准自己在团队中的定位，并尽到自己作为“协作者”的职责（如图 4.2 所示）。

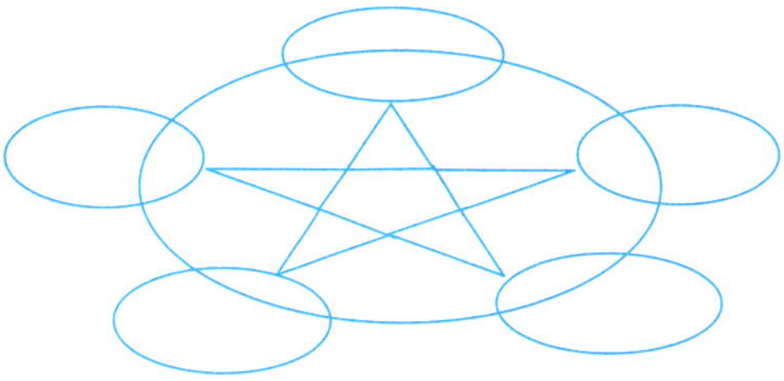

图 4.2 环型创业团队

环型创业团队的特点如下：

（1）团队中各成员的话语权较平等，没有特定的“领袖”。

（2）在作出决策的时候，往往是大家共同讨论，因而作出决策的速度较慢。

（3）作出错误决策的可能性较小。

（4）在各“协作者”的意见不统一时，成员倾向于采用协商的态度来解决冲突，但是，一旦冲突升级，有成员离开团队，将对整个团队的结构产生很大的影响。

（5）由于团队成员的平等性，团队当中容易形成权力重叠。

（6）寻找团队目标的速度较慢。

（7）团队的执行力较强。

3. 星型创业团队

星型创业团队集合了领导和成员相互依赖两种特点。这种类型的创业团队中存在一个核心人物，他并不像“领袖”那样有着很大的权威，在作出决策时要充分考虑团队成员的意见。另外，团队成员之间是相互依赖的，成员的地位也是平等的。因此，核心人物更多的是负责协调和统筹具体的管理工作。星型创业团队的特点如下。

（1）核心人物的选择多数是由团队成员投票决定的，所以具有令人信服的领导地位。

（2）由于核心人物的存在，团队作出决策的速度较快。

（3）由于核心人物要考虑成员的意见，决策失误的可能性较小。

（4）当核心人物和普通成员发生意见冲突的时候，普通成员较为被动，而且当冲突升级的时候，普通成员可能会离队。

（5）不易形成权力重叠。

（6）寻找团队目标的速度比较快。

（7）团队的执行力非常强。

4. 散点型创业团队

散点型创业团队是指团队中不存在权威的领导，同时成员之间相互独立，工作中并不相互依赖的团队。这种类型的创业团队的内部存在较严格的规则以约束和聚合团队成员，因此往往出现在创业初期，团队中仅仅有一个模糊的创业目标。也就是说，这种团队提出的创业概念是笼统的、有待讨论的。随着理念的日渐清晰，散点型创业团队往往会向其他类型发展。如果一个创业团队一直保持着松散的状态，对企业的长期发展是很不利的。散点型创业团队的特点如下。

（1）各成员的话语权较为平等。

（2）团队作出决策的速度较慢。

（3）作出错误决策的可能性较小。

（4）成员之间发生意见冲突的时候，往往会平等讨论，通过协商解决问题。

（5）有可能形成权力重叠。

（6）寻找团队目标的速度较慢。

（7）团队的执行力较弱。

创业团队的划分不是绝对的。由于领导权限和协作程度不同，创业团队的类型可以介于以上任意两种类型之间。另外，就像散点型创业团队会向其他类型演化一样，其他三种类型的创业团队也有可能互相演变。在企业发展的特定阶段，创业团队在不同类型之间演变对企业来说是非常有利的。例如，在营销中有一种策略是将企业打造成“狼团队”，有些人将其套用到创业团队中后发现也同样适用。可是，“狼团队”是星型创业团队。所以，对于新创企业，尤其是大学生创建的企业而言，“狼团队”是不利于寻找企业目标的。在实际动作中，大学生在创业时往往会选择风铃型或环型创业团队，待企业越来越成熟之后，才将团队转变成星型团队。这个时候，“狼团队”的主动出击和永不言败的优势才能慢慢展现出来。

团队可帮助创业者创业成功。但团队也存在一定的劣势，需要创业者认真对待，制订完善的计划以扬长避短。在创业团队中，团队成员会投入部分资金作为企业的启动资金。资金的共同投入可以缓解创业初期资金短缺的问题，也可以将团队的共同利益捆绑在一起，从而增加团队的凝聚力。但是如果在资金投入时没有制订一份合理的利润分配方案，在公司盈利之后就有可能因为利益分配不均产生矛盾。创业者应学会未雨绸缪，在入股之前就应该制订合理的利润分配方案。

另外，创业团队有时需要共同作出决策。如果对解决方案有不同意见却又不能相互妥协，就会造成时机的延误，导致收入损失。要解决这一问题，除了需要团队成员之间彼此宽容外，还需要有明确的职、责、权作为规范。作为创业领导者，应该有一定的判断力与决策力，能在多种方案中找到最合适的。在公司初创阶段，资金匮乏，人员数量少，团队成员往往因为共同的创业理想而忽视一些个人利益。但是等到公司步入正轨、盈利显现时，个人的利益就会凸显。如何处理此时的人际关系，对创业者来说，也是很大的考验。即便是被称为“神一样的男人”的乔布斯，也曾经因为处理不好人际关系而被迫离开苹果公司。

创业者要十分注重选择能够与创业者自身优势与劣势互补并符合企业需求的合伙人、关键的事业伙伴与管理者，这一点意义深远。

延伸阅读

3 人小组模式的网状团队

韩都衣舍是起家于淘宝网的互联网品牌，2015 年收入超过 15 亿元。其创始人

CEO 赵印光是从韩国留学回来的大学生。他认为自我裂变、不断进化的小组制是韩都衣舍创业成功的秘籍。

韩都衣舍的小组制是公司的发动机。老板拥有的权力小组全有。韩都衣舍的模式是“以产品小组为核心的单品全程运营体系”，即去中心化的。这个产品小组通常由 3 个人组成，所有公共资源与服务都围绕着小组去做。3 个人中有一个设计师，一个负责产品页面推广，还有一个货品专员，就是采购的角色，负责供应链的组织。这种小组在韩都衣舍现在有 280 个。这 280 个小组没有绝对的中心，所有的公共平台都围绕这些小组服务。

在韩都衣舍，每天早上 10 点公布前一日所有小组的业绩排名。优秀的小组会拿到较高的奖金。小组内奖金的分配由组长决定。优秀的组员如果想分得更多钱，可以退出小组，自己组建新的小组。销售排名在后面的小组组员的奖金较其他组少很多，这些小组组员自然就不想在挣钱少的小组干了，这就促成了小组的分裂。小组分裂后，可以重新自由组合，也可以加入新员工组建的新的小组。

这样，每个小组都是一个竞争因子，几乎就是一个个小公司。很多公司都想尝试这种“把公司做小”的理念，而韩都衣舍依托互联网轻装上阵，因而走得更远。

第二节 创业团队组建

一个好的创业团队对新创企业的成功具有举足轻重的作用。创业团队的整体素质和实力直接决定了新创企业的发展潜力，进而决定了新创企业能否成功。可以说，组建创业团队在整个创业过程中具有不可替代的作用。

一、创业团队的构成

1. 构成模式

创业团队的构成模式主要有两种。一种为核心主导型创业团队，这种团队的组建，通常是一个人首先有了创业意图，但考虑到自身能力与创业理想之间存在的差距，他便根据需要有目的地邀请其他人共同组成所需的团队。这种团队以这个人为核心共同创业，通常这个核心人物掌握着团队发展的关键技术或关键资源。另一种为群体型创业团队，这种团队的组建是多个团队成员同时形成创业意向，从而组合起来为共同目标努力。这种类型的创业团队并不以哪个成员为核心，团队成员之间原先就有共同兴趣、友谊或共同相处的经历。

2. 成员构成与分工

创业团队的成员从广义来说包括所有参与创业活动的人员。根据加入团队的时间先后、承担风险责任程度的差异，创业团队可分为从核心到外延的 4 类成员。如图 4.3 所示。

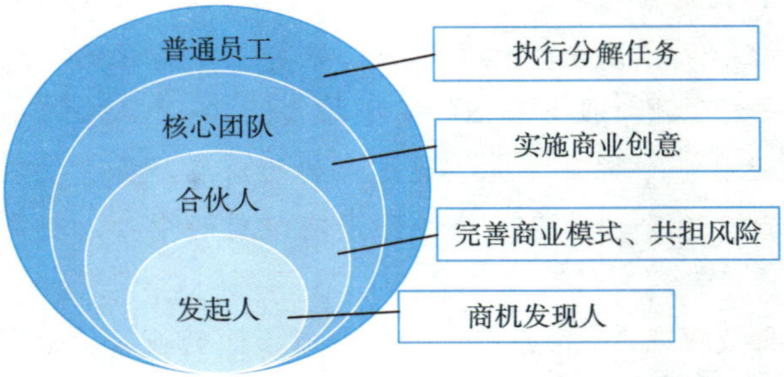

图 4.3　创业团队的成员与分工

（1）发起人。发起人是整个创业项目最初创意的来源。作为商机的发现人，他最早萌发了启动该创业项目的意愿。整个创业团队以他为核心，逐步加入其他人员。

（2）合伙人。合伙人担负着完善发起人提出的商业模式、共担风险的职责。合伙人是受发起人感召，以提供资金、实物、技术、技术性劳务等形式出资，与发起人共同构成创业项目的投资人。合伙人参与合伙经营，依协议享受权利、承担义务，对创业项目的债务承担责任。

延伸阅读

创始人最重要的工作之一就是“找人”

要组建一支精良的团队，创始人首先要做的就是“找人”。而这一点在创业之初显得尤为重要。

小米成立的第一年，其创始人就将绝大多数的时间花在了“找人”上。小米在组建硬件团队上花费的时间最多，因为其最初的几个创始人既不懂硬件也没有足够的硬件方面的资源。在第一次见到小米负责硬件的联合创始人周光平之前，小米方面已经和几个候选人谈了两个多月，进展缓慢，甚至有的人还找了“经纪人”来谈条件，“找人”之路可谓困难重重。然而，这正是创始人必须跨过的关卡。

（3）核心团队。核心团队的成员是由参与经营的创业项目所有者（含创业项目发起人和合伙人）招募而来的，由在技术、营销、财务等方面技能互补的人员构成。核心团队承担了将创业项目所有者确定下来的商业模式加以细化，使之成为具体的商业创意的职责。在很多情况下，核心团队的主要成员由创业项目所有者和各种技术骨干组成。

（4）普通员工。普通员工一般是在创业项目发展过程中逐步进入创业团队的。他们进入团队的时间较晚，相对而言，与创业者的密切程度要逊于核心团队成员。他们的主要职责是执行核心团队提出的由商业创意细化分解出的各种具体任务。

二、创业团队的组建流程

创业团队的组建是一个相当复杂的过程。不同类型的创业项目需要的团队不同，组建流程也不完全相同。概括来讲，创业团队的组建流程如图 4.4 所示。

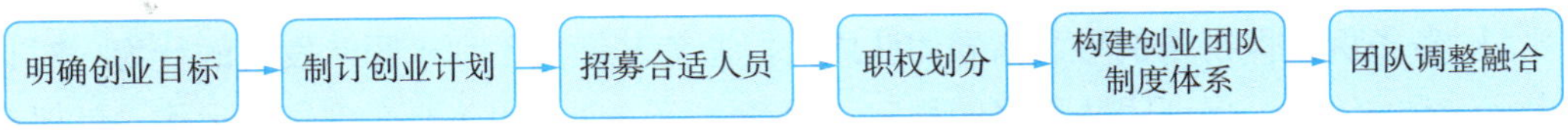

图 4.4 创业团队的组建流程

1. 明确创业目标

每个团队都有自己的目标，正是为了实现这个共同的目标，拥有不同背景、不同技能、不同知识的人们才组合起来形成团队。创业团队组建好之后，首先必须明确团队的创业目标。创业目标将告诉每个成员其奋斗方向在哪里，团队的奋斗方向在哪里。总的来说，创业目标通过完成创业阶段的技术、市场、规划、组织、管理等方面的各项工作，实现企业从无到有、从起步到成熟。创业目标确定之后，为了最终实现这一总目标，团队应将总目标加以分解，设定若干可行的、阶段性的子目标。

2. 制订创业计划

创业团队在确定一个个阶段性的子目标及总目标之后，紧接着就要研究如何实现这些目标，这就需要制订周密的创业计划。创业计划是在对创业目标进行具体分解的基础上，以团队为整体来考虑的计划。创业计划确定了不同的创业阶段需要完成的阶段性目标，创业团队通过逐步实现这些阶段性目标来最终实现创业目标。

3. 招募合适人员

招募合适人员是组建创业团队最关键的一步。团队成员的招募主要应考虑两个方面。一是考虑互补性，考虑其能否与其他成员形成能力或技术上的互补。这种互补性既有助于强化团队成员彼此的合作，又能保证团队的整体战斗力。一般而言，创业团队至少需要管理、技术和营销三个方面的人才。只有这三个方面的人才形成良好的沟通协作关系，创业团队才可能实现稳定、高效发展。二是考虑规模适度。适度的团队规模是保证团队高效运转的重要条件。团队成员太少将无法使团队具备理想的功能和优势，而成员过多又可能会产生交流障碍，团队很可能会分裂成许多较小的团体，进而大大削弱团队的凝聚力。一般认为，创业团队的规模控制在 2～12 人最佳。

4. 职权划分

为了保证团队成员顺利执行创业计划，开展各项工作，创业团队必须预先在团队内部进行职权的划分。创业团队的职权划分就是根据执行创业计划的需要，具体确定每个团队成员所要担负的职责及其相应享有的权利。团队成员的职权划分必须明确，既要避免职权的重叠和交叉，也要避免无人承担责任造成工作上的疏漏。此外，由于创业团队还处于创业过程中，面临的创业环境又是动态的、复杂的，会不断出现新的问题，团队成员可能会不断更换，因此团队成员的职权也应根据需要不断进行调整。

5. 构建创业团队制度体系

创业团队制度体系体现了创业团队对团队成员的控制和激励能力，主要包括团队的各种约束制度和各种激励制度。一方面，创业团队通过各种约束制度（主要包括纪律条例、组织条例、财务条例、保密条例等）指导团队成员，避免其做出不利于团队发展的行为，对其行为进行有效的约束，保证团队秩序的稳定；另一方面，创业团队要实现高效运作，就要有有效的激励机制（主要包括利益分配方案、奖惩制度、考核标准、激励措施等），使团队成员能看到随着创业目标的实现，自身的利益将会发生怎样的改变，从而充分调动团队成员的积极性，最大限度地发挥团队成员的作用。要实现有效的激励，创业团队首先就必须把团队成员的收益模式界定清楚，尤其是关于股权、奖惩等与团队成员的利益密切相关的事宜。需要注意的是，创业团队的制度体系应以规范的书面形式确定下来，以免带来不必要的混乱。

6. 团队调整融合

完美配合的创业团队并非创业一开始就能建立起来，很多时候都是在企业创立一定时间以后才随着企业的发展逐步形成的。随着团队的运作，团队在人员匹配、制度设计、职权划分等方面的不合理之处会逐渐暴露出来，这时就需要我们对团队进行调整融合。由于不合理之处的暴露需要一个过程，因此团队的调整融合也应是一个动态、持续的过程。在进行团队调整融合的过程中，最为重要的是要保证团队成员间经常进行有效的沟通与协调，以强化团队精神，提升团队士气。

三、创业团队的组建原则

依据不同逻辑组建创业团队既可能带来优势，也可能带来障碍。创业团队的组建是整个创业工作的核心。任何创业团队都要经历“生存下来—成功转型—规范建设”这个充满艰险的过程。在这个过程中，创业者在创业的同时，一定要建立一个共同成长、共同发展的高效核心团队，而团队的成员应是在一段时间内，从感情上、利益上、追求上，能够为了企业“捆”在一起共同发展的一群人，需要遵循团队组建原则，掌握团队组建的基础。

1. 目标明确、合理原则

组建创业团队至少有三个前提：共同的创业理念，共同的创业愿景，相互的信任。目标必须明确，这样才能使核心团队成员清楚地认识到共同的奋斗方向是什么，才能将其凝聚起来。与此同时，目标也必须是合理的，这样才能真正达到激励核心团队成员的目的，反之则可能导致核心团队成员失去奋斗的信心。

2. 互补原则

创业者之所以寻求团队合作，其目的就在于缩小创业目标与自身能力之间的差距。只有创业团队成员相互在知识、技能、经验等方面实现互补，才有可能通过相互协作产生“1+1>2”的协同效应。而只有技术精湛的研发人员或只有能力高超的管理者是无法实现技能互补的，如此也就失去了组建团队的意义。即使组成了核心团队，也不可能很好地发挥作用，甚至可能限制某些有才能的人，从而带来一些负面影响。

3. 利益原则

组建创业团队，团队利益高于一切。无论是个体还是整体，最核心的还是利益分配。为了聚合人才，把创业团队的成员绑死，一般会采取给予特殊人才干股或期权的做法。这样做的好处是以较低的成本获得最理想的员工，即把员工变成主人，推动创业成功。干股是指评价一个人能给创业带来的具体价值，比照公司规模总体价值，给予一定的股份，但这个股份不是原始金股，而是需要一定条件和周期才能取得原始出资人的股东权益。例如，软件公司需要技术骨干，可以通过给予一定股份，招募胜任的人才。期权一般是上市的公司的普遍做法，操作更为复杂一些，但原理相同。

4. 动态开放原则

创业过程是一个充满不确定性的过程，创业团队成员可能因为能力、观念等方面的原因不断离开，同时也有人要求加入核心团队。因此，在组建核心团队成员时，应注意保持团队的动态性和开放性，使真正完美匹配的人员能被吸纳到核心团队中。

四、创业团队的合伙人员选择

合伙人员的选择过程如图 4.5 所示。

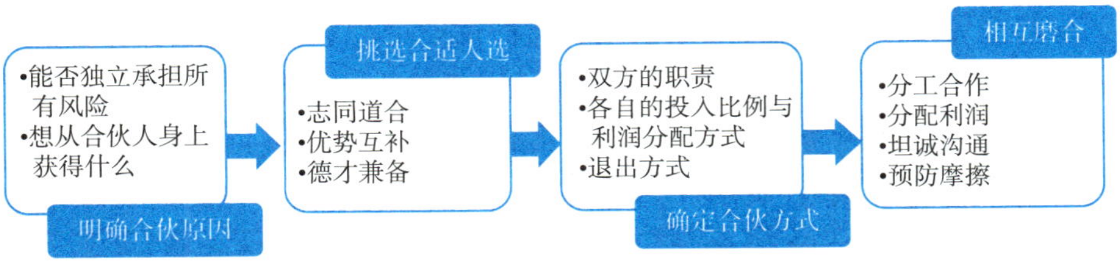

图 4.5 合伙人员的选择过程

1. 明确合伙原因

创业究竟是单干好还是合伙好，这个问题不能一概而论。独自创业的创业者虽然享有充分的自主决策权，不用担心出现不必要的意见和分歧，但同样也要独自承担经营风险，面临筹资困难的窘迫。合伙创业可以让多人一起承担风险、分担责任和参与决策，大大降低了经营的盲目性和随意性，增强了筹资能力。但随着企业的成长，发起人与合伙人也很可能会在诸如企业发展规划、分配原则等方面产生分歧。因此，要选择合适的合伙人，发起人首先要明确自己找合伙人的原因，建议从以下三个方面考虑。

（1）风险承担能力。发起人考虑自己能否独自承担创业项目的风险；若不能，则可以选择资金实力强的人合伙，以增强创业项目整体的抗风险能力。

（2）创业项目的复杂程度。创业项目的复杂程度越高越需要周密的考虑，对发起人的要求也就越高。此时，发起人与恰当的人合伙十分必要。

（3）是否存在创业短板。若创业项目存在技术、资金、网络关系等关键资源短板，发起人则应重点考虑持有此类资源的人选。

总体而言，发起人可根据自己准备经营的创业项目的规模等具体情况决定是否选择合伙人。若是经营小店、小型加工作坊等资金投入量不大、经营模式简单的创业项目，独自创业较为合适；若是经营规模较大的创业项目，建议考虑寻找一个或多个合适的合伙人一起创业。

2. 挑选合适人选

合适的合伙人选应具备如下三个基本条件。

（1）志同道合。合伙创业最重要的条件就是有共同的目标。只有存在共同的目标，发起人与合伙人才能够共同克服在创业之路上遇到的挫折与困难。如果没有共同的目标，当需要做出重大决策或遇到难题时，发起人与合伙人之间很难统一意见，无法做出最恰当的决策、得出有效的解决方案，对企业的发展会有很大的阻碍。

（2）优势互补。对发起人而言，只有争取到优势互补的合伙人才能将每个人的价值最大化。拥有不同优势的人，可以帮助各合伙人更快地适应自己的角色，从而使分工更明确，让每个人都可以把自己领域的专业知识运用起来，这对新创企业十分重要。当各合伙人从不同的专业领域角度来分析问题时，创业团队最终得到的答案会更有说服力，这将使整个企业实力更强。

（3）德才兼备。合伙人的“德”与企业的稳定和发展密切相关，这包括团结合作、相互尊重、重信守约等，其中重信守约是最宝贵的商业道德之一，也是合伙经营的基本要求。如果新创的合伙企业中混入了不具备基本商业道德的人，很可能会断送创业项目的前途。“才”则涉及合伙人具备的专业知识、技术和能力等。

3. 确定合伙方式

在合伙创业初期，发起人就应与合伙人明确彼此的职责，合伙各方应就“双方的职责划分”“各自的投入比例与利润分配方式”“退出方式”等内容做出明确的约定。总体来说，根据职责划分、投入比例与利润分配方式的差异，合伙方式可以分为以下四种。

（1）完全均等模式，即所有合伙人在投资额、管理权限及收益分配方面完全均等。

（2）管理强化合伙模式，即发起人与合伙人的投资额和收益额均相等，但企业日常的经营管理由发起人负责，合伙人不参与。

（3）完全差异化合伙模式，即每个合伙人在投资额、管理参与度及收益分配比例方面均按照事先约定的不等比例确定。

（4）第三方管理模式，即每位合伙人的投资有多有少，最终收益的分配按各人实际投入的比例分配，新创企业的日常经营管理由聘请的职业经理人负责。

4. 相互磨合

在确定了合伙关系后，合伙人之间在创业经营过程中还需要进行长期的沟通、磨合。建议重点做好以下几项工作：①明确分工，避免人人都是领导；②利润公平分配，避免利润按人头分配；③重视坦诚沟通；④签订书面契约，避免口头约定。

第三节 创业团队管理

一、创业团队的成长

从创业团队的生命周期来看，当团队发展到追逐权力的阶段时，团队冲突会增加，矛盾会加剧，团队效率也会降低，部分核心成员会选择离开团队，因此许多团队在“争权夺利”这个阶段就停止了发展。对于新创企业来说，此时的生存和发展可能面临着重大危机。如何突破这个瓶颈，实现团队自我超越，是创业团队建设应考虑的关键问题。

事实上，在创业过程中，创业团队的成员构成和组织架构经常发生变动。创业团队的变动性从短期来看，更多的是会增加创业风险，一旦团队遭到破坏，创业资本、技术、人才等创业资源都会流失；但从长期来看，创业团队变动不可避免，在变动的过程中可能会演化成结构更合理、共同点更多的创业团队。创业过程是团队成员磨合的过程，这个磨合过程可能出现以下三种结果。

（1）创业团队成员相互之间更加了解，重视团队资源和承认团队力量，团队合作的意愿更强烈，团队合作文化进一步形成。尽管团队成员之间可能在经营理念、个人利益等方面存在分歧和矛盾，但共同的价值取向、企业的整体利益在维持团队稳定和发展中起到重要作用。

（2）团队合作力量和意愿与冲突和矛盾的力量能够相对平衡，或者使冲突力量离散形成相互牵制，维持相对稳定。这种创业团队达成共识的时间少，但能够相互妥协，求利益共同点，而这种妥协可能以牺牲效率为代价。这种创业团队在发展过程中，可能面临矛盾进一步激化、内耗力量增加，难以维持平衡等问题。

（3）团队成员经过一段时间磨合后，很难形成共同点，团队文化无法建成，团队消除矛盾和冲突的力量及意愿不足，这时团队就会面临解散的风险。因此，随着新创企业发展，创业团队的领导者要注重权力和地位的激励机制，将团队成员的工作成效和职业生涯发展、地位提升有效地结合起来，建立并维护好创业团队的运作原则，使团队成员之间相互尊重和信任，能够倾听彼此的意见。基于不同的工作分工，可以让成员们在各自的领域中发挥领导作用，这对团队的凝聚具有积极的作用。

二、创业团队冲突的避免

创业团队在发展的过程中会遇到各种矛盾，从而产生冲突。如何应对和解决这些冲突？

创业团队应发挥其互补优势，建立成员之间相互合作和学习的重要机制。这既有利于创业的成功，又对减少和解决团队内部的冲突有着正面积极作用。正如很多创业案例所描述的，创业能否继续，在很大程度上取决于核心团队成员能否看到其他人的长处，并不断地相互学习。因此，为了避免创业团队的冲突，在建立和管理团队的时候应该遵循如下原则。

1. 打造合作式创业团队

意见不统一是创业团队内部常见的一种现象，而一个合作式创业团队会在不统一的意见中寻求团队合作的可能性。合作式创业团队会主动寻找每个成员的特长，并通过利用他们各自的优点，将团队的最大潜力发掘出来。

2. 避免团队内部不适宜的竞争

创业团队内部之间有意见分歧是正常的，但如果这种分歧演变成了过度竞争而非寻求共识，那么这种竞争就会成为危害团结的负面行为。创业团队的各成员应该观察各自的优点并取长补短。这是团队领袖或管理者在管理团队的时候应该特别注意的。

3. 在集思广益和果断决策之间找到平衡点

如果创业团队广泛地听取每个成员的意见，那么对于团队作出正确的决策无疑是非常有利的。但是，如果过度地强调团队内部的意见表达，那么可能出现“议而不决”的情况。所以，在团队内部的讨论中，团队领袖或管理者要推进团队内部的“决议终决权”。

4. 确立团队的目标

团队的目标不宜太多，否则成员很难集中精力完成任务。在确立团队目标时，创业团队可以利用 SMART 原则，即明确性（Specific）、可衡量性（Measurable）、可达成性（Achievable）、相关性（Rewarding）、时限性（Time-bound）。

S——团队的目标要有具体明确的范围、程度、时间和效果等。

M——团队的目标应该是可以用某种标准来衡量的。

A——团队目标的实现是可以具体分配给某个人或某些人去完成的。

R——团队目标要切实可行，同时要具备足够的资源。

T——团队目标的实现时间要明确。

5. 适时调整团队构成

就像整个创业过程一样，完善的团队结构的建立也不是一蹴而就的，而是要经过实践不断调整和磨合的。另外，随着企业的不断成长和重新定位等，原有的团队组成也可能不再适应新的企业的管理需求。所以，创业团队在任何阶段都有可能不断调整结构、不断进化。在调整的过程中，成员之间的摩擦和矛盾可能会显现出来。此时，需要团队的管理者运用其他原则来避免或减少团队内部的冲突。

值得强调的是，创业团队的稳定不是指创业团队一成不变，而是一种“动态的稳定”。创业团队的创建应该遵循“按需组建，渐进磨合”的方式。创业团队的建设也不是一步到位的。一开始就拥有一支成功、稳定的高绩效团队是每个创业者的理想，但这种可能性微乎其微。这就需要在合理组建创业团队的基础上，不断加强团队管理，通过建立合理有效的激励机制，让创业团队成员在相互尊重、相互信任、公平、公正的团队氛围中，密切联系、协同配合，以保证创业团队的成长能够满足新创企业发展的需要。

三、创业团队的协作

有句著名的谚语："你可以把马牵到水边，却不一定能强迫它饮水。"团队成员有时就像马一样，需要相互协作。协作是团队凝聚力的基石。要让团队成员互相配合、密切协作，需要遵循以下三点要求。

1. 统一解读团队价值观

事实上，创业团队内部的很多障碍是由于误解而产生的，而产生误解的原因是缺乏一套共同的沟通语言。有时候，创业团队内部的矛盾并非价值观不同而引发，而是各个成员对同一个价值观的认知出现了偏差。这种情况的产生势必会打击创业团队的凝聚力和执行力。首先，必须对价值观形成趋同的理解和解释。即使一个简单的概念，不同的人对其也可能产生不同的理解。其次，团队的管理者不能只要求其他成员坚守团队价值观，自己也要坚守团队价值观。所以，对价值观的权威解读和价值观的统一同样重要，它们能够减少团队成员之间的矛盾和误解。

2. 构建良好的团队文化

在新创企业建立的过程中，创业者常常关注企业文化，却忽视了创业团队的文化。创业当中的合作风险很大，因为即便创始人做好了万全准备，与团队成员的合作还是有可能遇到麻烦。例如，团队成员在创业之前是非常好的朋友，可是在一起创业的过程中就会发现彼此的另一面，从而产生隔阂。这样的情况对于创业团队的长期发展会产生非常严重的消极影响。良好的团队文化能够减少成员之间的隔阂与矛盾，并且对团队凝聚力的提升有着潜移默化的影响。良好的团队文化对团队建设的正面效应表现在它能够令各成员更加尊重和信任彼此，团队成员之间的关系会因此变得更加协调。而且，团队文化能够让团队成员的工作态度变得更加积极主动，并让整个团队紧紧地凝聚在一起，最终将团队竞争力提升到一个全新的高度。

3. 建立公平有效的激励制度

无论创业团队的管理者怎样避免团队冲突，团队在实际运行当中都不可能完全消除内部冲突。此外，新创企业在与同类企业的竞争中，必然会遇到各种意料之外的情况。因此，切实可行的激励制度对于创业团队处理和减少这些麻烦来说是很有必要的。创业团队的激励制度包括荣誉和报酬等。荣誉包括成员的成就感和地位，甚至包括受到尊重和承认等感觉；对于成员的报酬，合理的分配是让成员忠于团队的必要条件。有效地利用荣誉和报酬两种激励制度，是维系创业团队正常运行的有效手段。

四、组织必要的团队活动

团队活动是让团队成员之间互相了解的方法之一。团队活动可以随意安排，如喝咖啡、外出就餐、郊游等各种娱乐活动。同时可以做一些特殊安排，如为某位成员庆祝生日、为元老级员工庆贺、为某人庆贺周年纪念等，还可以安排一些游戏活动。通过这些活动来调节，可以让成员更好地相互了解，培养感情，融合成一家人。融洽的感情在关键时刻会起到重要作用，能帮助团队披荆斩棘、迎风破浪、共渡难关。

延伸阅读

义工精神培养企业文化

杭州甲骨文科技有限公司（简称甲骨文公司）位于华星路的创业大厦。该大厦是淘宝网曾经的办公地。当时甲骨文公司只有二三十人，“藏身”在淘宝网的办公楼内，嗅到的正是互联网蓬勃发展的气息。

甲骨文公司董事长顾惠波在创业10年后回忆说：“当初创业伙伴一共有8人，现在6人还留在公司，其余2人去了外地发展。今天留下来的中流砥柱都是比较务实的人，能踏实地去做许多事情，也能够比较专注地做好一件事。所以，我们不在乎你有多聪明，更看重踏实做事。这也是我们企业寻找员工的价值观。”

甲骨文公司做的是商品防伪溯源技术，近一半员工都是做技术的。顾惠波是学法律出身的，他用了很特殊的方法凝聚团队——做义工，并以此培育形成了公司的文化。“每个新员工入职时都会被告知，进来后要做浙江省爱心事业基金会的义工。”到目前为止，他们还没碰到过一个不肯做义工的新员工。

2008年，甲骨文公司以全公司的名义加入基金义工管理办公室下属的阳光社团。甲骨文公司内部有一项加星制度：新员工加入义工社团，就可以为自己加上一颗星。在工作上有积极表现，同样可以加星。累计后，可以为自己赢得晋升机会，还能加工资。顾惠波说，当初公司选择橙色为主色调，就是希望整个团队充满激情。公司开始的时候人少，但有激情，后来人多了，反而缺乏激情了。通过让员工参与义工活动，不仅能帮助别人，还能激发新的激情，而且更有价值和意义。

五、加强团队管理

新创企业的管理，实际包含公司组织、生产服务、市场营销等方面，但新创企业的管理重点一般会落在生产管理、市场、服务等环节上，而忽视团队的建设与管理。这种做法是不科学的。团队管理应从以下七个方面入手。

1. 注重团队凝聚力

团队的凝聚力是指群体成员之间为实现共同目标而实施团结协作的程度。凝聚力表现在人们的个体动机行为对群体目标任务所具有的信赖性、依从性乃至服从性上。在创业过程中，团队所有成员都认同整个团队是一股密切联系而又缺一不可的力量，团队的利益高于团队每一位成员的利益。如果团队成员能够为团队的利益而舍弃自己的小利，团队的凝聚力就极强。

2. 合作第一

虽然创业团队中每一位成员都可以独当一面，但是合作仍然是团队成员首先要学会的。在成功的创业公司中，团队的成功远远高于个人的成功，而且创业者与团队核心成员相互配合，共同激励。

3. 致力于价值创造

团队的每一位成员都致力于价值的创造，大家想尽办法解决问题，而且一旦决策方案提出，大家都会执行。当然在这一过程中，各成员不但能够获得丰厚的物质回报，同时个人的技能也得到提升。

4. 分享成果

在新创企业中，一般的做法是将公司的股份预留出 10%～20%，作为新的团队成员的股份。团队中不仅要有资金的分享，还要有理念、观点、解决方案的分享。

5. 重视绩效考核

绩效是指给评估者和被评估者提供所需要的评价标准，以便客观地衡量被评估者的工作成效。绩效管理可以使团队成员明确自己的职、责、权与团队的目标和计划，明确自己的角色与承担的工作，同时也可以根据自己的价值对自己的薪资产生期待。

6. 充分发挥决策者的作用

决策者的角色一般由企业的拥有者承担，他们不但对问题进行决策，而且承担决策产生的后果，所以在公司作出每一项重要的决策时，决策者通常都会在决策前召集团队成员讨论解决方案。如果大家的意见与决策者相左，决策者就应该重新分析方案的可行性，并对方案进行修改。决策的主要内容是公司发展的长期目标与一定阶段的计划。

7. 明确执行者的任务

执行者是根据公司制订的业务计划和目标，从职能领域中安排自己的工作和计划，细化量化自己的工作，具体执行决策者的决策。在新创企业中有时会遇到团队成员职、责、权混淆的情况，这时就需要制定规范化的企业制度，以保证团队成员的工作；而且企业的拥有者也应该时刻记得自己的角色分配。需要明确的是，决策者的角色并不是一成不变的，而且决策者应首先以执行者的标准来要求自己。

团队的决策者（大部分情况下是 CEO）就像一位“船长”，在设定好目标后确保船持续朝着目标航行。随着船员的增加，CEO 需要花更多的力气寻找好的船员和把他们放在对的位置上。当规模达到一定程度时，就需要建立轮班、品质管控、作业流程等制度。因此，一位出色的 CEO 的学习能力、适应能力和团队管理能力应该是非常强的。唯有一个安定且做真实自己的领导者，才能有一个无恐惧、互谅、互信、目标高远的团队。

本章习题

1．何谓创业团队？

2．组建创业团队的过程怎样？

3．创业团队人员选择应遵循哪些原则？

4．创业团队常见的类型有哪些？

5．核心团队成员的数量控制在多少为宜？如何激发核心团队成员的积极性？

6．分析《西游记》中唐僧师徒取经团队中各成员的特点及其在完成团队任务过程中的作用。

7．了解在互联网浪潮中取得成功的创业团队，分析他们为什么选择这样的团队组合。

案例评析

腾讯五人团队创业故事

1998 年 11 月，马化腾与他的同学张志东“合资”注册了深圳计算机系统有限公司。之后又吸纳了三位股东：曾李青、许晨晔、陈一丹。为避免彼此争夺权力，马化腾在创立之初就和四个伙伴约定清楚：各展所长、各管一摊。马化腾是 CEO（首席执行官），张志东是 CTO（首席技术官），曾李青是 COO（首席运营官），许晨晔是 CIO（首席信息官），陈一丹是 CAO（首席行政官）。到 2005 年，这五人的创始团队还基本是保持这样的合作阵形，不离不弃。直到如今，其中 4 个还在公司一线，只有 COO 曾李青挂着终身顾问的虚职而退休。在这背后，工程师出身的马化腾从一开始对于合作框架的理性设计功不可没。

创业之初，5 人一共凑了 50 万元，其中马化腾出 23.75 万元，占了 47.5% 的股份。虽然主要资金都由马所出，他却自愿把所占的股份降到一半以下。他说“要他们的总和比我多一点点，不要形成一种垄断、独裁的局面。”而同时，他自己又一定要出主要的资金，占大股。“如果没有一个主心骨，股份大家平分，到时候也肯定会出问题，同样完蛋”。

后来，马化腾在接受多家媒体的联合采访时承认，他最开始也考虑过和张志东、曾李青三个人均分股份的方法，但最后还是采取了 5 人创业团队，根据分工占据不同的股份结构的策略。即便是后来有人想加钱、占更大的股份，马化腾说不行，“根据我对你能力的判断，你不适合拿更多的股份”。因为在马化腾看来，未来的潜力要和应有的股份匹配，不匹配就要出问题。如果拿大股的不干事，干事的股份又少，矛盾就会发生。

当然，经过几次稀释，最后他们上市所持有的股份比例只有当初的1/3，但即便是这样，他们每个人的身家都还是达到了数十亿元人民币，是一个皆大欢喜的结局。

思考与讨论

1．马化腾的成功之处在哪里？

2．团队成员优势互补关系对成功创业来说是否重要？

3．分析他的创业团队属于什么类型？组建方式属于哪类？

本章思维导图

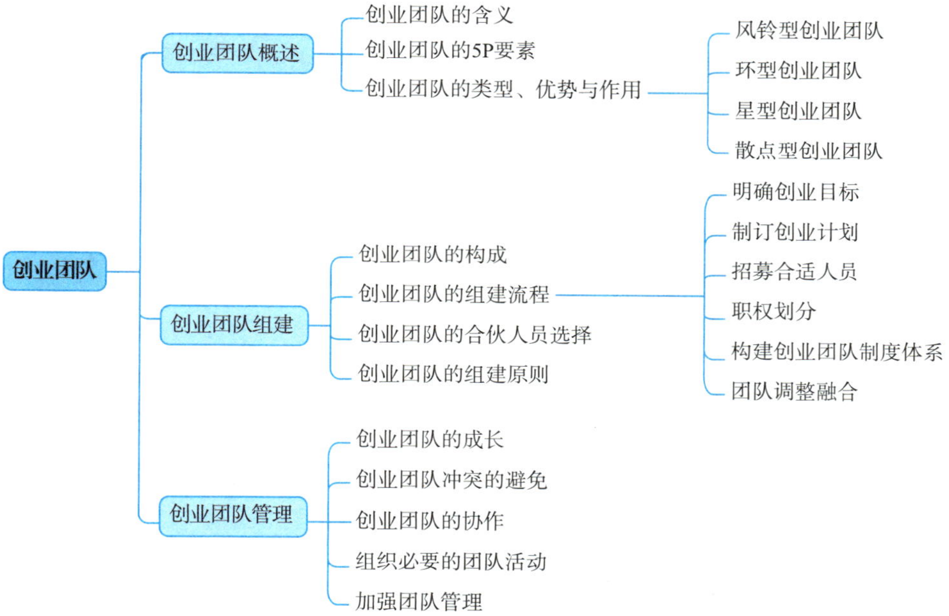

第五章 Chapter 5 创业机会与创业风险

本章导读

狄更斯曾说：机会不会上门来找，只有人去找机会。在“大众创业、万众创新”的时代，到处充满机会。从互联网技术、大数据技术到人工智能技术，从经济转型到人口、社会结构变化，从传统商业模式到 O2O、抖音和直播带货，技术、经济、社会、商业模式等各层面都在快速变化，这些变化对创业者来说既是挑战又是机会。当代大学生，终将成为创新创业的主力军。只有那些能够经受得住诱惑，始终保持创业机警和持续努力的人，最终才能赢得机会。将来的创业机会，属于厚积薄发的你。本章在对创意与创业机会的内涵、特征、类型等进行界定的基础上，重点介绍了创业机会的来源与识别、评估以及创业风险的识别与防范。

学习目标

学完本章后，你应该能够：

1. 了解从形成创意到发现创业机会的过程。
2. 了解创意、商业机会与创业机会的关系。
3. 掌握创意与创业机会的内涵、特征及创业机会的类型。
4. 理解创业机会的主要来源和识别创业机会的关键与方法。
5. 能识别一般的创业机会，能运用定性和定量的方法评估创业机会。
6. 能从不同角度分析创业机会面临的风险，并能采取一定的措施防范风险。

引导案例

摩拜单车胡玮炜的创业故事

胡玮炜加入共享单车项目的原因是她一直为长时间在外奔波所浪费的时间和交通堵塞的问题头疼，而共享单车恰好能够解决这些问题。胡玮炜说：“我也买过自行车骑着上下班，但是搬来搬去很不方便。个人出行能否实现交通工具的复兴？随时随地获取是我的需求。”另外，胡玮炜对国内公共单车的痛点也有深刻体会：车子不好看，办卡很麻烦，取车还车要到固定地点。能不能做一款无固定桩、随取随还的公共单车？

"它叫摩拜，英文名 mobike。我把它放在街头，人人可用，随处可得，而且只要一块钱就可以骑走。"胡玮炜说，从 2014 年年底有了这个想法到 2015 年年初注册成立公司，2016 年年初，摩拜单车开始在上海进行试运营。两年多时间里，找投资、自建工厂、自己组建研发团队，生产智能共享单车。在设计自行车的时候，胡玮炜提了几个要求：一是实心轮胎，不用担心爆胎；二是没有链条，不用担心掉链子；三是车身要全铝，不用担心生锈。在经过好几轮的设计比较后，最终，一个爱好骑行的汽车设计师的设计方案被采用。于是胡玮炜尝试跟"攒电脑"一样，到市场上去找人组装。她来到位于天津的北方大自行车市场，发现里面什么配件都能找到，但依然找不到一家愿意跟摩拜深度合作的公司。胡玮炜被迫下决心自己成立一家工厂来生产自行车。每辆车都有 GPS 定位，手机打开就能找到离你最近的车，扫码开锁，随骑随走。

从依靠骑行充电的经典版到利用太阳能充电的 lite 版，依托"智能锁 + 大数据"，摩拜一直行走在创新的路上。胡玮炜说："摩拜首先是一个科技公司，在共享经济的时代为大家提供无桩智能公共自行车"。从当初一天生产 300 辆到生产上万辆单车，摩拜成为全球最大的智能共享单车运营平台，也成为全球最大的移动物联网运营平台之一。摩拜单车很快进入了美国、英国、新加坡、新西兰等国家，实现了国际化的布局。截止到 2017 年年底，摩拜单车的全球用户已超过 1 亿，每天提供的出行服务次数高达 2000 万次。这一巨大的用户基数，使得摩拜单车的市场估值一度达到了 100 亿元。然而，随着摩拜的快速扩张，胡玮炜逐渐意识到自己在企业管理方面的不足。作为一家国际化的公司，摩拜单车需要具备更高水平的管理能力。因此，她开始寻求合作伙伴，引入具备丰富管理经验的人才。在 2018 年，摩拜单车开始走下坡路。最终以 185 亿的价格卖给了美团。

思考题：

1. 案例中提到的创业机会的来源是什么？
2. 该创业机会面临的创业风险有哪些？如何防范？

第一节　创意

一、创意的内涵

顾名思义，由"创"想到"创新""创作""创造"，而由"意"则想到"意识""意思""意向""想法"等，由此可知，创意是指创造或创新意识，或是具有创新性和创造性的想法。《现代汉语词典》对创意的解释是：有创造性的想法、构思等。从创业角度看，创意是指具有创业指向的一种新启示或新意向，并据此所做的进一步设想或方案。创意是创业的开始。创业设计者应广泛收集各种创意，从中寻找适合自己的创业机会。从创意的基本内涵可知，各领域都需要创意。个性化、差异化要求越高，市场变化越快、竞争越激烈的领域，对创意的需求越强烈。对于创业而言，创意尤为重要，因为创业机会源于创意。

二、创意的特征

随着创意经济时代的来临，推进“大众创业、万众创新”是我国培育和催生创意经济发展的必然选择。创意源于生活，源于社会实践，关系到企业生产、人们生活的各个方面。具有价值的创意应具备以下基本特征。

1. 新颖性

创意通常是新颖的、非传统的，有别于以往的想法或方法，它能够引起人们的注意并产生新的视角。因为创业的本质是创新，它可以是差异化的、更好的、创新性的解决问题的方案，也可以是创新性的产品、服务或技术。新颖性意味着一定程度的领先性。不少创业者在选择创业机会时会通过关注国家政策优先支持的领域来寻找创意，因为国家政策会优先支持前沿的、领先的需要重点发展的产业。独特的、新颖的创业想法，不仅有助于吸引顾客和投资者，而且有助于加大模仿的难度，减少潜在竞争对手。

2. 价值性

创意需要有其真正的价值，能够对企业的生产和人们的生活、工作产生积极的影响，能给消费者和企业带来实际价值。创意的价值要靠市场检验，能顺利经过市场检验的价值才是真正的价值。

3. 真实性

创意需要应用在现实生活中，需要能够被转化成真实的产品、服务或者可用于交换的其他形式，而且是有真实需求的产品、服务。创意需要具有实现的可行性，这意味着它可以在可行的框架内实施，并可以在合理的时间和成本内完成。创意的真实性特征表现为以下五个方面：一是要有现实意义；二是要有实用价值；三是要能够开发出可以把握机会的产品或服务；四是市场上存在对产品或服务的真实需求；五是可以找到让潜在的消费者接受产品或服务的方法。

三、创意的基本原则

创意改变身边事物的形态，改变人们的生活习惯，甚至改变企业竞争与经济增长的方式。为了使创意更加高效、更有针对性，需要了解创意提出者在进行创意思维时应注意的基本原则。

1. 独特性原则

良好的创意应是新颖而独特的，代表着从不同寻常的角度、以不依常规的思路思考问题；不复制他人，也不重复自己，体现出来的是一种别具一格、一种方法论上的区别。

2. 批判性原则

良好的创意需要创新。创新思维敢于对现存的事物提出疑问，敢于对一些人们看来“完美无缺”的事物找毛病、挑缺陷，甚至敢于否定被视为“金科玉律”的理论。良好的创意，往往就是在貌似完美的事物上挑出不足、大胆提出批判性的设想。

3. 比较优势原则

创意活动的成果强调的是比较优势而不是绝对优势。坚持“没有最好，只有更好”。因为万事万物都是不断变化的，在不断变化中比原来更好就可以。创意往往是没有最好的，而只有一个相对来说更加适合的。

4. 系统辩证原则

创意活动不只是想出点子而已，它应是一个完整的方案。因此在创意思考活动中，要从多个角度去辩证地思考问题，具体包括正面与反面创新法和系统辩证法两个方面。

5. 实践性原则

创意活动不仅来源于实践，而且其最终结果也是要能够被灵活而创造性地运用于实践。只有具备实践可行性的创意活动才是有意义、有价值的。

6. 简单性原则

实用、干脆而不啰唆，是创意人追求的最佳结果。人们对事物本质属性的认识最终都是趋于简单的。在高水平的管理中，其规则越简单就越是抓住了本质、抓住了关键、抓住了要害，就越有效。同样，创意活动不是越复杂越好，它不需要空泛的形式主义和繁文缛节，而需要一针见血、简单、高效，从而便于理解和实施。

四、创意的产生

创意能给人们带来财富，能成就事业、改变人生。每个追求卓越的人都要有一定的创意能力。创意能力是指在一定的知识前提下，创意提出者充分发挥其主观能动性，积极调动智力和非智力因素进行创造性思维的能力。创意是逻辑思维、形象思维、逆向思维、发散思维、系统思维、模糊思维和直觉、灵感等多种认知方式综合运用的结果。创意可以通过很多种不同的途径涌现出来，比如：打破传统、打破常规、破旧立新、标新立异、异想天开、思维碰撞、逆向思维、发散思维、集中思维等。发散思维训练可以有效提高受训者的创意思维能力，它可以帮助受训者超越思维定式和功能固定的局限，重组既有的知识经验，找出新的可能和新的解决问题的方案。没有发散性思维就不能突破传统的框架，也就不能提出全新的解决问题的方案。当通过发散性思维提出多种假设和可能的解决问题的方案后，还需要应用集中思维，对所有方案按照一定的标准进行评判，并从中选出最合理、最接近客观现实的方案。好的创意不会从天上掉下来，那是一次次头脑风暴后的成果，也是艰辛地觉察、思考和设计后的成果。

詹姆斯·韦伯·扬指出，创意的产生就跟生产汽车一样，是有迹可循的。他认为创意就是把以前的要素重新进行组合，而对各要素进行重新组合之前，首先要有认清各要素之间相互关系的能力。他认为：通过对思维进行训练，可以提高创意能力，他提出按“五步创意法”展开创意思维训练。五步创意法的基本步骤为：①收集积累材料，即收集解决眼前问题所需要的材料，同时也不断丰富自身的综合知识；②在头脑中对收集的材料进行分析研究；③孕育孵化阶段，在这个时期，对思维以外的事物做总结工作；④创意得以产生，创意落实阶段；⑤为了创意能更好地运用到实际中去，必须进行最后的补充和深入考虑。

延伸阅读

创意让深圳充满神采

创新是发展的第一动力，创意是推动创新的关键支撑。创意品牌多、持续时间长、影响力深远是深圳的标签。2005 年，首届“创意十二月”成功举办，掀起“深圳创意”发展浪潮。2023 年举办的“创意十二月”以“赓续文脉，绽放创意”为主题，面向全民，展开 123 个创意新颖、受众面广的活动。从 2023 艺术探索节到深圳青年艺术周，从大芬国际艺术部落的活动到南头古城的创意菜市场，从“国色雅韵霓裳古意——中国古代传统色彩与服装之美深圳展演”到“唐礼煎茶”沉浸式唐茶复原创演，第十九届“创意十二月”在深圳的不同角落奏响创意之歌。

水贝珠宝、大芬油画、大浪时尚、华强北电子……近年来，深圳创意产业面向市场，与产业结合度高，具有很强的产业基础，吸引众多国内外人才和资金进入。强劲的产业发展实力、澎湃的科技动能和充满活力的创意设计，让深圳成为具有国际影响力的设计新锐城市、先锋城市。

第二节 创业机会界定

一、创业机会的内涵

机会是一种亟待满足的市场需求，意味着创业者探寻到的潜在价值。创业过程开始于创业机会的发现，创业者要善于发现并抓住好的稍纵即逝的创业机会。把握住了好的稍纵即逝的创业机会，预示着走向成功之路。美国著名经济学家约瑟夫·阿洛伊斯·熊彼特认为，创业机会就是把资源创造性地结合起来，从而达到满足市场需要的预期效果，它是创造价值的一种可能性。而柯兹纳认为创业机会是一系列的市场不完全。柯兹纳突出强调了市场的不完全所带来的创业机会，熊彼特则强调整合各种资源对于价值创造的重要性。

创业机会是指那些具有较强吸引力的、较为持久的有利于创业的商业机会。创业者可以据此为购买者或使用者提供有价值的产品或服务，或者可以引入新产品、新服务、新原材料、新组织方式；它也可以是一种新的“目的—手段（Means-End）”关系。简单来说，创业机会是开展创业活动的机遇或机会，是对新产品、新服务或新业务需求的一种有利环境，是一种有利于创业的偶然性和可能性，或者说还没有被实现的商务必然性。

二、创业机会的特征

1. 客观性

创业机会是客观存在的，不依赖于人的主观想象，无论创业者是否意识到，它都会客观存在于一定的社会经济环境之中。尽管有时是企业在创造一些市场机会，但是这些所谓“创造”的机会仍然是早就客观存在的，只是被创业者先发现和利用而已。创业机会对所有人都是公开的，每个创业者都有可能发现，不存在独占权。

2. 吸引性

创业机会的吸引性，首先表现为对顾客的吸引性，即该创业机会所对应的新产品、新技术、新服务或者新的“目的—手段”关系是顾客所需要的，是能吸引到大批顾客的。创业者在分析创业机会时，必须分析能吸引到的顾客群体及规模，并据此计算潜在市场的容量。其次，创业机会的吸引性，还表现为对创业者的吸引性，即好的创业机会，一旦被发现、被使用，就会吸引大量的创业者。因此创业者在进行创业机会的分析和评估时，一定要充分考虑自己进入市场前及进入市场后尾随而来的竞争对手。

创业机会的吸引力与行业吸引力有密切关系。不同行业的利润空间、进入成本和资源要求不同，其行业的吸引力自然也存在差异。一般来说，具有吸引力且能持续成长的行业，有不断增长的市场空间，有长期利润的预期。行业吸引力是创业者选择创业机会首要考虑的问题。创业者应首选进入那些大部分参与者都能获得良好收益的行业，而不是选择那些很多公司为了生存而拼命挣扎的行业。迈克·波特认为，企业战略的核心是获取竞争优势，而获取竞争优势的因素之一是企业所处产业的整体盈利能力，即产业的吸引力。因此，更多的创业机会应该来自具有潜在高利润的产业。

3. 时效性

人们常说：机不可失，时不再来。机会存在于一定的时空范围内，会随着时空的变化而变化。它不仅表现为一定的客观条件，也会随客观条件的变化而变化。当外部环境中出现对创业有利的客观条件时，就出现了创业机会。无疑，当对创业有利的客观条件变化后，创业机会也会随之发生变化。创业机会的时效性是指创业机会必须在机会窗口存续的时间内被发现并利用。机会窗口是指商业想法推广到市场上所花费的时间。若竞争对手已经有了同样的想法，并已把产品或服务推广到市场，那么机会窗口也就随即关闭。对于创业者来说，抓住好的创业机会并及时利用是关键。越早发现创业机会并采取措施将机会付诸实施，成功的可能性就越大。

4. 普遍性

创业机会普遍存在于外部环境之中。凡是有市场、有经营活动、有人的环境中，客观上就存在创业机会。因为无论是政治环境、经济环境、市场环境、技术环境，甚至是政策环境，都在不断变化，环境的变化将伴随着新的创业机会的诞生。

5. 价值性

好的创业机会必须能够创造价值，只有有价值的创业机会才值得去把握和利用。创业机会的价值性表现为两个方面：一是指从消费者角度，创业机会要对消费者有价值；二是指从创业者角度，创业机会要能通过给消费者带来价值而给创业者创造收益，它对创业者而言也是有价值的。前面提到，机会是一种亟待满足的市场需求。创业机会必须能更好地满足消费者的需求，能有效解决消费者的烦恼，是对消费者有价值的存在。无论创业的形式表现为产品、服务，还是业务，都必须能为目标顾客带来实实在在的价值。对于创业者来说，关键在于如何能够从众多机会中寻找出有价值的创业机会，并采取快速行动来把握机会。

三、创业机会的类型

从不同角度分析创业机会，可以将创业机会划分为不同的类型。

（一）从来源角度划分

从创业机会的来源角度主要有以下三种创业机会。

1. 问题型机会

问题型机会指的是由现实中存在的未被解决的问题所带来的一类机会。在现实中人们总是面临各种各样的烦恼和问题。有人说，消费者的烦恼就是我们的商机；或者说，那些让人烦心的埋怨也许就是你的商机。当你听到越来越多的抱怨声音时，不要烦闷，更不要为此而产生新的抱怨，而是应该冷静下来聆听他们的抱怨，并思考是什么原因导致的抱怨。一般来说，导致抱怨的原因也会以问题的形式存在。找到产生抱怨的问题，并寻找问题的解决办法，也许你就由此找到了新的创业机会。比如：当身边的家长们在抱怨小孩放学后无人照看时，你则从中看到了“托管”服务的商机。

2. 趋势型机会

趋势型机会是指通过对环境动态变化的预测而发现的顾客需求变化趋势中隐藏的机会。趋势型机会是在变化中看到未来的发展方向，预测到将来的市场需求趋势的一类机会。创业机会的一个重要来源是变化，当消费者需求、外部经济环境、技术环境等发生变化，存在于环境中的创业机会也会随之发生变化。著名管理专家彼得·德鲁克认为创业者就是那些能“寻找变化，并积极反应，把它当作机会充分利用起来的人”。发现趋势型创业机会，需要创业者对变化趋势有敏锐的洞察力。

思政课堂：

中国特色社会主义市场经济体制改革带来大量商机

在经济、社会转型的过程中，市场会释放出很多趋势型机会。十一届三中全会开始的市场经济体制改革，无论是1978—1984年的改革启动和局部试验阶段，1984—1992年的改革全面探索阶段，还是1992—2000年年初步建立社会主义市场经济体制阶段，每个阶段都释放出大量的带有时代特色的创业机会。英国《金融时报》报道：自1978年以来，中国企业有三次创业的高潮点，分别是1984年、1992年和2001年。催生这三个创业高潮点的动因分别是扩大企业自主权、市场经济体制的目标确立、中国加入世贸组织。

从1978年开始的改革开放，到今天的“全民创业，万众创新”，总共出现了五次创业浪潮。第一次创业浪潮的主角是农民。农民从生产大队的束缚中走出来，开始家庭联产承包。有远见的农民则开始走街串巷，做点小生意，由此诞生了一批“农民企业家”。他们凭借自己敏锐的触觉、胆量和热血，找到了自己的机会。第二次创业浪潮的机遇留给了城市的无业游民、失业工人和敢于“下海”、敢于丢掉铁饭碗的社会精英们，他们的创业类型非常广泛，从摆地摊做“倒爷”，到开小店，再到进军房地产和外贸市场，带来的结果是各种个体经济、私营经济在城市里蓬勃发展。第三次创业浪潮是互联网创业，创业领域大多集中在互联网、网络游戏和PC等。“海归”是此次创业中的引领者和主力军，他们从国外带来一股全新的商业力量，带动中国创业走向现代化发展时期。第四次创业浪潮是电商创业。电商的兴起也造就了很多的富翁，主要是利用互联网技术在人们日常生活中的深度应用与延伸。第五次创业浪潮源于5G时代科技的高速发展，涵盖工业革命4.0、互联网金融、物联网、无人驾驶、人工智能、区块链等，革命性的新技术为一群独角兽的诞生提供了条件。

3. 组合型机会

组合型机会是将现有的两项或两项以上的技术、产品、服务等因素组合起来，实现新的用途和价值而获得的创业机会。

（二）从市场特征角度划分

按照未满足的需求所对应的市场特征的不同，可将创业机会进行不同的分类。

1. 现有市场机会与潜在市场机会

根据未满足的市场需求是否已被发现，可以将创业机会分为现有市场机会和潜在市场机会。在现实生活中，有些市场需求已被发现，但还没有被满足，这种未被满足的需求所对应的创业机会称为现有市场机会；而隐藏在现有需求后面的未被发现的市场需求所对应的创业机会称为潜在市场机会。对于现有市场需求中的机会，比较容易寻找和识别，发现的难度系数较小，但由于容易寻找和识别，如果进入该市场的门槛也较低的话，潜在竞争对手就多，市场很容易因竞争对手的大批涌入而快速达到饱和，并继而展开恶性竞争。

潜在市场机会不容易被发现，寻找和识别的难度系数大，但正由于不易识别，创业者如果能找到并快速抓住这种机会，投入期的竞争对手相比较少，边际收益也就比较高。但随着创业者的进入和创业活动的开展，该类创业机会也会由潜在市场机会转换为现有市场机会，竞争对手也会相继涌入。所以，潜在市场机会型创业，宜采取“兵贵神速”策略，快速占领市场，掌握主导地位。

2．行业市场机会与边缘市场机会

按照创业机会所对应的未被满足的市场需求是否在某一个行业内部，可以将创业机会分为行业市场机会和边缘市场机会。行业市场机会是指某个行业内存在的未满足的市场需求所带来的创业机会；而在不同行业之间的交叉或结合所产生的创业机会称为边缘市场机会。前面所说的组合型机会一般涉及不同行业的交叉和结合，所以一般是边缘市场机会。相对于行业市场机会，边缘市场机会需要创业者具备多个行业的背景，对创业者要求比较高，创业者选择这类项目创业的难度较大。但在市场经济发达，产品、服务非常丰富，消费者一般的需求已基本被满足的今天，开发边缘市场机会是创业者不得不迎难而上的一种选择。

3．目前市场机会与未来市场机会

目前市场发展中存在的创业机会都称为目前市场机会。而从环境变化的动态性分析，在目前市场上并未表现但在未来的某一时期内会出现的大量需求和消费倾向，即在未来某一时期内会出现的创业机会，称为未来市场机会。目前市场机会和未来市场机会的区别在于时间的先后顺序和是否具备可能转变的客观条件。随着时间的推移，未来市场机会是否能转变为目前市场机会主要取决于环境的发展变化。对于创业者来说，应该重点抓住目前市场机会，关注市场环境的变化趋势，把握未来市场机会。

4．全面市场机会与局部市场机会

从范围来看，有全面的、大范围的未被满足的市场需求和局部的、小范围的未被满足的市场需求之分，因而，创业机会也有全面市场机会和局部市场机会之分。全面市场机会是在大范围的市场，如全球市场、全国市场中存在的未满足的需求；局部市场机会则是在一个局部的市场出现的，如某个特定市场中存在的未满足需求。全面市场机会意味着环境变化的一种普遍趋势。局部市场机会则对在该地区从事创业活动的创业者来说有特殊意义，它意味着该地区市场环境的变化有不同于其他市场的特殊发展趋势。珍妮弗·巴斯叶·桑德和彼得·桑德（2007）提出，创业者要把重点放在一个较小的、服务不足的市场上，并且把一种独特的、较好的产品或服务带入这个市场中；不是在大的战场中厮杀，而是找到一座小山，占领它并拥有它——拥有那个缝隙，并且提供优质的服务。把这个市场经营好，你的竞争对手就不会来打扰你。如果竞争对手是一家大公司，那么也许这座“小山”对它而言，太小而且不重要，但对你而言，它并不小。事实上．它大到足以让你这样的创业者非常成功。

（三）从环境变化角度划分

创业机会存在于社会和经济的变革过程中。如：产业结构的变化，科技的进步，价值观与生活形态的变化，人口因素的变化，社会和政治结构的变化，以及市场需求的变化。以不同变化为主导引发的创业机会也会有所不同，下面分别介绍以技术、市场、政策等变化为主导引发的创业机会。

1．技术型机会

技术的发展和变革必然带来新的创业机会，这类机会称为技术型机会。主导技术变革的公司在把握技术型机会方面拥有更强大的竞争优势。有远见的企业家们会将眼光和资源集中于技术变革，通过长期的技术开发优势来打造其核心竞争力。技术型机会存在于各行各业。比如：人工智能技术的快速发展，诞生了大量的人工智能开发技术类机会和人工智能技术与各行各业高效融合后的应用型机会。一批批科学家、工程师离开实验室，在语音识别、计算机视觉等领域踏上“创业”之路。

2．市场型机会

市场型机会是指伴随市场的变化来的创业机会。市场的变化表现为市场结构变化、市场需求变化、市场规则的变化、市场运作模式变化等很多方面。比如：线上市场运作模式的诞生，改变了传统的单一线下市场运作模式。这一改变，带来了大量的创业机会，很多创业者因把握住了线上市场这一机会而挖到了属于自己的一桶金。还比如：当大量人口迁移到某一区域，会带来该区域内需求者、需求量和需求产品等的变化，这些变化的需求在未被满足时就是典型的市场型机会。

3．政策型机会

政策型机会是指因政府政策激发的创业机会，它可以表现为政策带来的未满足的需求，也可以表现为为创业活动提供资助，降低创业成本，增大未满足需求的创业价值。比如：新增的政府采购和基础设施建设规划带来新的需求；政府提供创业扶助资金；政府成立为创业提供服务、支持和帮助的组织；政府出台对创业活动和成长企业有利的规定、就业的规定、环境和安全的规定、企业组织形式的规定、税收优惠的规定等都有可能带来政策型机会。

思政课堂：

政策推动高校师生开展创新创业

从中央到地方，从国务院、财政部、教育部到各级省政府、财政厅等相关部门，都出台了相关政策，以引导高校师生的创新创业活动。以湖南省为例，湖南省人民政府出台《湖南省推进以创新为支撑的高校师生创业就业三年行动方案（2023—2025

年）》的通知（湘政办发〔2023〕26号）。通知指出，将聚焦新兴产业、新兴业态等热点领域，开发一批创业见习基地，推动创业见习和创业孵化有效衔接，提升创业成功率。聚焦新技术、新产业、新业态等领域，加大高校师生创业就业扶持力度，培育发展一批高成长性企业。鼓励市州、产业园区和企业利用空置商业商务楼宇、工业厂房、仓储用房等存量房产，改建为众创空间。鼓励众创空间等创业创新平台向在校大学生免费开放。举办各类竞赛活动，进一步激发高校师生创业创新热情。丰富大学生就业促进周、大学生创业训练周、创客体验日等活动形式，营造浓厚的创业创新氛围。

四、创意、商业机会、创业机会的联系与区别

创意、商业机会、创业机会三者既有联系也有区别。创业机会是具有商业价值的创意，创业机会产生于创意，没有创意就很难发现创业机会，在创意没有产生之前，机会的存在与否意义并不大。创业机会与商业机会之间并不存在严格的界限，创业机会是一种特殊的商业机会。

三者虽有密切联系，但也有区别。首先，创业机会和创意之间是有很大区别的。创意是指具有创业指向同时具有创新性甚至原创性的想法，是将问题或需求转化成逻辑性的架构，让概念物象化或程序化，它不是单纯的奇思妙想，它可能满足也可能不满足创业机会的标准。从创意到创业机会的发展是一个过程。创意、商业概念、机会和创业机会都不能被割裂地看待，这个过程有赖于客观条件的存在，更依赖于创业个体的主观判断并因个体差异而不同。许多创业活动的失败并不是因为创业者没有努力工作，而是因为其创意并没有转换为真正的创业机会。其次，并不是所有的商业机会都是创业机会，创业机会是预期能够产生价值的清晰的“目的—手段”组合，是适合以创业的方式实现商业利益的商业机会，是一种特殊的商业机会。只有将商业机会与创业想法联系在一起时，商业机会才有可能转化为创业机会，创业机会要比一般的商业机会更具有创新性甚至创造性。

第三节 创业机会的来源与识别

一、创业机会的来源

（一）变化是创业机会的来源

创业机会一般产生于不断变化的市场环境，环境变化了，市场需求、市场结构随之发

生变化。产业结构变动、消费结构升级、城市化加速等都蕴含着创业机会。当科技进步、政策与法规调整、社会和人口结构变化、产业和市场需求变化等创业机会赖以生存的环境发生变化，人们的生产、生活方式以及习惯等很多方面都会发生变化，随之衍生出新的未满足的需求或者新的满足需求的方式，继而产生新的创业机会。关注环境中的变化趋势，可以有效提高发现创业机会的可能性。

1. 科技进步带来的变革

科技进步已成为经济、社会快速发展的核心动力。从微观粒子到浩渺宇宙，从日常生活到高端产业，科技无处不在，无时无刻不在推动变革。科技进步带来的变革是创业机会的直接来源。以信息技术为例，互联网、大数据、人工智能等技术的快速发展，为创业者提供了前所未有的机遇。电子商务平台的崛起，让无数的商家能够跨越地域限制，直接与全球消费者对接。与此同时，云计算、物联网等技术使得大数据成为新的生产要素，围绕数字化诞生了大量未满足的需求。再比如生物科技领域，基因编辑、合成生物学等技术的突破，为医疗、农业等领域带来了革命性的变革，这些变革预示着新的市场诞生。此外，能源科技也是科技进步带来的一个重要创业领域。随着可再生能源技术的不断进步和成本的降低，越来越多的创业者开始涉足这一领域，开发出高效、环保的能源解决方案。科技进步带来的变革不仅为创业者提供了丰富的机会，更为他们创造了实现梦想的可能。在这个时代，善于利用科技的力量，勇于创新和尝试，是每一位有志于创业的人应当具备的品质。

2. 政策与法规的调整变化

政策与法规的调整变化是创业机会的一个重要来源。政策与法规的调整变化对创业机会的影响深远而多元。作为创业者，应时刻关注政策动态，从中捕捉商机，同时也要积极参与到政策的制定和实施中，为创业活动争取更有利的环境。

政策法规对创业活动的多元化影响有如下几点：

（1）越来越严格的环保政策带来绿色型创业机会。随着全球对环境保护的日益重视，各国政府相继出台严厉的环保法规。这些政策不仅促使企业采取更环保的生产方式，还催生了绿色创业的浪潮。例如，垃圾分类政策的推行，激发了大规模的智能垃圾桶、垃圾处理设备的需求，从而产生了垃圾分类、处理相关设备的生产、服务类创业机会。

（2）政府提供的资金扶持、税收优惠等政策使大量中小型创业机会具备可行性。政府为鼓励创新、创业提供资金扶持政策和为小微企业提供税收优惠政策，这些政策大大减轻了创业的负担，激发了创业活力。

（3）政策与法规为新兴产业领域的创业活动保驾护航。从共享单车到共享汽车，再到共享充电宝，每一项创新都在政策的支持和法规的调整下茁壮成长。教育政策调整进一步激发了在线教育类创业机会，配套的教育政策及法规的改革，进一步激发在线教育需求，更为远程教育、MOOC 等新型在线教育类创业的健康发展保驾护航。

3. 社会和人口结构的变化

社会和人口结构的变化带来新的创业机会。无论是家庭结构变化、年龄结构变化、男女地位变化还是人口空间分布结构变化，都会带来新的创业机会。

（1）家庭结构变化与家政服务创业。随着社会的发展，家庭结构正发生着显著变化，单亲家庭、双职工家庭、丁克家庭、老年家庭等多元化家庭模式涌现。这种变化催生了家政服务市场的繁荣，为创业提供了广阔的空间。从月嫂、育婴师、家庭保洁到老人看护等，各类家政服务创业项目层出不穷，满足了现代家庭多样化的需求。

（2）老龄化社会与养老服务类创业。随着人口老龄化的加速，养老产业迎来了前所未有的发展机遇。从养老院的兴建到智能养老设备的研发，再到老年旅游、康复护理等服务的拓展，养老产业涉及的领域越来越广泛。

（3）女性地位提升与多元化消费需求。随着女性地位的提高，女性消费市场呈现出前所未有的活力。从美妆、服饰到母婴产品，再到适合女性的职业培训和休闲娱乐项目，关注女性消费者的需求和心理，为她们提供多元化的产品和服务，成为令人关注的创业机会。

（4）人口在地域空间分布结构的变化激发了大量新的需求。比如：人口从农村迁移到城市，城市人口数量不断增加，城市居民对便捷、高效的生活服务的需求增加。从外卖配送到社区服务，再到共享单车、网约车等出行服务，城镇化进程中涌现出大量商机。

4. 产业和市场需求的变化

产业和市场需求的变化为创业者们提供了丰富的创业机会。下面以产业和需求变化带来的创业机会为例来说明产业和市场需求的变化如何成为创业机会的来源。首先，新兴产业不断涌现，为创业者提供了广阔的创业空间。例如，随着人工智能技术的普及，智能家居产业迅速崛起，人们对创新性的智能家居产品的需求增加。同时，智能家居产业的发展也推动了相关产业链的完善，如智能安防、智能照明等领域也迎来了发展机遇。其次，随着消费者需求的多样化，市场细分越来越精细化，细分化的市场为创业者提供了更多的机会。例如，在食品行业，消费者对于健康饮食的关注度不断提高，有机食品、素食等细分市场逐渐兴起，针对糖尿病人、孕妇、老年人等特殊人群的定制化的健康饮食服务需求加大，消费者对地方特色食品、网红零食的需求吸引了大批小型创业者的关注。

（二）问题是创业机会的来源

现实中的各种问题都是机会，无论是人们生活中的问题还是企业生产中的问题，都有可能是创业机会的来源。创业者要多观察多用心，善于去体会和发现自己及他人面临的需求无法满足类问题，或者是生活中的一些烦恼、不方便等问题，也要用心去发现企业生产流通中存在的问题，如果能够找到解决这些问题和难处的有效方法，那就找到了好的创业机会。

1. 需求未满足问题

市场需求远大于供给。未满足的需求就是比较好的创业商机。20 世纪 80 年代和 90

年代，中国的各行各业都存在需求短缺，当时的政策和经济环境为个体户和私营企业家提供了广阔的发展空间。那时的中国，各行各业都有机会，到处是蓝海，“下海”创业成为流行语。今天的中国，物资丰富，人们生活富裕，高品质、便利、舒适、健康、精神层面的需求增加，与之相关的产品和服务的供需缺口问题将成为新的创业机会来源。

2. 现实问题

在现实生活中，人们会面临很多问题，存在且尚未被解决的问题，这也是创业机会的来源。比如：随着生活、工作节奏的加快，许多人面临工作压力加大和生活质量降低问题，一款名为“平衡生活”的应用程序，它帮助用户合理安排工作与休息时间，提供健康饮食建议和运动计划。这款应用程序通过定制化的计划，帮助用户减轻压力，提高生活质量，获得了市场的广泛认可。这种将问题转化为机会的思维方式，是每一个创业者都应该具备的。

3. 不协调问题

隐藏在不协调事件中的问题，是创新、创业机会的重要来源。产业发展不协调、产业现状与假设不协调、某个产业所付出的努力与客户的价值和期望之间的不协调，所有的不协调都隐藏着问题，解决问题实现协调发展，就找到了新的创业机会。同一经济体中的不同产业，要协调发展，同一产业链、供应链上的不同环节也要协调发展，这是共生理论决定的。比如：物流产业与其他产业要协调发展，电子商务的发展带来大量的快递物流创业机会。

4. 流程中的薄弱环节

有一些创新创业机会，它并不源于环境中，而是源于需要完成的某项工作。它是以任务为中心，是完善一个业已存在的程序，替换薄弱的环节，或者用新的知识重新设计一个新程序等。关注流程中的薄弱环节和瓶颈，采取措施解决导致薄弱或者瓶颈的问题，你可能由此发现你的创业良机。

延伸阅读

在20世纪电力发明后的20多年里，每个人都知道世界即将进入“电力工业”时代。但在那个阶段的最后五六年中，有一个非常明显的缺失环节，那就是（民用照明）灯泡。缺少灯泡，电力工业根本不可能有长足的发展。爱迪生意识到了这一点，并由此专注于灯泡的发明创新，用了不到两年的时间，攻克了这一难关，由此，爱迪生开启了电力消费的大众时代。

（三）创新与创造是创业机会的来源

1. 创造发明

创造发明提供了新产品、新服务，也带来了一连串的创业机会。比如：随着电脑的诞生，电脑维修、软件开发、电脑操作的培训、图文制作、信息服务、网上开店等创业机会随之而来。就算不发明新的东西，也能成为销售和推广新产品的人，所以也可以带来商机。有实用价值的发明创造，甚至是独创的秘方、食谱等知识产权中隐藏着很多创业机会。

2．创新

创业的本质是创新。好的创业机会可以表现为创新的产品、创新的服务、创新的商业模式。前面提到的组合型创业机会，不仅是产品和服务的创新，还可能是商业模式的创新。比如：自媒体、短视频、直播带货等新兴事物，给创业者们带来了很多创业机会。新生事物是比较明显，但也是试错成本最高的创业机会。

创新思维是识别创业机会的关键能力。通过打破常规、逆向思考或跨界整合，创业者能够创造出独特且具有竞争力的商业模式。例如，某创业者将传统的酒店住宿与共享经济相结合，创办了一家共享酒店平台，为旅行者提供更具性价比的住宿选择。

二、创业机会的识别

（一）创业机会识别的关键要素

有效地识别创业机会，是创业成功的关键。下面介绍创业机会识别的三个关键要素：观察趋势、解决需求问题和发现市场空隙。

1．观察趋势是创业机会识别的基础

政治、经济、社会和科技的趋势都在不断地变化，为创业者提供了丰富的创业土壤。政治制度的变革往往为创业提供基础，例如中国的集体土地建设租赁住房制度催生了“共享农庄”项目，这不仅满足了现代人对田园生活的向往，也解决了农村土地的利用问题。对经济趋势的把握可以帮助创业者确定合适的创业领域，例如在消费升级的大背景下，民宿和拼车类项目应运而生。社会趋势的变化揭示了人们深层次的需求，比如养老和社区服务类的创业项目正是对人口老龄化社会的积极回应。而科技趋势，尤其是人工智能、物联网等新兴技术，为创业者提供了前所未有的机会，例如 3D 打印和智能家居类项目。

2．解决需求问题是创业机会识别的核心

成功的创业者往往能够发现并满足市场的需求。他们从日常生活中的细微之处出发，关注消费者的抱怨，深入挖掘潜在的需求。例如，共享单车解决了城市“最后一公里出行”的需求，在线教育则让优质教育资源得以更广泛的分享。这些创业项目都精准地找到了市场的痛点，从而取得了成功。

3. 发现市场空隙是创业机会识别的关键

有时候，市场并不完美，存在着许多空隙。创业者需要敏锐地发现这些空隙，并设法填补它们。例如，拼多多在传统电商的竞争中找到了自己的生存空间，通过社交电商的模式成功填补了市场空隙，实现了快速崛起。

（二）识别创业机会的方法

1. 市场调研发现机会

在发现创业机会的过程中，市场调查是一个基础且重要的步骤，也是最重要的发现创业机会的方法。通过调查研究，创业者能够更准确地洞察市场，发掘潜在的商业机会。通过深入了解目标市场的需求竞争态势和行业趋势，创业者能够识别出未被满足的需求或潜在的商业机会。

他山之石：

在一次偶然的市场调查中，李华发现：随着健康饮食的观念日益深入人心，有机食品市场呈现出快速增长的趋势。他决定围绕有机食品市场进行一次全面深入的调查。他调查了消费者对有机食品的需求、购买习惯、价格敏感度等信息。通过调查，他发现大多数消费者愿意为有机食品支付更高的价格，但市场上缺乏价格合理、品质优良的有机食品。这一发现让李华看到了商机。

创业者通过与顾客、供应商、分销商交谈，了解所属行业正在发生或将要发生的事情，也可以通过网络调查，或者利用互联网检索数据、浏览包含自己所需要信息的报纸、专业网站，比如创意类和创业类网站，通过二手资料的调查获取创业机会信息。社交网络是获取信息和启发创意的重要平台。通过参加行业活动、加入专业社群或与各领域的专家交流，创业者能够开阔视野，获取行业的最新动态和趋势。例如，某创业者通过参加行业论坛，结识了众多行业内的专家和创业者。在交流中，他了解到了某个新兴技术的巨大潜力，并决定将其应用于自己的创业项目中。

他山之石：

创业者要养成及时记录创业想法的习惯。瑞士最大的音像书籍公司的创始人就有一个笔记本，里面记录他调查获得的所有创业想法。当记录到第 200 个想法时，他坐了下来，回顾分析所有的想法，从中找到最适合自己的创业机会，开办了自己的公司。

2. 系统分析发现机会

在创业的世界里，机会的发现往往源于对环境变化的敏锐洞察。系统分析作为一种全面的方法，能帮助创业者从宏观和微观两个层面深度挖掘新需求、新商机。宏观环境分析是对政治、经济、技术、法律和人口等宏观因素的分析。宏观环境因素的变化往往会对行业和市场产生深远影响，带来新的商机。微观环境分析主要关注企业所处的具体环境，包括顾客、竞争对手和供应商等。通过对这些因素的分析，创业者可以找到自己独特的市场定位和竞争优势，从而发现适合自己的创业机会。

延伸阅读

自中国政府提出一系列“双碳”与“新能源”战略后，创业者们纷纷把创业焦点转向新能源，与新能源相关的系列产业得到快速发展。创业者们判断新能源领域将迎来爆发式增长，纷纷果断进入市场，专注于新能源开发和为新能源行业提供高效的储能解决方案。与此同时，深圳市则建起了新能源创新产业园。

深圳市新能源创新产业园位于深圳市南山区科技园北侧，是深圳市首个新能源产业方面的专业孵化园区。园区周边全面聚合了从源头知识创新到产业孵化，再到总部经济等创新资源。该园区作为新能源产业基地和研发基地，以聚集效应吸引新能源企业、服务机构和公共平台入驻，为新能源产业开辟技术交易、技术转让、技术服务、产品推荐、人力资源招聘、辅助专利申请等项目对接市场，推动新兴产业的孵化，帮助更多的新能源企业发展壮大。

3. 问题分析发现机会

创业机会往往源于对问题的深入分析和解决需求的迫切性。通过聚焦问题，创业者能够快速、准确地识别潜在的商业机会。从问题出发识别创业机会的关键在于深入分析问题的性质和需求，结合自身的资源和优势，提出创新的解决方案。在这个过程中，不断学习和积累经验是提高创业机会识别能力的关键。通过不断优化解决方案和满足市场需求，创业者能够成功地抓住商机并实现创业梦想。

4. 创新变革获得机会

在快速变化的世界中，创新和变革是获取创业机会的有效方法。通过打破传统思维模式，开发新产品、采用新的商业模式、尝试新的方法和解决方案，创业者能够更好地发现并抓住市场机遇，实现商业成功。

延伸阅读

阿里巴巴通过创新性的 B2B 商业模式，为中国中小企业提供了一个便捷、安全的在线交易平台。随着互联网的普及，阿里巴巴不断扩展业务，进入电商、金融、云计算等多个领域，逐渐成为全球领先的企业。为了在市场上有话语权，阿里巴巴加大了对技术创新的研究。早期，阿里巴巴成立了专门从事技术研究的达摩院，并推出了第一个人工智能芯片。阿里巴巴通过持续的创新和变革，不仅把自己打造成了中国乃至全球的商业巨头，而且为其他中小创业者提供了大量的创业机会。成立于2010年的美团，则通过创新性的O2O商业模式，为中国消费者提供了多样化的生活服务，涵盖餐饮、电影、酒店等领域。美团的创新变革不仅推动了O2O行业的发展，也带来了商业模式的创新和大量相关的创业机会。

每个创业者都应该保持对市场的敏感度，敢于突破传统思维，持续进行创新尝试，实现新产品、新技术、新方法、新知识或者新模式等多个层面的创新。只有这样，才能在不断变化的市场环境中准确抓住属于你的创业机会。

（三）识别创业机会的一般过程

创业机会识别是创业过程的初始阶段，指创业者识别机会、发现创业机会的过程。创业机会识别是创业者的一种主动行为，个人特质起着至关重要的作用。创业警觉性、先验知识、创新创造能力、社会网络等因素对创业者识别和发现机会有重要影响。此外，创业机会的识别过程亦是创业者个人与环境不断发生反应的过程，外界环境中的客观因素也不容忽视。Lindsay，NJ. 和 Caig，J.（2002）将创业机会识别过程分成三个阶段。

第一阶段：机会搜寻阶段。这是从创意到创业的第一步，也是创业者进行创新性构思的过程。创业者在整个社会系统内对可能的创意进行搜寻。在搜寻阶段，创业者意识到某个创意可能存在创业机会，随之进入“机会识别”阶段。

第二阶段：机会识别阶段。相对于整个创业机会识别过程，机会识别阶段可以理解为狭义的识别过程。简单来说，就是从可能的创意中筛选出可执行的创业机会。此阶段分为标准识别和个性识别两部分。标准识别指从社会大环境的角度去判断某创意所对应的创业机会是否具有创业成功的可能性；个性识别是指从特定的创业者以及创业团队角度去判断创业者或者创业团队在利用该机会创业的过程中是否具有独特的（个性化的）优势。

第三阶段：机会评价阶段。即对该机会的价值和可行性进行评定和判断。调查的方式主要包括初步的市场调查、与他人特别是该领域经验丰富的人进行交流以及对商业前景的考察等。通过调查，再决定是否采用此创意进行创业，是否组建相应的企业，是否开展投融资等。

（四）有助于识别创业机会的因素

1. 先前经验和认知因素

首先，创业者在特定产业中的先前经验有助于创业机会识别，这被称为走廊原理。人一旦投身于某产业，这个人将比那些从产业外观察的人，更容易看到产业内的新机会。其次，个体的认知因素也是影响创业机会识别的因素。近年来众多学者从创业认知理论出发，研究个体在机会识别方面存在差异性的原因，认为个体层次上的认知因素差别是区别创业者和非创业者的关键要素。

2. 社会关系网络

个人社会关系网络的深度和广度影响着机会识别。建立了大量社会与专家联系网络的人，比那些拥有少量网络的人容易得到更多机会和创意。大学生在校期间可以利用熟人介绍、参与社团、利用网络等途径拓展自己的人际关系，以互惠互利、诚实守信、分享等为原则，以“3A”原则（接受对方、重视对方、赞美对方）、换位思考、善于倾听等技巧扩充人脉，扩大自己的社会关系网，为未来的事业发展做准备。

3. 科学的问题分析方法

掌握科学的分析问题的方法，有助于我们更好地识别出创业机会。日常生活中，应养成善于思考的习惯，并能够将课堂上学到的系统知识和发现的问题相结合，进行有针对性的分析，更好地解决问题，发现并利用商机。

4. 创新创造能力

创造性有助于产生新奇或有用的创意。从某种程度上讲，机会识别是一个创造过程，是不断反复的创造性思维过程。及时抓住富有创造性的思维，采用具有创造性的做法，不但可以引发革命性的变革，带来颠覆式的创新，更有利于创业机会的实现。

第四节 创业机会的评估

一、创业机会的评估维度

清华大学的唐德森教授（2020）提出从市场容量和市场效益两个大的维度评估创业机会。

1. 市场容量评估

唐德森教授认为，对市场容量的评估从以下六个方面展开：一是市场定位评估，即通过分析市场定位是否明确、顾客需求分析是否清晰、顾客接触通道是否流畅、产品是否持续衍生等方面来判断创业机会可能创造的市场价值。二是分析市场结构。可以应用波特五力模型，对包括进入障碍、供货商、顾客、经销商的谈判力量、替代性竞争产品的威胁，以及市场内部竞争的激烈程度等因素进行评价。三是市场规模分析，即分析创业机会所面临的市场规模的大小，包括市场成长速度。这是影响新创企业成败的重要因素。四是评价创业机会的市场渗透力（市场机会实现的过程），选择最佳时机进入相应市场。五是预测可能取得的市场占有率。一般而言，成为市场的领导者，最少需要拥有20%以上的市场占有率。六是分析产品的成本结构和成本优势，以判断企业创造附加价值的幅度以及未来可能的获利空间。

2. 市场效益评估

唐德森教授认为，市场效益评估是对按该创业机会开展创业活动可能获得的回报的评估，具体应分析税后利润、盈亏平衡时间、投资回报率、资本需求量、毛利率、战略价值、资本市场活力和退出壁垒等 8 个指标。

（1）一般而言，具有吸引力的创业机会，至少需要能够创造 5% 以上的税后净利。

（2）盈亏平衡点，一般在两年以内达到。但如果三年还达不到，可以将前期投入视为一种投资，才能容忍较长的盈亏平衡时间。

（3）投资回报率，一般 15% 以下的投资回报率是不值得考虑的创业机会。

（4）资金需求量较低的创业机会，一般比较受投资者欢迎。

（5）毛利率优势。毛利率高的创业机会，相对风险较低，也比较容易取得损益平衡。

（6）价值主张。创业机会对于产业价值链所能创造的附加值，与采取的经营策略和经营模式密切相关。

（7）资本市场的活跃程度是一项可以被用来评估创业机会的外部环境指标。

（8）退出壁垒。包括经济、技术、战略及路径依赖等方面的因素，退出壁垒与策略是评估创业机会的一项重要指标。

而杰弗里 · 蒙蒂斯教授则认为，对创业机会的评估，应该从行业和市场、经济因素、收获条件、竞争优势、管理团队、致命缺陷问题、个人标准、理想与现实的战略差异等 8 个方面评价创业机会的价值潜力。蒙蒂斯教授还围绕这 8 个方面设计了 53 项评估指标。

二、创业机会的评估方法

创业机会评估是一个复杂的系统的判断过程。主要方法有定性评估与定量评估两类方法。

（一）定性评估方法

1. 史蒂文森法

霍华德 • 史蒂文森（Howard · Stevenson）认为可以从以下几个方面来评价创业机会：第一，机会的大小，存在的时间跨度以及成长性。第二，潜在的利润是否可以用来弥补资本、时间和机会成本的投入，并带来令人满意的收益。第三，机会是否开辟了额外的扩张、多样化或综合的商业机会选择。第四，在可能的障碍面前，收益是否会持久。第五，产品或服务是否真正满足了真实的需求。

2. 隆杰内克法

隆杰内克（Longenecker）认为，以下 5 个方面对于一个创业机会的评价至关重要：第一，对产品有明确界定的市场需求，推出的时机也是恰当的；第二，投资的项目必须能够维持持久的竞争优势；第三，投资必须具有一定程度的高回报，从而允许一些投资中的失误；第四，创业者和机会之间必须互相合适；第五，机会中不存在致命的缺陷。

（二）定量评估方法

1. 标准打分矩阵法

标准打分矩阵法是常用的评估创业机会的定量方法。其操作步骤为：一是选择对创业机会成功有重要影响的因素；二是由富有经验的创业者、专家小组对每一个因素进行分级打分；三是计算加权平均分。该方法可以用于对不同创业机会进行比较。如表 5.1 所示，对创业机会的重要影响因素用“标准打分矩阵法创业机会评估模型”逐一进行“很好、好、一般”三个等级的评分，然后逐一求出易操作性、质量和易维护性、市场接受性、增加资本的能力、投资回报、技术及专利状况、市场容量的大小、制造的简单性、广告潜力及成长的潜力等评估因素在各个创业机会下的加权平均分。

表 5.1　标准打分矩阵法

标准	专家评分			
	很好（3 分）	好（2 分）	一般（1 分）	加权平均分
易操作性				
质量和易维护性				
市场接受性				
增加资本的能力				
投资回报				
技术及专利权状况				
市场的大小				
制造的简单性				
广告潜力				
成长的潜力				

2. 普坦辛米特法

普坦辛米特法（potentionmeter）是一种让创业者填写针对不同因素的不同情况，预先设定好权值的选项式问卷方法，即“普坦辛米特法创业机会评估模型”。对于每个因素来说，不同选项的得分可以从 −2 分到 +2 分。在对各评估因素进行评分后再加总得创业机会的总得分。分数越高的创业机会成功的潜力就越大。只有那些最后得分高于 15 分的创业机会才值得创业者进行下一步的策划，低于 15 分的创业机会应直接淘汰。表 5.2 给出了普坦辛米特法评估创业机会的因素。

表 5.2　普坦辛米特法

序号	选择因素
1	对于税前投资回报率的贡献
2	预期的年销售额

续表

序号	选择因素
3	生命周期中预期的成长阶段
4	从创业到销售额高速增长的预期时间
5	投资回收期
6	占有领先者地位的潜力
7	商业周期的影响
8	为产品制定高价的潜力
9	进入市场的容易程度
10	市场试验的时间范围
11	销售人员的要求

3. 巴蒂选择因素法

如表 5.3 所示，巴蒂（Baty）选择了 11 个对创业机会有重要影响的因素，让使用者据此对发现的创业机会进行评价。如果某个创业机会只符合其中的 6 个或更少的因素，则这个机会很可能不可取；相反，如果某个创业机会符合其中的 7 个或以上的因素，则该创业机会将会大有希望获得成功。

表 5.3 巴蒂选择因素法

序号	选择因素
1	这个创业机会在现阶段是否只有你一个人发现了？
2	初始的产品生产成本是否可以承受？
3	初始的市场开发成本是否可以承受？
4	产品是否具有高利润回报的潜力？
5	是否可以预期产品投放市场和达到盈亏平衡点的时间？
6	潜在的市场是否巨大？
7	你的产品是否是一个高速成长的产品家族中的第一个成员？
8	你是否拥有一些现成的初始用户？
9	是否可以预期产品的开发成本和开发周期？
10	是否处于一个成长中的行业？
11	金融界是否能够理解你的产品和顾客对它的需求？

三、创业机会的评估步骤

1. 确定评估目标

确定评估目标是创业机会评估的第一步，将直接影响到创业机会评估后续步骤的实施。创业机会评估的目标是识别有商业价值的创业机会，达到挖掘创业价值、规避创业风险、吸引风险投资的目的。

2. 分析影响因素

影响创业机会的因素有很多，既有内部创业团队的因素，也有外部创业环境的因素；既有社会因素，也有经济因素；既有市场因素，也有社会网络因素等。从各种影响创业机会的因素中抽出关键性的因素，构建创业机会评估指标体系。

3. 构建评估指标体系

创业机会评估指标体系是在对创业机会影响因素分析的基础上，结合创业者的实际情况构建的。

4. 选用合适评估方法

评估方法是对评估指标的排序和量化。鉴于创业机会评估的特殊性，创业机会评估方法应在借鉴多个创业机会评估体系的基础上，选择定量与定性相结合的方法进行评估。

5. 评估实施

创业机会评估的实施是评估的实际操作阶段。对定量指标和定性指标进行处理，引入需要的数据和相关专家的评定，并结合相关模型，最终得到评估结果。评估实施也是对创业机会进行选择和淘汰的过程。关键是相关数据的获取和模型的选择。

6. 评估反馈

创业机会评估是一个动态的过程，其本质上是一个主观的、理论的分析过程。创业机会是否能真正成为一个成熟机会，是否可以在现实中开发，还需要进一步从实践中证明。依据创业活动实践，可以从风险规避和价值创造这两个方面对创业机会评估的结果做进一步修正。

四、个人与创业机会的匹配

1. 个人经验

要个人经验考虑以前的工作和生活经验是否能够支撑后续开发创业机会所必需的知识和技能。经验的广度和深度扮演着重要角色。

2. 社会网络

社会网络要考虑自己身边认识、熟悉的人能否支撑后续开发机会所必需的资源和其他因素。

3. 经济状况

经济状况要重点考虑的是能否承受从事创业活动而产生的机会成本。

创业活动是创业者和创业机会的高度结合，只有创业者和创业机会之间存在着恰当的匹配关系时，创业活动才是最可能发生的，也更可能取得成功。

第五节 创业风险

一、创业风险的含义

被称为“创业教育之父”的琼·玛格丽特教授认为，在创业过程中，由于机会模糊性、市场不确定性、资本市场风险以及外在环境变迁等因素，创业过程充满了风险。创业风险是指由于创业环境的不确定性，创业机会与创业企业的复杂性，创业者、创业团队与创业投资者能力的有限性，而导致创业活动偏离预期目标的可能性及其后果。

二、创业风险的来源

创业过程是将某一构想或技术转化为具体的产品或服务的过程。在这一过程中，存在着几个基本的、相互联系的缺口。这些缺口是创业环境不确定性，创业机会与创业企业复杂性，创业者、创业团队与创业投资者的能力与实力有限性的根本来源。而这些不确定性、复杂性和有限性又是创业风险的直接来源。在给定的宏观条件下，创业风险往往直接来源于以下缺口。

1. 融资缺口

融资缺口存在于学术支持和商业支持之间，是研究基金和投资基金之间存在的断层。其中，研究基金通常来自个人、政府机构或公司研究机构，它既支持概念的创建，还支持概念可行性的最初证实；投资基金则将概念转化为有市场的产品原型（这种产品原型有令人满意的性能，对其生产成本有足够的了解并且能够识别其是否有足够的市场）。创业者可以证明其构想的可行性，但往往没有足够的资金将其实现商品化，从而给创业带来一定的风险。通常，只有极少数基金愿意鼓励创业者跨越这个缺口，如富有的个人专门进行早期项目的风险投资，以及政府资助计划等。

2. 研究缺口

研究缺口主要存在于仅凭个人兴趣所做的研究判断和基于市场潜力的商业判断之间。当一个创业者最初证明一个特定的科学突破或技术突破可能成为商业产品基础时，他仅仅停留在自己满意的论证程度上。然而，这种程度的论证后来不可行了。在将预想的产品真正转化为商业化、大量生产的产品的过程中，需要大量复杂而且可能耗资巨大的研究工作（有时需要几年时间），从而形成创业风险。

3. 信息和信任缺口

信息和信任缺口存在于技术专家和管理者（投资者）之间。也就是说，在创业中，存在两种不同类型的人：一是技术专家；二是管理者（投资者）。这两种人接受不同的教育，对创业有不同的预期、信息来源和表达方式。技术专家知道哪些内容在科学上是有效的，哪些内容在技术层上是可行的，哪些内容根本就是无法实现的。在失败类案例中，技术专家要承担的风险一般表现在学术上、声誉上受到影响，以及没有金钱上的回报。管理者（投资者）通常比较了解将新产品引进市场的程序，但当涉及到具体项目的技术部分时，他们不得不相信技术专家。可以说管理者（投资者）是在拿别人的钱冒险。如果技术专家和管理者（投资者）不能充分信任对方，或者不能够进行有效的交流，那么这一缺口将会变得更大，从而带来更大的风险。

4. 资源缺口

资源与创业者之间的关系就如颜料、画笔与艺术家之间的关系。没有了颜料和画笔，艺术家即使有了构思也无从实现。创业也是如此。没有所需的资源，创业者将一筹莫展，创业也就无从谈起。在大多数情况下，创业者不一定也不可能拥有所需的全部资源，这就形成了资源缺口。如果创业者没有能力弥补相应的资源缺口，要么创业无法起步，要么在创业中受制于人。

5. 管理缺口

管理缺口是指创业者并不一定是出色的企业家，不一定具备出色的管理才能。进行创业活动主要有两种：一是创业者利用某一新技术进行创业，他可能是技术方面的专业人才，但却不一定具备专业的管理才能，从而形成管理缺口；二是创业者往往有某种“奇思妙想”，可能是新的商业点子，但在战略规划上不具备出色的才能，或不擅长管理具体的事务，从而形成管理缺口。

三、创业风险的分类

（一）按风险来源的主客观性划分

按风险来源的主客观性可将创业风险划分为主观创业风险和客观创业风险。

（1）主观创业风险是指在创业阶段，由于创业者的身体与心理素质等主观方面的因素导致创业失败的可能性。

（2）客观创业风险是指在创业阶段，由于市场的变动、政策的变化、竞争对手的出现、创业资金缺乏等客观因素导致创业失败的可能性。

（二）按创业风险的内容划分

按创业风险的内容可将创业风险划分为项目风险、技术风险、市场风险、管理风险、资金风险、资源风险和环境风险。

1. 项目风险

项目风险是指因在项目选择、市场定位、消费需求、项目进度安排等问题上把握不准而导致项目目标实现的不确定性。创业实质是以创业项目为载体，将创业团队、信息、资源等集合在一起，实现价值创造和收获的过程，与创业项目相关的任何问题，都有可能导致创业失败。

2. 技术风险

技术风险是指由于技术方面的因素及其变化的不确定性而导致创业失败的可能性。新创企业在发展过程中要面临各种与产品技术相关的不确定性因素，比如：技术不可行，预期与实际出现偏差。与技术相关的不确定都会带来技术风险。

3. 市场风险

市场风险是指由于市场情况的不确定性导致创业者或创业企业损失的可能性。市场风险在于市场需求的不确定性和竞争的残酷性。如果企业在产品定位、市场开发、产品营销或者市场竞争等方面的决策出现问题，很有可能出现因市场份额过低，需求不足，销售额以及利润低，无法按计划实现盈亏平衡等问题。

4. 管理风险

管理风险是指创业企业因管理不善产生的风险。管理风险的产生，既可能是由于管理者决策失误，也可能是由于管理体系不完善，还有可能是管理者的领导力和团队建设能力不足。比如：某初创科技企业在短短几年内凭借其创新产品迅速占领市场。然而，随着业务的扩张，管理问题逐渐浮现。首先，由于初创期的快速成长，公司的组织架构并未跟上步伐，导致部门间沟通不畅，资源分配不均。这使得一些项目进度受阻，影响了整体业绩。其次，管理层在招聘时过于看重技术能力，忽视了团队文化的培养。随着公司规模扩大，内部矛盾逐渐增多，影响了团队的凝聚力。最后，企业在扩张过程中，对于新市场的开拓缺乏充分的市场调研，盲目进入不熟悉的领域，导致了一系列战略失误，使企业陷入了财务困境。此外，管理层在决策时过于依赖个别高管的意见，忽视了其他员工的建议。这种决策方式不仅限制了员工的参与度，还可能导致决策失误。

5. 资金风险

资金风险是指因资金不能及时足额的筹集和供应导致创业失败的可能性。资金是企业生存和发展的基础，是企业正常运转的前提。在创业初期，企业往往需要大量资金来支持研发、市场推广等活动。如果筹资不足，可能导致项目进展缓慢甚至夭折。即便企业筹集到一定的资金，但若未能合理规划，也容易陷入流动性危机。现金流中断可能直接影响到企业的正常运营。另外，许多初创企业在资金管理制度上并不完善。没有合理规范的财务管理制度，也容易引发内部贪腐、财务信息不透明等问题。

6. 资源风险

创业的过程是创业者整合、延伸资源的过程，需要大量商业经验、人力资源、学习机会、人脉等社会资源的支撑。如果创业者的社会资源掌握有限，必然出现“巧妇难为无米之炊”的局面。例如，创业项目需产品推介、市场拓展等各方面营销工作，依赖强有力的社会资源支撑，如果创业者的社会资源贫乏，社交圈有限，人脉不足，在项目营销等方面常常会感到非常吃力。

7. 环境风险

环境风险是指创业过程中因经济环境、政治环境、法律环境、自然环境、竞争环境等外部环境的变化而导致企业创业失败或者利益受损的可能性。比如：由于战争、国际关系变化或有关国家政权更迭、政策改变而导致创业者或企业蒙受损失；由于宏观经济环境发生大幅度波动或调整而使创业者或创业投资者蒙受损失。

（三）按创业过程划分

按创业风险所属创业过程，可划分为机会的识别与评估风险、准备与撰写创业计划风险、确定并获取创业资源风险和新创企业管理风险。创业活动须经历一定的过程，一般而言，可将创业过程分为四个阶段：机会的识别与评估；准备与撰写创业计划；确定并获取创业资源；新创企业管理。

1. 机会的识别与评估风险

机会的识别与评估风险指在机会的识别与评估过程中，由于各种主客观因素，如信息获取量不足，把握不准确或推理错误等，使创业一开始就出现方向错误的问题。另外，机会风险的存在，即由于创业而放弃了原有的职业所面临的机会成本风险，也是该阶段存在的风险之一。

2. 准备与撰写创业计划风险

准备与撰写创业计划风险是指创业计划的准备与撰写过程带来的风险。创业计划往往是创业投资者决定是否投资的依据，因此创业计划是否合适将对具体的创业产生影响。创业计划制订过程中各种不确定性因素与创业计划制订者自身能力的限制，也会给创业活动带来风险。

3. 确定并获取创业资源风险

确定并获取资源风险指由于存在资源缺口，无法获得所需的关键资源，或即使可获得，但获得的成本较高，从而给创业活动带来一定风险。

4. 新创企业管理风险

新创企业管理风险主要包括管理方式、企业文化的选取与创建、发展战略的制定、组织、技术、营销等各方面的管理中存在的风险。

四、创业风险的防范

（一）防范项目风险的措施

创业始于对创业机会的识别与开发，寻求合适的创业项目成为创业者防范创业风险、提升创业成功率的关键。首先，需谨慎选取创业项目，客观分析自身条件，冷静思考创业环境，尽量选取自己擅长、熟悉的行业以及知识产权明确、技术含量相对较高的项目。同时，注重可行性论证，充分调查创业项目的市场潜力，例如市场规模、市场价格、市场竞争主体以及社会因素等，若光凭创业团队，难以对此类因素展开详细分析，可寻求学校以及社会资源等的帮助，寻求解决方案。此外，应避免创业团队“随意搭伙”问题，在组建团队时，应考虑能力互补、专业互补以及性格互补等问题。

（二）防范技术风险的措施

1. 降低技术创新风险

第一，选择适宜的技术创新战略。新创企业应选择适宜的技术创新战略，根据企业技术能力的强弱和综合实力的高低来选择合适的技术，合理设计和开发新产品，减少技术开发与技术选择的盲目性。第二，做好技术创新的经济论证和评估工作。对技术本身的先进性、可行性以及经济性进行仔细的分析论证，对创新活动实施所需要的各个方面的资源进行全面系统的评估。第三，选择合适的技术组合，从源头上降低创新项目的风险系数，增加创新成功几率。第四，改善内部组织结构，建立有利于创新的组织形式，促使技术创新活动顺利进行。第五，加强技术研发监控。对技术创新活动进行全程监控，将人、物、财、信息等资源合理、高效地应用到技术创新中去，对风险进行监控，及时发现技术开发和新产品生产过程中的风险隐患。第六，加强合作创新。组建技术研发联盟或采用模仿创新战略，通过与外部企业合作，共同开发新技术和新产品，降低技术风险发生的可能性。第七，在技术开发过程中注重市场调研和用户反馈，及时调整技术创新的方向和产品定位，确保技术创新与市场需求相符合。第八，积极引进技术人才，提高企业的技术实力。同时，加强内部员工的培训和技能提升，培养一支具备创新能力的高素质技术团队。第九，加强知识产权保护，通过申请专利、注册商标等方式保护企业的核心技术成果，防止技术创新成果被抄袭或侵犯。

2. 建立技术风险应对机制

首先，制订应对技术风险的预案，提高企业对技术风险的应对能力。其次，建立风险投资机制。通过引入外部投资，增强企业的经济实力，提高对技术风险的承受能力。最后，通过多元化经营、国际合作等方式分散技术风险，降低单一技术或产品对企业的影响。

他山之石：

李全和朋友都从事计算机远程控制研究工作，两人看到了这方面的发展前景，便合伙成立了一家计算机远程控制护栏灯公司。李全考虑到该技术先进，同类竞争产品少，就将自己的全部资金投了这个公司。李全和朋友的设计刚刚完成，就有客户找上门来，看到计算机模拟演示效果后，双方便签订了一个数额巨大的工程订单。由于工期较紧，公司便直接开始大批量生产。然而，护栏灯发到客户手上后，却被发现在实际使用过程中设备的抗干扰性能不过关。客户要求退货，李全和朋友的公司面临巨大的经济损失。公司刚成立就遭受不合格产品积压、资金周转不灵的问题，导致公司陷入了极大的困境。

规避办法：凡是在创业项目中选择新发明、应用新技术或投资于高科技新产品的时候，产品的可靠性、技术的成熟度是必须进行重点考核的可行性指标。在产品投入市场之前必须进行产品质量的相关测试，作出产品质量检测报告。如有条件应提供给部分客户使用，作出客户使用报告，使客户的使用情况全面、客观地反映出来。

（三）防范市场风险的措施

1．合理选择目标市场

在创业初期，首先要进行深入的市场调研，了解目标市场的需求、竞争情况和潜在机会，以便为产品或服务定位做出正确的决策。同时，关注市场趋势和变化，及时调整市场策略。然后，对竞争对手进行全面的分析，了解竞争对手的产品、定价、渠道、营销策略等，从而制定出更具竞争力的市场策略。再根据市场调研和竞争分析的结果，选择合适的目标市场，并制定相应的市场进入策略。

2．制定有效的市场营销策略

首先，进行准确的产品及市场定位。根据目标市场的需求和竞争情况，对产品或服务进行准确的市场定位，确保产品或服务与市场需求相符合。同时，不断改进产品或服务，提高产品的竞争力和市场占有率。其次，建立多元化的销售渠道，包括线上和线下渠道，提高产品的覆盖面和市场占有率。再次，进行合理定价，提高产品价格的竞争力。复次，重视客户维护工作，通过提供优质的服务和产品，提高客户满意度和忠诚度，降低客户流失的风险。最后，在创业过程中，保持灵活性，及时调整市场策略和计划，以适应市场的变化和不确定性。

3．加强市场风险管理

制订风险管理计划，对可能出现的市场风险进行预测和评估，并提前制定应对措施，以降低风险的影响。

4．合作共赢

通过与其他企业合作，共同开拓市场、推广产品或服务，降低市场风险。

延伸阅读

王先生研制出一款矿泉水直饮机，水质好，使用方便且成本低，于是自建销售渠道进行销售。由于没有一个好的营销策略，又缺乏营销渠道的建设经验及资金，市场始终没有打开，勉强坚持了两年，最终企业还是倒闭了。

分析：没有一个好的市场营销方案，是王先生失败的原因。市场营销渠道建设是一件似易实难的事。项目持有人或发明人在创业时常常会漠视渠道建设的难度而盲目创业，最终导致失败，类似的案例不胜枚举。

规避办法：如果企业创办人没有市场营销方面的经验，就一定要吸纳一位有市场营销经验的人加入创业团队。如果没有合适的人选，就一定要请教专业咨询机构。花一点钱在营销策划上是十分必要的。

（四）防范法律风险的措施

第一，新创企业必须具备将企业经营法治化的观念，培养法律风险意识，养成重大决策咨询律师、合法经营的习惯。第二，创业者必须厘清新创企业与政府及职能部门之间的关系，避免依赖和迷信政治资源。第三，创业者需建立针对刑事、民事和经营管理过程中的法律风险防范机制，要有相对具体的预案，以应对外部环境恶化带来的问题，如：金融危机爆发，银根吃紧，债务恶化等。主要针对企业产权结构、公司治理结构、合同管理体系、财务、知识产权、投融资等领域建立法律风险防范机制。第四，创业者虽然要在商业领域打破常规，但却要在法律领域遵守法律准则。第五，坚持理性经营和长远战略，避免急功近利，牺牲企业长期目标。第六，新创企业需要定期进行法律风险评估，审查企业内部各种结构、环节和业务流程中的法律风险，做到防患于未然。在创业项目选择阶段熟悉创业项目所属行业的相关政策、法律、法规是防范政策法律风险的有效措施。

延伸阅读

魏先生欲在医院建立大屏幕药品广告播放系统，合作医院已经找到，药品生产厂家也十分愿意投放产品广告，正在紧锣密鼓的实施过程中，却遭遇了相关执法部门的制止。

分析：不熟悉新修订的《药品管理法》，是该项目失败的直接原因。

规避办法：不管从事哪个行业，必须先了解相关的政策、法律、法规，这是项目可行性分析首先要研究的问题。如果面临法律的禁止问题，只能放弃该项目。

本章习题

1．什么是创意?

2．创意与创业机会有何联系与区别?

3．创业机会的来源主要有哪些？

4．大学生应如何提高创业机会的识别能力？

5．对创业机会的评估，应包括哪些维度的评估？

6．比较创业机会评估方法中普坦辛米特法与巴蒂法的异同？

7．创业有哪些风险？大学生应如何防范创业风险？

案例评析

双碳和新能源战略既是机会也是风险

我国提出的碳达峰、碳中和目标（以下简称“双碳目标），作为一项重要的战略，它不仅是技术问题，也不仅是单一的能源、气候环境问题，而是一个影响广泛和复杂的经济社会问题，势必对今后发展产生重大影响。对创业者来说，它既是机遇也是挑战，预示着机会和风险并存。一方面它会倒逼传统产业转型升级；另一方面，绿色低碳转型、能源清洁转型升级会带来大量新的机遇。首先，新增大量绿色投资需求。为实现“双碳”目标将新增三大投资需求：新增大量风电、光伏等非化石能源投资；需要新增大量清洁能源设备、低碳排放设备等技术改造投资；为实现快速降低碳排放，需要新增大量绿色、低碳、零碳等技术投资。这三大新增投资需求分布在能源、工业、建筑、交通等众多行业领域。

政策暖风频吹，风光氢储迎巨大市场空间。目前，我国能源消费仍以化石能源为主，由于水电、核电等传统非化石能源受资源和站址约束，建设将逐步放缓。未来，新能源将实现从“补充能源”转型为“主体能源”，而风电和光伏将是其中主力。国务院发布的《2030 年前碳达峰行动方案》提出，在光伏发电与建筑一体化方面，将建设集光伏发电、储能、直流配电、柔性用电于一体的“光储直柔”建筑，到 2025 年，城镇建筑可再生能源替代率达到 8%，新建公共机构建筑、新建厂房屋顶光伏覆盖率力争达到 50%。而氢能作为清洁、高效、安全、可持续的二次能源，是实现“碳达峰、碳中和”的重要抓手，也是能源结构调整和产业转型升级的重大方向。“十四五”规划明确提出要在包括氢能与储能在内的几个前沿科技和产业变革领域，组织实施未来产业孵化与加速计划，谋划布局一批未来产业。目前已有深圳、北京、河北、四川等地出台了专项氢能整体产业发展政策。广东、重庆、浙江、河南等地出台了氢燃料汽车细分领域专项政策。业内专家预计到 2025 年我国氢能产值将达 1 万亿元。

思考与讨论

1．双碳和新能源战略对创业者的机遇和风险主要表现在哪些方面？

2．政策暖风对新能源创业产生哪些影响？

本章思维导图

- 创业机会与创业风险
  - 创意
    - 内涵
    - 特征
    - 基本原则
    - 产生
  - 创业机会界定
    - 内涵
    - 特征
    - 类型
    - 联系与区别
  - 创业机会的来源与识别
    - 创业机会的来源
    - 创业机会的识别
  - 创业机会的评估
    - 评估维度
    - 评估方法
    - 评估步骤
    - 个人与创业机会的匹配
  - 创业风险
    - 含义
    - 来源
    - 分类
      - 按来源分类
      - 按内容分类
      - 按过程分类
    - 防范措施
      - 项目风险的防范措施
      - 技术风险的防范措施
      - 市场风险的防范措施
      - 法律风险的防范措施

第六章 Chapter 6 商业模式

本章导读

十八届三中全会提出，要凝聚深化改革的共识、注重深化改革的统筹谋划、协同推进各项改革，积极探索管理模式创新，为全面深化改革和扩大开放探索新途径。提出促进企业商业模式创新，将商业模式创新提升到国家战略创新的高度。到底什么是适合中国企业的商业模式，如何进行商业模式的设计、重构和创新？创业者和投资者越来越需要这样的追问和思考。

学习目标

学完本章后，你应该能够：

1. 了解商业模式的概念和意义。
2. 了解商业模式的构成要素。
3. 了解商业模式的类型。
4. 理解商业模式创新的逻辑。
5. 掌握商业模式画布的方法。

引导案例

商业模式的胜利——奇虎 360

“免费 + 增值”模式是互联网常见的商业模式，但是却从来没有人把这种模式用于杀毒软件行业，这是 360 革命性的创新。

当时，周鸿祎向董事会提出免费杀毒，与当时几大主流杀毒软件厂商的行为相比，这种做法虽独特但充满了未知的风险。杀毒软件行业看上去是一个很成熟的行业，杀毒软件几乎是互联网基础服务产品中的最后一个收费堡垒，软件厂商一直固守“一手交钱一手交货”的卖软件思路。行业内逐步形成了瑞星、金山等几个巨头，它们都是靠卖软件赚钱，只是在价格的高低上博弈。金山曾经推出一次红色正版风暴，把软件价格降到 28 元，但是行业的本质没变、大家的商业模式没变：卖软件赚钱。

但是360改变了既定规则。360先是把杀毒软件的价格从一年几百元降到一年几十元，2009年以后开始终身免费了。

360成功的原因除了永久免费外，更重要的是360杀毒把产品性能指标做得比国内收费杀毒软件还好。在国际权威的VB100%评测中，360杀毒的表现非常出色，不但名列国产杀毒软件的第一名，而且各项功能指标均大幅领先于收费的国产杀毒软件，达到了国际先进水平。也就是说，360杀毒是目前唯一可以达到国际水准的国产杀毒软件。国际品质加上永久免费，这才是用户选择360杀毒的真正原因。360是在用互联网的方式做安全。在互联网上，只有把免费产品做得比同行更好，才有可能胜出。

除了免费之外，周鸿祎将自己的产品定位从单纯的杀毒，演进为电脑的安全卫士，给那些不懂、也懒得去弄懂电脑的人用。这也为它赢得了诸多用户。360的第二版免费杀毒产品推出时，打开界面只有快速扫描、全盘扫描、指定位置扫描三大按钮，与其他杀毒软件相比使用方式更简单。

与靠卖软件盈利的传统杀毒企业相比，360的盈利模式是颠覆性的。周鸿祎奉行的不是传统杀毒公司卖软件的思路，而更像QQ、Facebook、淘宝这些互联网公司的理念，也就是最好的服务一定是基础的、免费的，然后在这个基础上从一部分对增值服务有需要的用户那里收费。

2009年以后，360的商业模式开始初现轮廓并逐渐显示出威力。它发布了360安全浏览器，并靠“安全”这一概念以及和360安全卫士绑定的推广方式来提高装机量——这一浏览器的首页是网站导航页面，可以像hao123那样卖位置广告，地址栏的搜索功能则与Google合作，Google为由此获得的流量付费。

这的确是让人惊讶的商业模式，在此之前没有安全厂商采用过这种模式，这甚至会让诸多安全厂商气恼，因为这种类似搅局者的行为让它们的用户尽失，完全摧毁了它们以前的商业模式。

奇虎360的盈利模式。

互联网的免费产品有两种基本收入模式，一种是广告模式，另一种是增值服务模式。作为安全软件，360显然不适用于广告模式，因此选择了通过增值服务实现盈利，也就是在庞大的用户基础上，面向少数用户提供个性化的收费服务，譬如安全备份与存储、一对一的远程电脑维修服务等，这和腾讯的模式很接近。

安装过360免费杀毒软件的人都知道，在安装将近完成的时候，360会推荐“360安全浏览器”，并且一再强调这个浏览器能够保证上网安全，能够抵制各种木马和流氓软件的侵袭。于是，360的赚钱之旅便拉开了序幕。非业界人士可能不知道浏览器的赚钱模式。当年从美国涉洋而来的火狐浏览器在中国免费使用，而且在各种网站上投入很多钱宣传。火狐并非不赚钱，火狐和Google达成协议，将Google搜索引擎默认为首页，当你使用一次火狐提供的Google引擎时，火狐便从Google那里拿到广告分成。周鸿祎的方法和火狐如出一辙。当你安装了360的浏览器之后，每次打开电脑，你都会看到蹦出来的360导航网站，而这些都是需要对方网站支付一定费用的。在360的导航网站上，不仅有各大搜索引擎的入口，还有各种商品买卖信息，甚至连小说、火车票都有。

但是这并不是360唯一的摇钱树。在360安全卫士的平台上还有一个非常重要却不被使用者重视的功能——软件宝库，可以直接下载软件。

所以360的“安全卫士＋软件宝库”功能，不仅打碎了传统杀毒软件商的饭碗，而且还要从遨游、腾讯TT、微软IE等浏览器提供商，甚至于那些软件免费服务提供商那里抢饭吃。有理由相信，未来360会依靠其庞大的用户群带给中国互联网安全产业和网民更多的惊喜。

第一节 商业模式概述

一、商业模式的定义

学者们对“商业模式”一词进行了不同的概念界定。广义上讲，一些商业模式的概念以价值创造为核心，另一些侧重于价值获取机制。

什么是商业模式？琼·玛格丽特认为，商业模式是组织如何运作，为其客户和参与者创造价值的一种假说。从本质上讲，商业模式是一个需要不断在市场上进行检验的理论。

近二十年来，国内外许多学者和专家作文著述都力图对商业模式的基本定义和概念进行诠释。总体而言，对商业模式研究主流的定义有四种不同维度的定义。

一是经济类的定义，把商业模式描述为企业的经济模式，其本质内涵为企业获取利润的逻辑；二是运营类定义，把商业模式描述为企业的运营结构，重点说明企业通过何种内部流程和基本构造设计来创造价值；三是战略类定义，把商业模式描述为不同企业战略方向的总体考察，包括市场主张、组织行为、增长机会、竞争优势和可持续性等；四是整合类定义，把商业模式说成是企业商业系统如何很好运行的本质描述，是对企业经济模式、运营结构和战略方向的整合和提升。该定义的研究者认为成功的商业模式必须是独一无二的和无法模仿的。

关于商业模式的定义，本书采用价值创造的视角，这已被发展为用来描述“企业如何做生意”的本质。它将商业模式描述为创新之源。尽管学界尚未对商业模式给出明确统一的定义，但学者们已就描绘商业模式的一些重要的主题达成共识，具体如下。

商业模式的核心在于如何为所有利益相关者创造价值的逻辑，而不仅是某一家企业如何获益的逻辑。商业模式强调一种从系统层面全面解释企业开展业务情况的方式。

商业模式以价值创造为核心，描述了企业如何创造价值、传递价值和获取价值的基本原理。本质上是企业为客户创造并传递价值，使客户感受并享受到企业为其创造的价值的系统逻辑，反映的是利益相关者之间的交易关系。

新创企业如果缺少这套逻辑，或者是构思的商业模式效力不足或效率不高，则新创企业未来既难以为客户创造价值，也难以向客户传递价值，更难以为新创企业自身赢得利润，因为客户只乐于给那些为客户有效创造并传递价值的企业投出自己的“货币选票”。

二、商业模式的意义

（一）商业模式对创业者的意义

在创业中，许多新创企业具备了很好的市场机会、新奇的商业创意、充足的资源和有才能的创业者等条件，但仍然不能成功。为什么？其中，一个最可能的原因就是驱动新创企业运作的商业模式造成了这种结果。

一般认为，商业模式的创新，是创业者创业成功的根本前提。著名创业学家和经济学家熊彼特认为，商业模式是创业者的创意，而商业创意来自机会的丰富和逻辑化，并有可能最终演变为商业模式。

首先，商业模式有助于提高创业者的创业成功率。创业者一旦发现机会，往往迫不及待、不顾一切地去进行投入或开发，结果常以失败告终。其实，创业失败的原因并不是创业者工作不努力或没有把握好机会，而是在创业中一味地注意产品利润创造大小，在机会开发过程中，没有重视满足顾客需求和解决实际问题，没能对创业活动进行有效协调，没能把握好创业机会的内在经济逻辑。对同样重要的产品价值因素视而不见，忽视市场可行性分析、客户渠道的开拓和获取利润收益来源，这已成为许多新创企业失败的主要原因。初创企业利用商业模式创新，可以站在一个不同的新的高度来认识创业的问题，更加系统全面地对创业活动过程进行思考，能有效避免企业匆忙创业造成的失误，从而提高创业成功率。

对于创业者而言，商业模式是一种包含了一系列要素及其关系的概念性工具，用以阐明某个特定实体的商业逻辑。它描述了公司所能为客户提供的价值以及公司的内部结构、合作伙伴网络和关系资本等用以实现（创造、推销和交付）这一价值并产生可持续盈利收入的要素。创业者在创业开始，就要明白自己到底要做什么，什么是应该做的，设定自己的经营目标。

（二）商业模式对企业管理的战略意义

琼·玛格丽特在《管理是什么》一书中描述，商业模式就是一个企业如何赚钱的故事。与所有经典故事一样，商业模式的有效设计和运行需要有人物、场景、动机、地点和情节。为了使商业模式的情节令人信服，人物必须被准确安排，人物的动机必须清晰，最重要的是情节必须充分展示新产品或服务是如何为顾客带来了实惠和便利，同时又是如何为企业创造了利润。

李振勇认为，商业模式的创新意味着企业需要采取不同于竞争者的经营活动，或者以不同的方式来组织和实施类似的经营活动。它不仅追求经营效率差异，更追求企业经营活动的差异和执行方式的差异。评价一项经营变革是不是商业模式创新，主要看变革是否对市场需求进行了重新定义，是否改变了客户价值的实现方式。商业模式创新就是围绕着满足客户未被满足的需求，给客户增加价值的逻辑。

从企业经营的价值增值来说，商业模式能够为企业创造更多的商业价值。孔翰宁、张维迎、奥赫贝认为，公司的价值来源于客户的价值，而客户的价值来源于客户流程。为更多客户和为客户创造更多价值能够更多地增加公司的价值。这就是商业模式的价值。

总之，商业模式创新有助于实现企业快速成长过程的平稳发展。商业模式以产品价值为核心，以价值链为轴线，整合系统内外部资源，塑造价值创造与机会获取的内在经济逻辑，这是企业运营模式的系统描述。

（三）商业模式创新对企业经营方式转换的意义

首先，商业模式创新为我国企业的发展转型提供了更具创业精神的行动方略。在今天竞争激烈的动态复杂环境中，处于转型经济中的我国企业面临着许多新的挑战。经过四十多年的改革开放，国内企业逐渐成长起来，企业今天取得成功的模式与当初依靠创业者的胆识和善于把握机遇的模式已大不相同，企业必须依靠更具创业精神的行动与创新的商业模式才能在激烈的竞争中取胜。

其次，商业模式创新为我国企业二次创业提供了新思路。尤其是对我国民营企业而言，二次创业并不意味着企业权力的传承，而是具有丰富内容的再发展问题。从企业的发展阶段来看，我国的许多民营企业已度过当初的机会开发阶段而进入了更高级的成长阶段。但现实问题是，在全球化、知识经济、改革深化的条件下，依靠创业者个人才能与低成本优势的民营企业还能否续写辉煌。新时期的竞争必然是企业综合系统间的竞争，得依靠企业具有的难以模仿的综合优势来最终赢得胜利。过去，企业可以通过单一的产品或技术创新获得成功，而现在就越来越需要通过更为综合的商业模式创新来战胜对手。因为商业模式可以提供具有独特资源组合的企业系统，并为企业持续发展竞争优势奠定基础，所以商业模式创新是我国民营企业进行二次创业的新途径。

“商业模式战略创新”已成为企业经营方式转换的大趋势。其中，“虚拟经营模式”“移动电子商务”“价值链模式”成为受广大中小企业欢迎的“商业模式创新战略”路径。

（四）商业模式的创新有助于增强我国企业应对全球化竞争的能力

全球化的竞争环境下，我国企业必须与国外企业在同等条件下展开激烈的竞争，并竞相追逐资源、追逐发展机会和抢占市场。在全球化的大背景下，我国企业依靠仍然依靠劳动力的低成本优势在国际市场竞争中很难持久保持，而且这也已阻碍了我国企业经营素质的提高。要想继续在竞争中战胜来自全球的竞争对手，在世界市场之林占有一席之地，我国企业就必须根据国情和企业自身经营特点，利用全球化下的各种资源和环境条件，围绕市场提供的特殊机会，强壮自身，打造独特的经营系统，创建具有开创性的商业模式，从而提高全球化竞争的能力。

三、商业模式的构成要素

（一）商业模式构成要素的主要研究观点

国内主要研究商业模式的学者魏炜和朱武祥（2010）认为，商业模式体系包括定位、业务系统、关键资源能力、盈利模式、自由现金流结构和企业价值六个方面。

Richardson and Allen（2006）认为商业模式有三个层次：一是战略问题，二是营运层面，三是经济层面。对于商业模式的把握需要问六个问题：怎样创造价值；为谁创造价值；竞争力和优势来源；与竞争对手差异；怎样赚钱；时间、空间和规模等的目标。

Osterwalder（2004）提出九要素模型：价值主张；消费者目标群体；分销渠道；客户关系；价值配置；核心能力；合作伙伴关系；成本结构；收入模型。

张维迎、孔翰宁、奥赫贝（2010）认为商业模式的特征将是：提供解决方案而不是产品、客户接触的新途径、紧密的客户关系、生态系统、便利、更富有弹性的价格体系和快速转型。

袁新龙、吴清烈（2005）认为商业模式包括产品及服务流、信息流和资金流的结构，对不同商业参与者及其角色的描述，不同商业参与者收益及其分配的划分。

Chesbrough Rosenbloom（2002）认为商业模式的功能包括：明确价值主张；确定市场分割；定义价值链结构；估计成本结构和利润潜力；描述其在价值网络中的位置；阐明竞争战略。

阿福亚赫、图西（2000）认为商业模式必须明确向客户提供什么样的价值，向哪些客户提供价值，如何为提供的价值定价，如何提供价值及如何在提供的价值中保持优势。

李振勇（2009）认为商业模式的组成部分有：融资模式；营销模式；管理模式和生产模式。

彭歆北（2008）认为，商业模式分为三个层面，包括内层核心竞争力，中层业务组合模式，外层实现模式。核心竞争力是指能为客户带来超额利润的能力，具备价值性、难以模仿性和延展性。业务组合模式指企业所从事的所有业务的综合，纵向业务组合模式指企业在某条产业链上所从事的业务组合；横向业务组合模式指企业在不同产业中所从事的业务组合。外层实现模式由收入模式、运营模式和资源模式构成。

综合以上观点，本书认为，商业模式要素可分为业务模式、运营模式、盈利模式，核心就是资源的有效整合。业务模式指的是产品或服务的价值创造方式；运营模式特指企业内部人、物、财、信息等各要素的结合方式，这是商业模式的核心和最基本体现；盈利模式主要指企业获得资本的方式以及资本运行的方式。这是商业模式的支撑体系。

（二）商业模式构成要素的主要理论分析模型

1. 商业模式的建构要素模型说

Muller tewens 和 Lechner（2005）的观点如下：商业模式可以定义为一家企业通过资

本化运作，如何配置其价值链，解决其业务如何赚钱的问题。商业模式通过运作管理优化，回答如下问题：其服务如何提供给客户？企业的结构如何保证提供这些服务？如何赢得客户和培育客户？如何确定其收入模式？

2. 三层面模型说

彭歆北（2008年）认为，商业模式分为三个层面，包括内层核心竞争力，中层业务组合，外层实现模式。核心竞争力是指能为客户带来超额利润的能力，具备价值性、难以模仿性和延展性。

3. 交易系统模型说

Oliver Grasl（2008）认为，商业模式的概念是一个复杂的概念，公司的业务伙伴、客户、产品和价格结构不是独立的，而是通过多种方式彼此相连，导致结构复杂。这些利益相关者之间的交易以及支持这些交易的渠道涉及许多活动，必须由许多合作伙伴配合协调，这导致运作的复杂性。同时，在这些交易中所创造的价值，其中部分必须反馈到系统，以支持该公司实现的渠道和交易。这种反馈也导致了动态复杂性。

四、魏朱商业模式的六要素模型

魏炜、朱武祥两位教授在其所著的《发现商业模式》中提出商业模式的六要素模型：业务系统、定位、盈利模式、关键资源能力、现金流结构和企业价值，用交易价值、交易成本和交易风险三把标尺，从不同的侧面解释了“利益相关者的交易结构”。

六要素模型简略阐述如下。业务系统是内外部利益相关者作为行为主体形成的“网络拓扑结构＋交易角色＋治理关系”；定位是企业为满足利益相关者需求而与其交易的方式；盈利模式指“盈利来源＋计价方式（数量、时间、价值）”；现金流结构要体现轻资产的现金流结构设计，如充值卡（预收款＋高质量服务＝提高客户满意度＋释放现金流压力）；企业价值是商业模式的落脚点；关键资源能力是改进效率的重点（业绩的差异）。为此，魏、朱把商业模式定义为焦点企业在动荡的商业生态环境下围绕上述六要素为其利益相关者设计的一个全息交易结构的交易价值、交易成本和交易风险。

这些基本要素总结如下。

（1）定位。企业满足客户需求的方式（产品、客户、需求和方式）。

（2）业务系统。企业选择哪些行为主体作为其内部或外部的利益相关者（构型：连接的结构；关系：交易内容、交易方式、交易性质；角色：有一定资源能力的利益相关者）。

（3）盈利模式。以利益相关者划分的收入结构、成本结构以及相应的收支方式。

（4）关键资源能力。支撑交易结构背后的资源和能力。

（5）现金流结构。以利益相关者划分的企业现金流流入的结构和流出的结构以及相应的现金流的形态。

（6）企业价值。未来净现金流的贴现。对上市公司而言，直接表现为股票市值。

综上所述，商业模式作为战略管理中创业领域一个新的研究热点，已经引起了学术界的高度关注。随着国内外学者对商业模式的理论研究不断深入，在各种观点中，越来越多的学者倾向于用系统、战略、创新的方法和观点全面研究商业模式。对商业模式的含义、构成要素和模型等不断有新的界定和理论，相信随着商业模式应用的日益广泛、深入，关于商业模式的研究也会不断跃上新台阶。目前，国内外对商业模式的研究已经具有一定的广度和深度，从早期的商业模式概念、要素、分类研究逐渐转向商业模式创新研究。在梳理相关文献的基础上，商业模式的创新力、创新途径和创新模型、创新战略等方面是商业模式创新研究今后的研究方向。

五、成功商业模式的共同特点

1. 商业模式重构性

商业模式并非一成不变，当市场环境发生变化时，企业便需要对自身的商业模式进行重构，重构就是一种创新。

2. 有效性

商业模式的有效性，一方面是指能够较好地识别并满足客户需求，做到客户满足，不断挖掘并提升客户的价值；另一方面，还指通过模式的运行能够提高自身和合作伙伴的价值，创造良好的经济效益。同时，也包含具有超越竞争者的，体现在竞争全过程的竞争优势，即商业模式应能够有效地平衡企业、客户、合作伙伴和竞争者之间的关系，既要关注客户，又要使企业盈利，还要比竞争对手更好地满足市场需求。

3. 整体性

好的商业模式至少要满足两个必要条件：第一，商业模式必须是一个整体，有一定结构，而不仅仅是一个单一的组成因素；第二，商业模式的组成部分之间必须有内在联系，这个内在联系把各组成部分有机地关联起来，使它们互相支持，共同作用，形成一个良性循环。戴尔的直销模式之所以成功，其重要原因之一是戴尔具有低于 4 天的存货周转期，这种高周转率直接带来了低资金占用率和低成本效益，使得戴尔的产品价格低，具有竞争对手不可比拟的优势。戴尔的低库存高周转效率正是来自其核心生态系统内采购，产品设计，订货和存货管理，制造商及服务支持等一系列生态链中的相关活动的整体联动所产生的协同作用，这是其真正的核心竞争力所在。

4. 差异性

商业模式的差异性是指既具有不同于原有的任何模式的特点，又不轻易被竞争对手复制，保持差异，取得竞争优势。这就要求商业模式本身必须具有相对于竞争者而言较为独特的价值取向以及不易被其他竞争对手在短时间内复制和超越的创新特性。戴尔的直销模式重新定义了顾客对速度及成本价值的衡量方式，创造了阻碍竞争对手模拟的障碍。

5. 适应性

商业模式的适应性，是指其应对变化多端的客户需求、宏观环境变化以及市场竞争环境的能力。商业模式是一个动态的概念，今天的模式也许明天被演变成不适用的，甚至成为阻碍企业正常发展的障碍。好的商业模式必须始终保持必要的灵活性和应变能力。具有动态匹配的商业模式的企业才能获得成功。

6. 可持续性

企业的商业模式不仅要难以被其他竞争对手在短时间内复制和超越，还应保持一定的持续性。商业模式的相对稳定性对维持竞争优势十分重要，频繁调整和更新不仅增加企业成本，还易造成顾客和组织的混乱。这就要求商业模式的设计具备一定的前瞻性，同时还要进行反复校正。

7. 生命周期特性

任何商业模式都有其适合的环境和生存土壤，都会有一个形成、成长、成熟和衰退的过程。

第二节 商业模式的类型

商业模式一般分为两大类。

第一类是运营性商业模式。重点解决企业与环境的互动关系，包括与产业价值链环节的互动关系。运营性商业模式创造企业的核心优势、能力、关系和知识，主要包含以下几个方面的内容。

产业价值链定位：企业处于什么样的产业链条中，在这个链条中处于何种地位，企业结合自身的资源条件和发展战略应如何定位。

盈利模式设计（收入来源、收入分配）：企业从哪里获得收入，获得收入的形式有哪几种，这些收入以何种形式和比例在产业链中分配，企业是否对这种分配有话语权。

第二类是策略性商业模式。主要是对运营性商业模式加以扩展和利用。主要包含以下几个方面的内容。

（1）业务模式：企业向客户提供什么样的价值和利益，包括品牌、产品等；

（2）渠道模式：企业如何向客户传递业务和价值，包括渠道倍增、渠道集中 / 压缩等；

（3）组织模式：企业如何建立先进的管理控制模型，比如建立面向客户的组织结构，通过企业信息系统构建数字化组织等。

本书主要介绍以下几种商用模式。

一、多边平台式商业模式

（一）多边平台式商业模式简介

1. 模式定义

多边平台将两个或者更多有明显区别但又相互依赖的客户群体集合在一起。只有相关客户群体同时存在的时候，这样的平台才具有价值。多边平台通过促进各个客户细分群体之间的互动来创造价值。必备核心资源是平台，三个关键业务是平台管理、服务提供和平台推广。

2. 多边平台商业模式的价值主张

（1）吸引用户群组；

（2）作为客户细分群体之间的媒介；

（3）平台上通过渠道化的交易降低成本。

3. 多边平台商业模式中平台的结构

（1）拥有两个以上的客户细分群体；

（2）每个客户细分群体都有自己的价值主张和收入来源；

（3）每个客户细分群体都是相互依存的；

（4）每个客户细分群体都产生不同的收入来源。

一个群体会享受免费提供物或通过来自其他客户细分群体的收入补贴来降低价格。选择哪边来补贴是关键的定价决策。

（二）多边平台式商业模式案例

将两个或两个以上的客户群体集合在一起，通过各方客户群体的互动来创造价值。通常平台运营商会通过为一个群体提供免费服务来吸引他们，并依靠这个群体来吸引与之相对的另一个群体或多个群体。该商业模式与免费式商业模式在互联网行业运用非常广泛。

例如：百度、谷歌的核心业务就是搜索平台，将搜索用户、广告商通过关键词连接在一起，从广告商身上赚取利润，同时免费补贴给搜索用户。亚马逊将书商和读者集合在一起，起点中文网也是如此，大众点评网将商家与用户集合在一起，分众传媒则将广告商、广告场所和受众群体三方集合在一起，属于三边平台模式。

二、长尾型商业模式

（一）长尾型商业模式简介

长尾型商业模式在于少量多品种地销售自己的产品：它致力于提供相当多种类的小众产

品，而其中的每一种卖出量相对很少。将这些小众产品的销售汇总，所得收入可以像传统模式销售所得一样可观。它不同于传统模式，以销售少数的明星产品负担起绝大部分的收益。长尾商业模式要求低库存成本以及强大的平台以保证小众商品能够及时被感兴趣的买家获得。

长尾型商业模式的核心是多样少量。他们关注于为利基市场提供给大量的产品，每种产品相对而言卖得很少。长尾式商业模式需要低库存成本和强大的平台，并使得利基产品对于兴趣买家来说容易获得。

长尾型概念是由克里斯·安德森提出的，描述了媒体行业从面向大量用户销售少数拳头产品，到销售庞大数量的利基产品的转变。生产工具大众化、分销渠道的大众化和连接供需双方的成本下降，三个驱动因素诱发了长尾式商业模式。

（二）长尾型商业模式案例

在销售产品给客户的时候，我们关注的更多的是 VIP 客户，无暇顾及在人数上可能居于大多数的普通消费者。而在网络时代，由于关注的成本大大降低，人们就有理由去关注正态分布曲线上的“尾部”，这些尾部产生的总体效益甚至会超过“头部”。

比如我们看到早期余额宝的产品，余额宝关注的就是大量的个体，他们可能钱不多，但是他们也需要这样的投资收益，他们每天可能存几块钱几十块钱去购买这样的基金。过去我们的基金公司所提供的服务，可能你需要提供相当的金额才能购买基金产品。而余额宝正是关注这样 80% 的长尾，它把这 80% 的长尾聚集起来，所以余额宝上市没多久，它的基金规模就一路攀升，到 2018 年余额宝已经成为中国规模最大的货币基金的产品，这就是长尾效应带来的价值。

Google 就有效地利用了长尾策略。Google 的 Adwords 广告帮助无数中小企业都能自如投放网络广告，而传统的网络广告投放只能大企业才能涉足的领域。其 Adsense 广告又帮助大批中小网站都能自动获得广告商投放广告。Adwords 和 Adsense 因此汇聚成千上万的中小企业和中小网站，其产生的巨大价值和市场能量足以抗衡传统网络广告市场。如果 Google 只是将市场的注意力放在 20% 的大企业身上（像许多门户网站的网络广告策略那样），那么也很难创造如今的辉煌了。同样，网上零售巨人亚马逊的商品包罗万象，而不仅仅是那些可以创造高利润的少数商品。结果证明，亚马逊的模式是成功的，而那些忽略长尾，仅仅关注少数畅销商品的网站经营状况并不理想。

创业时固然需要关注 20% 的顶部的用户或者产品，但是在移动互联网的时代，当用户追求个性化差异化的产品的时候，这细小的看不到的一个个的个性化的需求，也许对于我们也会更有价值，我们需要捕捉好它，也许这就是我们新的市场机会。

三、免费商业模式

（一）免费商业模式简介

免费型商业模式至少有一个庞大的客户细分群体可以享受持续的免费模式。免费服务可以来自多种模式。通过该商业模式的其他客户细分群体给非付费客户细分群体提供财务支持。

（二）免费型商业模式特点

（1）平台是关键的资产。
（2）客户关系是自动化和低成本，能处理。
（3）大量免费客户。
（4）经营度量标准是免费用户转化为付费用户的转化率。
（5）增长率和流失率指明了有多少用户各自加入和脱离用户群。
（6）收费服务的价格指明了企业针对付费用户的发布收费服务所引发的成本。

（三）免费型商业模式案例

见本章引导案例：商业模式的胜利——奇虎 360。

四、非绑定式商业模式

（一）非绑定式商业模式的业务类型

“非绑定”企业的概念认为，存在三种不同的基本业务类型：客户关系型业务、产品创新型业务和基础设施型业务。每种类型都包含不同的经济驱动因素、竞争驱动因素和文化驱动因素。这三种类型可能同时存在于一家公司里，但是理论上这种业务“分离”成为独立的实体，以便避免冲突或不利的权衡妥协。

约翰·哈格尔提出非绑定公司。他认为企业是由不同经济驱动因素、竞争驱动因素和文化驱动因素等完全不同类型的业务组成，可以分为产品创新业务、客户关系类型业务。坚持以下价值信条：产品领先，亲近客户，卓越运营。

约翰·哈格尔阐述客户关系业务职责是寻找和获取客户并与他们建立关系。产品创新业务的职责是开发新的和有吸引力的产品和服务。而基础设施业务的职责是构建和管理平台。

（二）非绑定式商业模式介绍

（1）从第三方获得产品和服务创新、基础设施。
（2）核心资产和核心资源是客户。
（3）所有构造要素模块，都是为了理解和服务客户或建立良好的客户关系而量身定制的。
（4）客户获取和保有成本占有了主要部分，包括品牌和营销开销。
（5）大规模的客户份额，产生收入。

（三）非绑定式商业模式的案例

1. 引例一：瑞士私人银行三种业务绑定情况下引发的冲突和不利的权衡妥协

（1）其中的一家银行 Maerki Baumann 采用了非绑定式商业模式。即：将面向交易的平台业务分拆为驻内银行（Incore Bank）实体，为其他银行和证券提供银行服务（交易平台）；而其本身则专注于建立良好的客户关系，并提供咨询服务。毕竟，我们向银行咨询理财，银行总销售自家产品，这种公信力总是不够的。

（2）另一家私人银行 Pictert 银行坚持“整合”的模式。这家有 200 多年历史的银行，有良好的客户关系、大量的客户交易、自己设计金融产品，可以说集上述三种模式于一个企业，取得了成功。

2. 引例二：移动电信行业的业务分析

传统的电信运营商竞争围绕着网络质量，但现在更应该突出与竞争者共享网络，或将网络运营外包给设备制造商。因为运营商的核心资产将不再是网络，而是它们的品牌及客户关系。电信运营商根据上述业务不同而相互独立于不同的运营实体，分别为：电信设备运营商、专注于业务的运营商、内容供应商。

第三节 商业模式设计的过程和工具

一、商业模式设计的过程和分析模型

（一）商业模式的顶层设计

商业模式的顶层设计，就是要设计商业模式四要素及其联系。其中，价值体现，即创业者希望通过自己未来的商业活动为目标客户提供什么样的价值；价值创造方式，即创业者准备以怎样的方式方法和途径开发、生产出给目标客户提供的价值；价值传递方式，即创业者准备以怎样的方式方法和途径将所开发的价值提供给目标客户；企业的盈利方式，即创业者在给目标客户创造并传递价值的同时，拟以怎样的方式方法和途径来使自己获得利润。明确了这四者及其联系。创业者才可能顺次细化商业模式的次一级要素及其联系。

（二）商业模式设计的一般过程

商业模式设计的一般过程并不是线性的，可能经历各种反复。

1. 分析并确定目标顾客

商业模式设计的第一步也是最重要的一步就是确定你的顾客是谁。不知道顾客是谁，几乎是初次创业者最常犯的错误，因为大多数人往往是从自己想提供的产品或功能出发，而不是从顾客想要什么出发。但创业归根到底经营的是市场而不是技术，出售的是价值而不是专利，所以你必须要清楚地知道顾客是谁，顾客为什么要购买你提供的产品。

2. 定义并检验价值主张

价值主张是商业模式的基础，它说明了我们向选定的目标顾客传递什么样的价值或者帮顾客完成什么样的任务。任何类型的企业都有价值主张，因为企业都需要提供产品或服务来满足其目标顾客的完成需要。创业团队可以利用头脑风暴方法思考可能的价值主张。

3. 设计营收模式

根据所设定的目标市场及价值主张，进一步设计可能的收费来源、收费模式及定价。

设计营收模式的第一步在于确认此商业模式所有的营收来源，以及了解此商业模式如何创造营收及营收模式为何。营收模式基本上是“价格 × 销量”。价格的制定，应依照价值主张而变。对于低成本的商业模式，目标价格点可能是整个营收模式的关键点。在溢价商业模式中，其价格可能是需要传递独特价值所需的资源成本。而销量的部分，则依照先前所预估的市场规模而定。

成本结构大多由直接成本、人力成本所组成，并考虑经济规模，主要来自传递价值主张所需的关键活动与关键资源。

毛利源自营收模式及成本结构。许多公司会将毛利作为获利与判断创意是否适当的指标。然而，商业模式设计的目的，不只是协助维持至某个毛利，而是着眼于建立可获利的成长平台。

创业最终的目标当然是让收入大于成本，当一个商业模式做到了这件事情，并且有高度可规模化的潜在顾客时，我们称这是一个可升级的商业模式。这也是所有初创业者追求的目标。

4. 设计关键流程与资源

在目标顾客、价值主张及营收模式确定后，就需要考虑必须哪些要素到位才能支撑这三者。通常我们需要考虑三大块：关键活动、关键资源和关键伙伴。

关键活动也就是身为一个创业团队，你必须要完成的工作项目。如果你连产品都还没有，那开发产品当然就是你的关键活动。但开发什么产品？绝不能完全从个人兴趣出发。你要开发的产品，是基于前面研究了目标顾客后得到的信息，也就是目标顾客共同面临的问题，因而决定提出的价值主张，然后据此得出来的一个产品。而当产品开发完成，并且发现有产品与市场之间存在适配关系后，则你的关键活动也会开始变多。业务、顾客服务、商务发展、质量控制，只要可帮助整个公司进步，都必须放入商业模式画布中加以追踪，并且想办法不断优化。

关键资源是根据前面所有的设定，思考这个商业模式需要什么资源。如果你是提供消费者在线餐厅订位的软件系统，那你的关键资源当然是“空桌”，而且不是一般的空桌，要是消费者想订的空桌。因为少了这些“好空桌”，无论你开发再完美的订位系统也没用，这也是过去 10 多年来无数个尝试类似商业模式的团队的共同问题，总是等到产品做好了，才发现根本没有空桌可以卖。同样的道理，如果你是做精品生意的奢侈店，那关键资源就是那些一流国际名牌的包包、皮件。当然，发展到了某个程度，资金也会是非常重要的关键资源，尤其当你想要加速成长的时候。

关键伙伴就是提供给你关键资源的那些伙伴。例如在线折扣酒店预订，你可能需要与一些酒店建立战略合作伙伴关系，同时可能需要找到一家专业的 IT 技术公司，将软件系统的开发外包给对方。

（三）商业模式九要素分析模型

在创业中或企业经营创新中，为企业系统地设计和配置一个新的商业模式是不容易的。其原因在于：商业模式在研究和商业实践中缺乏统一的概念；商业模式的量化评价是困难的，因为大多数的研究只是案例式的研究，缺乏标准性；商业模式的动态特性是很难预测的，价值网络是相互依存的，往往显示复杂的反馈动态；还有缺乏有效的分析方法来分析商业模式的静态方面（如产品结构）和动态方面（如全过程价值创造）。

因此，需要一种研究商业模式的结构、运作和动态业务模型的方法，分析一个特定的商业模式结构、流程、关系作用及其变化，发现商业模式的创新规律以确定商业模式的优化，去评估创新的商业模式结构变化的影响，找到创新的或重新设计的商业模式成功的关键因素。

在综合商业模式概念和要素分析的基础上，提出了一个包含九要素的商业模式分析模型。这些要素如下。

1. 产品价值（products value）

产品价值即企业通过其产品和服务所能向消费者提供的价值。提供什么产品和服务给消费者，是商业模式的关键。产品或服务价值体现了企业对消费者的价值最大化。

2. 经营策略（business strategy）

经营策略即企业如何通过对商业环境的战略分析，制定战略目标为有效地提供价值服务并实现其商业化而形成的战略、策略、计划等。

3. 市场定位（market positioning）

市场定位即企业通过对消费者的分析，定位产品或服务的消费者群体。定位客户群体的过程也称为市场划分（market segmentation）。

4. 营销策略（marketing tactics）

营销策略即企业用来接触消费者的各种途径，也即企业如何制定市场策略，开拓市场和建立销售渠道，它涉及企业的市场和分销策略。

5. 运营管理（operation management）

运营管理即企业在业务开拓中的运作模式和营运过程，是指如何整合公司资源开展业务。

6. 资源整合（resources integration）

资源整合即企业执行其商业模式所需的核心能力和关键资源之整合，也就是价值链上和价值网内的资源和活动的配置。

7. 资本运营（capital operation）

资本运营即通过融资获取运作资金，通过兼并收购等财务杠杆来扩大业务，最后通过上市获得投资回报，实现利润价值最大化。

8. 成本控制（cost control）

成本控制即企业使用财会工具和方法来细分产品或服务的成本，核算企业经营的总成本。

9. 营业收入（business revenue）

营业收入即企业通过各种现金收入流（cash revenue flow）来创造收入以达到盈利的方式和途径。

二、在模仿与竞争中设计商业模式

在了解了商业模式的关键要素之后，就需要设计商业模式了。每个创业者都想为自己的企业设计一个独特、全新的商业模式来颠覆产业内现有的企业。虽然商业模式创新是一件非常困难的事情，但很多企业都是在模仿改进现有商业模式的基础上收获了巨大成功，包括腾讯、百度。

然而，即便你已经设计了一个独特的商业模式，也会面临其他企业的快速模仿并利用相似的商业模式与你开展竞争，因此在竞争中设计商业模式则显得极为重要。

1. 在模仿中设计商业模式

一般来说，模仿其他企业商业模式的方法可以归纳为全盘复制和借鉴提升两类。

（1）全盘复制。即对优秀企业的商业模式进行直接复制，将较为优秀的商业模式全盘拿来为我所用，当然有时也需要为适合企业情况略加修正。全盘复制的方法主要适用于行业内的企业，特别是同属一个细分市场或拥有相同产品的企业，更包括直接竞争对手之间商业模式的互相复制。全盘复制优秀企业的商业模式有两个注意点，一是需要快速捕捉到商业模式的信息，谁先复制谁就可能具备先发优势。二是要进行细节调整。复制不等于生搬硬套，需要针对本细分市场或企业情况进行适应性调整。

（2）借鉴提升。

引用创新点。通过学习和研究优秀商业模式，对商业模式中的核心内容或创新概念给予适当提炼和节选，通过对这些创新点的学习，比照本企业的相关内容，寻找本企业商业模式的不足，如果这些创新点能够比本企业现阶段商业模式中的相关内容更符合企业发展需要，企业就应结合实际需要将这些创新概念在本企业给予引用并发挥价值。引用创新点学习优秀商业模式的方法适用范围最为广泛，不同行业、不同竞争定位的企业都适用。

延伸扩展。具体做法是，通过对最新商业模式的了解，寻找使用这种商业模式的企业所在行业及细分市场，通过穷尽分析和专业分析的方法找到同一行业内尚未开发的其他细分市场，将该种商业模式的主体框架率先运用在同一行业的不同细分市场，使商业模式的应用范围不断扩展到其他细分市场，当然商业模式在实际运用中需要针对细分市场进行优化和调整。这种学习方法的优点是借助商业模式的研究，寻找到尚未开发的其他有效细分市场，并有机会构建先发竞争优势，且使用范围也更为广泛，并适用于行业内所有的企业。行业外的企业如果想多元化发展，寻找新的业务发展机会，也可以直接复制或学习这种商业模式，使其顺利进入该行业。

逆向思维。通过对行业领导者商业模式或行业内主流商业模式的研究学习，模仿者有意识实施反向学习，即市场领导者商业模式或行业内主流商业模式如何做、模仿者则反向设计商业模式，直接切割对市场领导者或行业内主流商业模式不满意的市场份额，并为他们打造相匹配的商业模式。

2. 在竞争中设计商业模式

当企业采取不同的商业模式进行竞争时，结果往往很难预料。如果在孤立的情况下分析，某个商业模式或许会显得优于其他商业模式，但是当把互动和协同影响考虑在内，它创造的价值反而又不如其他商业模式。

3. 在试错中调整商业模式

商业模式设计通常意味着基于现实对各构成要素及其子要素进行分析和检验，需要对企业所依赖的关键性假设提出一些“如果……会怎么样？”的问题。一旦企业开始运作，其商业模式中隐含的那些既与需求有关，又与经济效益有关的种种假设，都要在市场上不断经受检验。

商业模式的成功往往有赖于创业者是否有能力在模式实施中对其进行调整，甚或进行全面改革。如果创业者有意识地遵循能促进整个企业系统顺利运作的模式来工作，那么每一项决策、每一个举措以及每一次测评都会提供有价值的反馈。利润的重要性不仅在于其本身，还在于能证明商业模式是否行得通。如果没有达到预期目标，就应该重新检验商业模式。

从某种意义上说，商业模式创造过程无非是科学方法在管理上的应用——从一个假设开始，在实施过程中检验，并在必要时加以修订。商业模式行不通，或者因为没有通过数字检验（如损益与预期不符），或者是因为没有通过叙述检验（如故事没有意义，或者说不符合经济逻辑，业务本身不能为顾客创造价值）。其实，商业模式就是一个企业如何赚钱的故事。与所有经典故事一样，商业模式的有效设计和运行需要人物、场景、动机、地点和情节。为了使商业模式的情节令人信服，人物必须被准确安排，人物的动机必须清楚，最重要的是情节必须充分展示新产品或服务如何为顾客带来价值和利益，同时又如何为企业创造利润。

三、商业模式设计工具之商业模式画布

（一）什么是商业模式画布图

瑞士的亚历山大·奥斯特瓦德和比利时的伊夫·皮尼厄写了一本名叫《商业模式新生

代》的书，将商业模式的设计变成了简洁易懂的可视化版式，以绘图形式将其比喻成了一个个商业模式画布，要求创业者在设计商业模式时，厘清画布中的每一个部分，同时还举了很多例子来讲解商业模式设计的过程。其设计的商业模式画布如图 6.1 所示。

图 6.1 商业模式画布

商业模式画布图是指一种能够帮助创业者催生创意、降低猜测、确保他们找对了目标用户、合理解决问题的工具。

商业模式画布图不仅能够提供灵活多变的计划，而且容易满足用户的需求。更重要的是，它可以将商业模式中的元素标准化，并强调元素间的相互作用。

（二）商业模式画布图的特点

1. 完整性

虽说只有一页纸大小，但它基本可以确定一款产品商业模式的方方面面，能够让一般人在此模式下一目了然该产品商业模式是否完整或者存在很大的纰漏。

2. 一致性

可以判断商业模式的各个方面是否一致。比如，设计合作伙伴的假设与设计渠道假设一致吗？

3. 一目了然

可以清楚地看到你的同事是否清楚你正在做什么，为什么要这样做．如果要求他们独立画出商业模式，他们画的图会是怎样的？

商业画布的形式，有助于更全面地看清公司的全貌。在全体业务参与的情形下，大家对于信息的同步，各自的职责也有一个更加清晰的认识。

（三）商业模式画布图的九宫格模式

商业模式画布图由 9 个方格组成，每一个方格都代表着成千上万种可能性和替代方案，你要做的就是找到最佳的那一个。

（1）客户细分——找出你的目标用户。用来描述一个企业想要接触和服务的不同人群或组织。

我们正在提供给客户细分群体哪些系列的产品和服务？

（2）价值定位——你所提供的产品或服务。用来描绘为特定客户细分创造价值的系列产品和服务。

我们该向客户传递什么样的价值？

我们正在帮助我们的客户解决哪一类难题？我们正在满足哪些客户需求？

我们正在为谁创造价值？谁是我们最重要的客户？

（3）用户获取渠道——分销路径及商铺。用来描绘公司是如何沟通接触其客户而传递其价值主张的。通过哪些渠道可以接触我们的客户细分群体？

我们如何接触他们？

我们的渠道如何整合？

哪些渠道最有效？

哪些渠道成本效益最好？

如何把我们的渠道与客户的例行程序进行整合？

（4）客户关系——你想同目标用户建立怎样的关系。用来描绘公司与特定客户细分群体建立的关系类型。

每个客户细分群体希望与我们建立和保持何种关系？

哪些关系我们已经建立了？这些关系成本如何？

如何把它们与商业模式的其余部分进行整合？

（5）收益流——用来描绘公司从每个客户群体中获取的现金收入（需要从创收中扣除成本）。

什么样的价值能让客户愿意付费？

他们现在付费买什么？

他们是如何支付费用的？

他们更愿意如何支付费用？

每个收入来源占总收入的比例是多少？

（6）核心资源——资金、人才。用来描绘让商业模式有效运转所必需的最重要的因素。

我们的价值主张需要什么样的核心资源？

我们的渠道通路需要什么样的核心资源？

我们的客户关系呢？收入来源呢？

（7）催生价值的核心活动——市场推广、软件编程。用来描绘为了确保其商业模式可行，企业必须做的最重要的事情。

我们的价值主张需要哪些关键业务？

我们的渠道通道需要哪些关键业务？

我们的客户关系呢？收入来源呢？

（8）重要合伙人——让商业模式有效运作所需的供应商与合作伙伴的网络。

谁是我们的重要伙伴？

谁是我们的重要供应商？

我们正在从伙伴那里获取哪些核心资源？

合作伙伴都执行哪些关键业务？

（9）成本架构——运营一个商业模式所引发的所有成本。

什么是我们商业模式中最重要的固有成本？

哪些核心资源花费最多？

哪些关键业务花费最多？

四、精益创业及精益画布

（一）精益创业概述

1．精益创业的定义

精益创业（Lean Startup）由硅谷创业家 Eric Ries 于 2012 年 8 月在其著作《精益创业》一书中首度提出，是指将创业者或者新产品的创意用最简洁的方式开发出来，可能是产品界面，也可以是能够交互操作的胚胎原型。

精益创业是将精益理论应用于创业领域。精益创业有两大支柱，分别是快速迭代和最小可行产品（MVP），其基础为持续试错，以最快速度和最小成本的试错找到客户的核心认知，通过开发—测量—认知的快速循环不断地进化，达到高速增长的目的。

2．精益创业的主要原则

（1）用户导向原则。精益创业的主要核心是围着客户展开所有的迭代和认知。传统意义上的企业都是以自我为导向，从公司或者创始人本身导入的创业过程。

（2）行动原则。指的是行先于知，而不是传统的知来引导行，从计划导向转为行动导向。在精益创业的过程中，不需要花费很长的时间来进行长期的工作计划，而是通过不断的实践来获得反馈，从而进行调整。

（3）试错原则。指的是在精益创业的过程中不能盲目试错，需要利用科学的试错工具，比如说 MVP。要从盲目预测转向科学试错，在科学试错中不断总结。在后面的创业工作中，就可以少出错，提高成功率。

（4）认知证实原则。指的是创业者通过频繁的实验检测其愿景的各个方面，这种认知是可以得到验证的。创业制作的产品或者提供的服务，是为了服务顾客，从而赚取金钱，建立一种可持续的业务。

（5）创新核算原则。是为了提高创业成果，让创业者负起相应的责任。比如说如何衡量进度、如何优先分配工作等。为创业设计一套新的核算制度，让每个人都肩负职责，共同努力向前。

3. 精益创业的主要工具

（1）最小可行产品（Minimum Viable Product）。最小可行产品是投入最少的人力和资源建造一个刚刚能够体现创新点或核心价值的产品，并立刻将其投入市场。它的好处是能够直观地被客户感知到，有助于激发客户的意见。通常有四个特点：体现了项目创意、能够测试和演示、功能极简、开发成本最低甚至是零成本。

精益的思维方式把价值定义为“向顾客提供利益”，除此之外的任何东西都是浪费。在制造行业中，只要产品能正常工作，顾客们并不介意它是如何组装的。但在新创企业中，谁是顾客、顾客认为什么东西有价值都是未知数。而如果完善了一个没用的功能，那就是浪费，所以要使用最小可行产品来以最小的成本验证“概念”是否对用户有价值。如果没有价值，就没有进一步完善的必要，也就有效避免了浪费。

我们以波士顿矩阵的方式来分析为什么要选择最小可行产品和快速迭代。从产品大小角度可以分为最大可行产品和最小可行产品，而从迭代快慢可以分为慢速迭代和快速迭代，这样就会有四种组合：慢速迭代的最大可行产品、快速迭代的最大可行产品、慢速迭代的最小可行产品和快速迭代的最小可行产品（如表 6.1 所示）。

表 6.1　最小可行产品的波士顿矩阵分析

	慢速迭代	快速迭代
最大可行产品	慢速迭代的最大可行产品 传统方式，成本高，浪费多，速度慢，风险高，成功率低	快速迭代的最大可行产品 成本巨高，浪费多，速度较快，风险一般，成功率一般
最小可行产品	慢速迭代的最小可行产品 成本低，浪费少，速度慢，风险高，成功率低，易被淘汰	快速迭代的最小可行产品 精益创业，成本低，浪费少，速度快，风险最低，成功率高

最小可行产品的逻辑是，如果什么都没有那就没法验证。随着功能的增加，开发成本增加，如果完善了一个没用的功能，那就是浪费。可行的要求是因为如果不可行那就不能进行客户的验证，得不到测量的有效数据。

慢速迭代的最大可行产品是传统的创新方式，成本高，浪费多，速度慢，风险高，成功率低。因为创新本来也是创造以前没有的产品，在没有接触到产品之前，客户并不知道自己想要的是什么。美国汽车大王亨利·福特曾说过：“如果我最初是问消费者他们想要什么，他们应该是会告诉我，‘要一匹更快的马’！”人们不知道想要什么，直到你把它摆在他们面前。而最大产品的诸多价值假设都是未经证实的认知，即是否对客户有价值是不确定的，而如果去完善这么多不确定客户是否需要的功能，最后发现客户不需要，那么这些努力就是浪费，既浪费了人力和金钱，也浪费了时间和机会，从而导致开发时间漫长，风险高，成功率低。

（2）客户反馈。客户反馈是指通过直接或间接的方式，从最终用户那里获取针对该产品的意见。通过客户反馈渠道了解关键信息，包括：客户对产品的整体感觉、客户并不喜欢 / 并不需要的功能点、客户认为需要添加的新功能点、客户认为某些功能点应该改变的实现方式等。获得客户反馈的方式主要是现场使用、实地观察。对于精益创业者而言，一切活动都是围绕客户而进行，产品开发中的所有决策权都交给用户，因此，如果没有足够多的客户反馈，就不能称为精益创业。

（3）快速迭代。快速迭代是针对客户反馈意见以最快的速度进行调整，融合到新的版本中。对于互联网时代而言，速度比质量更重要。客户需求快速变化，因此，不追求一次性满足客户的需求，而是通过一次又一次的迭代，不断让产品的功能丰满。

精益创业的基础是持续试错。精益创业使用的工具是开发—测量—认知反馈循环，通过此循环的快速迭代，达到持续试错的目的。

在开发—测量—认知反馈循环中，包括 6 个部分，分别是认知（Learn）、概念（Ideas）、开发（Built）、产品（Product）、测量（Measure）和数据（Data）。其中认知和概念对应，认知是动作，概念是结果；开发和产品对应，开发是动作，产品是结果；测量和数据对应，测量是动作，数据是结果（如图 6.2 所示）。

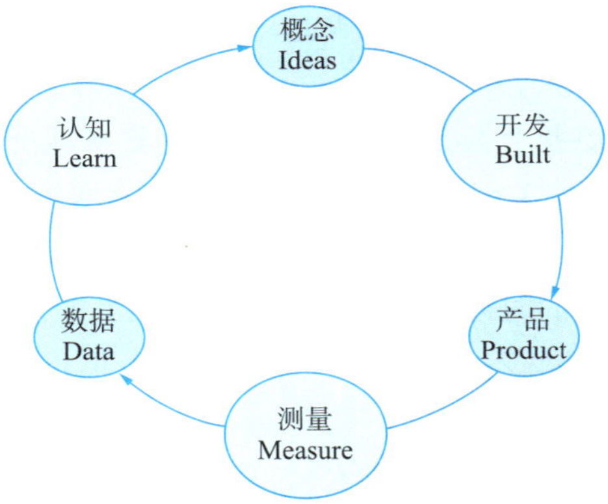

图 6.2　开发—测量—认知反馈循环

快速迭代的最小可行产品的特点是成本低，浪费少，速度快，风险最低，成功率高，也就是精益创业。

（二）精益画布

精益画布是《精益创业实战》作者阿什·莫瑞亚（AshMaurya，2013）根据亚历山大·奥斯特瓦德的“商业模式画布”方法改良而来的。精益创业画布更适合作为创业初期团队梳理思路的工具。精益画布是研究产品的商业模式的非常实用的一项工具，是呈现在一张纸上的可视化简明的商业计划书，体现你正在进行的，可付诸行动的商业计划。

1. 精益画布覆盖的商业模式三个要素

创造价值。产品要满足用户的某种需求，如提供便利、降低成本等。

传递价值。产品或服务通过何种渠道到达用户，让用户知晓、感受、使用。

获取价值。在向用户创造价值和传递价值的过程中获取属于自己的价值。

2. 精益画布的构成模块

（1）问题。目标用户最迫切解决的三个问题是什么？用户有哪些痛点？可以做一次优先级的排列和组合进行长短期的产品蓝图规划。

（2）用户细分。你的产品目标用户是谁？这些用户有哪些关键的特征？把这一类用户的画像进行详尽的描述和标记，找到他们，接近他们，更深入地去了解他们，挖掘他们更多的需求和价值。

（3）独特卖点。为什么用户要选择你的产品而不选竞品？能用清晰、深刻的方式阐明你的产品更加值得顾客选择吗？这里更加强调的是与同类产品的差异化发展，市面上不需要一模一样的两个产品去比较和竞争。

（4）解决方案。你帮助目标客户解决问题的正确方案有哪些？既然有问题就必须有对应的答案，每个竞争对手的答案都不同，但你一定需要有自己独特和准确的。

（5）渠道。如何将产品或服务送到用户手中，如何与用户保持连接？互联网时代流量为王。不是只要产品好就能被用户发掘和火爆，一定要预先准备好分发、销售和推广渠道保障产品上线就能直接进入后期运营工作。

（6）关键指标。哪些数据指标能让你了解产品的真实状况？转化率？访问量？转发量？阅读量？抓住业务核心的关键指标，牢牢盯紧和优化增长。

（7）竞争壁垒。如何为自己家产品构建护城河？不会被对手或竞品轻易复制的门槛在哪？很多投资人会在看项目的时候直接就问：“如果 BAT 抄你的产品了，你该怎么办？”很多时候 IT 技术的门槛真的并不是门槛。不然我国的互联网顶层服务也不会这么短短的二十年就追上硅谷的那些传统大厂了。

（8）成本分析。做这个产品的直接成本和间接成本都有哪些？人力、劳动力、外包费用和管理费用等。

（9）收入分析。产品如何赚钱？收入能大于成本吗？怎么持续发展到哪个时间点才可以达到盈亏平衡？相信这也是每个投资人非常关心的问题。

本章习题

（1）商业模式的构成要素有哪些?

（2）根据商业模式分析模型，结合一个案例，分析其商业模式。

（3）商业模式的类型主要有哪些?

（4）商业模式创新的逻辑主要有哪些方面?

（5）根据商业画布知识，结合一个案例，画出其商业模式画布。

（6）谈一谈你对精益创业的理解。

本章思维导图

- 商业模式
  - 商业模式概述
    - 商业模式的定义
    - 商业模式的意义
    - 商业模式的构成要素
  - 商业模式的类型
    - 多边平台式商业模式
    - 长尾型商业模式
    - 免费商业模式
    - 非绑定式商业模式
  - 商业模式设计的过程和工具
    - 商业模式设计的过程和分析模型
    - 在模仿与竞争中设计商业模式
    - 商业模式设计工具之商业模式画布
    - 精益创业及精益画布

第七章 Chapter 7 创业计划书

本章导读

创业是不拘泥于当前的资源约束、寻求机会、进行价值创造的行为过程。人类社会从工业经济社会进入今天的知识经济社会，社会对人才的衡量标准是什么？我们认为，“有没有想法”是21世纪衡量人才的重要标准，要学会把想法变成自己的职业、变成自己的事业。撰写创业计划书是一个展望项目的未来前景、细致探索其中的合理思路、确认实施项目所需的各种必要资源、寻求所需支持的好的创业想法的过程。我们熟悉的荔枝微课（第三届互联网＋中国大学生创新创业大赛全国总决赛金奖获得者之一）等企业都是从一份优秀的创业计划书开始的。还有大家熟悉的谷歌，在创业起步阶段也是靠一份优秀的创业计划书得到融资开始起步的。可见创业计划书在创业过程中起到举足轻重的作用。

撰写创业计划书有两个主要原因：一是内部原因，即创业计划书可迫使创业团队一起努力工作，全力以赴地解决风险创业中各个环节所遇到的问题；二是外部原因，即通过创业计划书可与外界进行创新价值方面的沟通，如与投资者进行沟通。撰写创业计划书可以迫使创业者系统地思考创业的各个因素。这是极其重要的工作，通常需要花上数日或者数个星期才能完成一份精心设计的创业计划书。创业者在这一过程中通常还要进行大量的市场调查，获取第一手资料。因此，撰写创业计划书也是一个需要全身心投入的过程。本章主要学习三个方面的内容：一是有关创业计划书的概念，意义，作用和类型以及创业计划书的基本结构等；二是如何撰写一份能打动人的创业计划书；三是如何展示一份能打动人的创业计划书。

学习目标

学完本章后，你应该能够：

1．了解创业计划书的概念及作用。

2．认知创业计划书的类型及原则。

3．理解创业计划书的基本结构、编制内容。

4．掌握创业计划书的撰写方法和演示商业逻辑，并学会将其应用于创业计划书路演实践中。

引导案例

艾拜客创业项目创业计划书的执行摘要

1．企业背景

艾拜客是一家专注于高端运动自行车装备、配件的研发与销售和服务的新创企业。企业主营业务包括国际知名品牌整车及配件的国内代理业务、自有品牌产品的研发与销售、运动自行车休闲服务三大类，2017 年全年实现销售额 1597 万元。企业已成功与 2784 家捷安特车店、432 家自行车工作室、65 家高端综合自行车店、1500 家健身房（其中有 15 家门店以上的连锁健身房有 30 家，有 50 家门店以上的连锁健身房有 2 家，有 200 家门店以上的连锁健身房有 1 家）建立了稳定合作关系。目前，企业已直接带动 20 多人就业，间接带动约 1000 多人就业，为 100 多人提供实习机会。

2．企业规划

企业规划未来 3～5 年内，在做好现有国际品牌代理的基础上继续拓展新的国际高端品牌代理合作，做大做强自有品牌 RICHY，使品牌产品成为国内运动自行车零配件首选；深耕骑行休闲服务，成为关联产品推广、高端骑行旅游活动的首选。

3．市场分析

国内自行车运动，尤其是群众性的自行车运动迎来了更好的发展机遇。截至 2016 年，中国运动自行车的爱好者仅有 600 万人左右，只占全国总人口的 0.4%，人均自行车整车消费 1500 元，人均零配件消费 1200 元，平均一年换一次车。据此测算，运动自行车的年产值在 162 亿元左右，占自行车总销售额的 6%。欧美国家的这个比例非常高，运动自行车占整个自行车消费产业的 50% 以上，英国甚至达到了 62%。根据欧美的经验，当中国人均 GDP 处于 5000 美元～10000 美元时，运动自行车占整个自行车消费产业的比例应该有大幅提升。据测算，2025 年国内自行车运动人口最高可以达到全国总人口的 6%，预计市场规模可达 4200 亿元左右。

4．行业竞争分析

自行车运动和国内骑行俱乐部的蓬勃发展，带动了企业相关业务的发展。自行车行业的分类呈金字塔形，以出行为目的的自行车位于金字塔最底端，而高端运动自行车位于金字塔最顶端。共享单车模式的崛起，让自行车金字塔的基数迅速扩大，同时扩大了高端运动自行车的潜在客户。

自行车行业技术含量低，资本要求不高，且目前暂无太多强有力的竞争者，因此会有很多潜在进入者，使竞争白热化。

5．组织与人事分析

根据业务特点，企业将财务、部分人力资源工作等进行外包。为更有效地开展工作，企业采用了扁平型矩阵组织结构，在分工明确的基础上保持了充分的适应性和灵活性。

6. 财务分析

企业计划总投资约259.4万元，其中非流动资金投资23.1万元，流动资金投资236.3万元。拟筹集股权资金259.4万元，其中创业团队出资159.4万元，创业团队技术入股50万元，拟筹集风险投资资金50万元。融资后创业团队占股权75%，风险投资公司占股权20%，预留5%用于经营团队股权激励。项目静态投资回收期为12.1个月，项目3年后投资利润率可达331%，3年的净现值即可达到3974.4万元，从各项财务评价指标来看均可接受。

7. 风险分析

在经营的过程中面临的主要风险包括供应链风险、竞争风险、市场风险、技术风险、资金风险和管理风险。面对这些风险，团队拟从争取多品牌代理和经销权、规范公司管理等方面加以预防。

思考题：

1. 一份完整的创业计划书应该包括哪些内容?
2. 如何撰写创业计划书?

第一节 创业计划书概述

“仅仅有创意是不够的。创意不能持久，必须把创意落实为行动。”一份缜密、可行的创业计划书可以将一个不错的创意转化成为一个成功企业。创业计划书是获取风险投资的敲门砖，也是一份全方位的公司计划，是对公司或拟建立公司进行宣传、分析和融资的文件。著名学者布鲁斯 R. 巴林杰说过，一份好的创业计划书可以节省创业者相当多的时间和金钱，减轻他们在商业概念形成之前，而不是在企业创建之后的心中之痛。所以，在开始创建企业之前，最好能够构思一份商业计划，以便对未来要进行的事情有一个全盘考虑和周密思考。

一、创业计划书的概念

创业计划书又称商业计划书（Business Plan，BP），是创业者在企业成立之前就某一项目具有市场前景的投资的可行性商业报告，用来描述创办一个新企业时所有的内部和外部要素，撰写创业新产品或服务，向潜在投资者、风险投资公司、合作伙伴等游说，以取得合作支持或风险投资的过程，是一个展望项目的未来前景、细致探索其中的合理思路、确认实施项目所需的各种必要资源、寻求所需支持的过程。创业计划书本质上是一种创业介绍或投资申请，是创业者把握企业发展的总纲领，是投资者决定是否投资的重要参考，是创业团队及合作者共同奋斗的动力和期望，为企业经营活动提供依据和支撑。同时，创业计划书是将有关创业的想法，借由白纸黑字最后落实的载体。创业计划书的质量，往往会直接影响创业发起人能否找到合作伙伴、获得资金及其他支持。这是当前人们对创业计划书的概念理解。创业计划书也是一份全方位的商业计划，其主要用途是便于投资商对项目做出评判，从而使项目获得融资。它是用于描述与拟创办企业相关的内外部环境条件和要素特点的文件，可以为业务的发展提供指示图，把握业务进展情况的标准。通常是市场营销、财务、生产、人力资源等职能计划的综合。

创业计划书是创业者叩响投资者大门的“敲门砖”，是创业者计划创立的业务的书面摘要。一份优秀的创业计划书往往会使创业者达到事半功倍的效果。

延伸阅读

创业计划书、项目合作书、商业计划书的区别

创业计划书是项目方在创业初期用来吸引天使投资人的文件。同时，创业计划书也是创业者为自己编制的目标书，以明确自己在什么时候将项目实施到哪一步。

项目合作书是项目方为了招商合作和实现其他发展目标等所制作的计划书。一份好的项目计划书的特点有关注产品、敢于竞争、有充分的市场调研，能有力说明资料、表明行动的方向、展示优秀团队，有良好的财务预计等，从而使合作伙伴更了解项目的整体情况及业务模型，同时判断该项目的可盈利性。

商业计划书是企业为了招商合作和实现其他发展目标，根据一定的格式和内容要求而编辑整理的，向受众全面展示企业和项目的目前状况、未来发展潜力的书面材料。

二、创业计划书的作用及意义

创业是不是必须制订一份创业计划书才会成功呢？有的企业是在没有创业计划书的情况下创立的，如苹果、微软、戴尔和假日酒店。但是，更多的著名公司则是从一份优秀的创业计划书开始的，如亚马逊、荔枝微课、易趣、菲尔斯曲奇（Mrs.Fields）、红帽（Red.Hat）以及联邦快递等。

研究表明，没有商业计划书的公司比有计划书的公司更可能倒闭。《*Inc.*》杂志评选500家高绩效中小企业时发现，其中59%的公司有计划，41%的公司则没有计划。研究表明，任何行业中的高绩效公司，大多是那些积极制订计划的公司。

制订创业计划书，一方面是让创业者自己明晰创业思路，另一方面是使投资者明白这个项目的投资价值。在创业融资开始之前，创业计划书首先应该是给创业者自己看的。创业者应该以认真的态度对自己所有的资源、已知的市场情况和初步的竞争策略做尽可能详尽的分析，以充分发挥创业计划书的作用。具体来讲，创业计划书有五个方面的作用。

1．创业计划书是创业者把握企业发展的总纲领

创业计划书的内容包含两点：一是企业追求的目标，二是为了实现这一目标的行动规

划。通过制订创业计划，创业者能够明确创业方向、厘清创业思路，根据企业实际情况进行不断的调整和完善。创业计划通常是市场营销计划、生产和销售计划、财务计划、人力资源计划等的集成，同时也是提出创业计划的头 3 年内所有中期和短期决策制度的方针。

2. 创业计划书是投资者决定是否投资的重要参考

从融资的角度来看，创业计划书通常被喻为“敲门砖”。在一份详细完备的创业计划书中，往往包含了投资者所需要的信息：该企业的现实业绩和发展远景，市场竞争力和优劣势，企业资金需求现状和偿还能力，以及创业者和团队的能力与阵容等。这些都是投资者关心的重点，是投资者衡量企业实力和潜力的依据，也是投资者决定是否对企业投资的重要参考。

创业计划书作为一份全方位的创业计划，是对即将开展的创业项目进行可行性分析的过程，也是在向风险投资商、银行、客户和供应商宣传拟建的企业及其经营方式，包括企业的产品、营销、市场，以及企业的人员、制度、管理等各个方面。创业计划书在一定程度上也是拟建企业对外进行宣传和包装的文件。

一份完美的创业计划不但会增强创业者的信心，也会增强风险投资商、合作伙伴、员工、供应商和分销商对创业者的信心，而这些信心，正是企业走向成功的创业基础。

3. 创业计划书是创业团队及合作者共同奋斗的动力和期望

创业计划书是创业者对创业想法的现实阐述，是理想与现实的连接桥梁。创业计划书中明确了企业的预期目标、公司战略、进度安排、团队管理、市场分析、财务问题等内容，是创业者创业想法具体化的途径，是创业团队奋斗的动力。一份完美的创业计划书可以增强创业者的自信，使创业者明显感到对企业更容易控制、对经营更有把握。这是因为创业计划明确了企业全部的现状和未来发展方向，也为企业提供了良好的效益评价体系和管理监控指标。创业计划书使创业实践有章可循。创业计划书通过描绘新创企业的发展前景和成长潜力，让创业团队和员工对企业及个人的未来充满信心，并明确要从事什么项目和活动，从而让大家了解将要充当什么角色，完成什么工作，以及自己能否胜任这些工作。因此，创业计划书对于创业者吸引所需要的人力资源和凝聚人心具有重要作用。

4. 创业计划书为企业经营活动提供依据与支撑

创业计划是为企业发展所作的规划。企业创立和成长过程需要由创业计划引领，创业计划的主要构思围绕企业，主要内容更是离不开企业，如资金计划、财务预算、产品开发、投资回收、风险评估等都与实现目标及企业发展息息相关。因此，创业计划是企业活动的有力依据和有效支撑，对创业行动具有指导作用。

5. 创业计划书有助于企业对外合作

创业者在寻找股东或者合伙人时，创业计划书是最有说服力的材料。编写一份优秀的创业计划书不是一件简单的事情，重要的创业计划书需要委托专业商务顾问协助编制。值得指出的是，国际上相关机构的创业计划书的审查人都是行家，质量不好的创业计划书很难吸引关注和投资。典型的例子是，虽然改革开放以来，我国正逐步成为国际资本一致看好的投资热土，但是在2003年南京举办的“世界资本论坛”上，主办方组织了一些优秀的海外投资方对1000多家中国中小企业的融资项目进行了评审，但让人感到非常失望的是，几乎全部招商项目资料都打了水漂。这么多项目都没有获得海外投资者的青睐，是项目本身不好，还是项目投资回报不高？事实并非如此，而在于两个方面：一是我国中小企业的商业计划的草率与策划能力令投资商失望，二是与外商缺乏有效的沟通与交流。沟通问题不单是英语不流利，而是使用什么样的商务语言。符合国际惯例的商务沟通语言就是高质量的创业计划书。

三、创业计划书的类型

根据创业者想要达到的目的不同创业计划书可以有不同的类型。不同类型的创业计划书的撰写时机、撰写者和撰写的内容等会有一定的区别，但是基本上都会包括创业项目描述、创业者介绍、创业市场、创业资源等核心内容。

1. 宣传期的创业计划书

宣传期的创业计划书一般篇幅较短，基本上在5页以内，主要对项目的吸引力进行测试，以吸引早期的利益相关者，其内容和执行概要有相似之处，重点对项目的商业模式、核心竞争力、团队优势和核心财务数据等进行描述，用最简短的方式吸引读者的注意力，引起外部使用者的兴趣。

2. 融资期的创业计划书

融资期的创业计划书会较为详细，因其目的在于筹集资金，往往是一种业务构思的规划，可以作为企业运营的蓝图。计划书中应详细阐述商品或服务的特点、企业的核心竞争优势、商业模式、营销规划、核心团队、财务预测和分析、明确的资本退出方案等。尤其是对于市场分析、竞争对手和财务预算等内容应进行详细阐述，使投资者可以清晰明了地知道企业如何在既定时间内取得高额利润，增强获得资金的概率。

3. 运营期的创业计划书

运营期创业计划书的主要读者是企业内部成员，可以起到对企业经营管理的指导作用，因此，计划书最为详尽。内容应包含企业的组织管理计划、企业整体发展计划、营销计划、财务计划等，而且每一项都应该有详细的规划和安排，对企业将要面临的问题和现状，依据企业自身资源，制订科学合理、实用性强的计划安排。重点应侧重体现企业未来的发展规划、愿景和使命，甚至还要刻意强调企业文化，从文化层面增强员工的归属感。

不同类型创业计划书的特点如表7.1所示。

表7.1 不同类型创业计划书的对比

类型	宣传期的创业计划书	融资期的创业计划书	运营期的创业计划书
篇幅	5页之内	5～2页	20页以上

续表

类型	宣传期的创业计划书	融资期的创业计划书	运营期的创业计划书
适用情况	发展早期	筹集资金 企业运营蓝图	内部参阅 运营指导

四、创业计划书的基本结构

创业计划书（或商业计划书）有相对固定的格式。一般来讲包括封面、标题、目录正文和附录，几乎包括投资者所有感兴趣的内容，如企业成长经历、管理团队、股权结构、产品服务、市场、营销、组织结构、财务管理、运营及融资方案等。而国内流行的是计划经济时期遗留的“项目可行性分析报告”。二者有较大差距，也有明显不同的侧重点。如果创业者只是写 2～3 页的可行性报告或集中在技术工艺的可行性上而忽视市场与商业模式，这样是不能吸引合伙人或投资者的眼球的。只有结构完整、内容翔实、数据丰富、体系完整、装订精致的商业计划书才能吸引各方投资者，让他们看懂你的项目。

1. 封面

标准的封面应包括企业名称、地址、电子邮件地址、电话号码（座机与手机）、日期、主创业者的联络方式以及企业网址（若企业有自己的网站）。这些信息应集中置于封面页的上半部分。封面底部应有一句话，提醒读者对计划书的内容保密。如果企业已有徽标或商标，把它置于封面页正中间。如果有企业自己的网站，则可以将其置于封面页顶部。

2. 标题

标题明确了创业项目名称，体现了企业的经营范围。一般情况下需要注意三点：一是创业计划书的标题不要直接用公司名字（尤其是尚未成立的公司），二是创业计划书的标题尽量用一句话体现项目的定位和亮点，三是创业计划书要尽量避免过于技术化的题目。

3. 目录

目录是正文的索引。这里需要按照章节顺序逐一排列每章大标题、每节小标题以及对应的页码。

延伸阅读

妙味轩 DIY 厨房项目商业计划书与案例分析

4. 正文

正文是创业计划书的主要内容，包括摘要、主体和结论三大部分。

（1）摘要。摘要就是简明扼要地介绍整个计划书的主要内容。计划书的摘要应注意三点事项。

A. 摘要包括的主要内容：公司介绍、主要产品和业务范围、市场概貌、营销策略、销售计划、生产管理计划、管理者及其组织、财务计划、资金需求状况等。

B. 在摘要中，企业必须回答下列问题：企业所处的行业，企业经营的性质和范围；企业主要产品的内容；企业的市场在哪里，谁是企业的顾客，他们有哪些需求；企业的合伙人、投资人是谁；企业的竞争对手是谁，竞争对手对企业的发展有何影响。

C. 特别要详细说明企业自身的不同之处以及企业获取成功的市场因素。

（2）主体。主体是对摘要的具体展开，一般采用章节式、标题式逐一描述，条理清晰，内容翔实，有理有据。主要包括企业描述、产业分析、市场分析、营销计划、公司结构与管理团队、运营计划、产品 / 服务设计与开发计划、财务计划、风险及对策。

（3）结论。结论是对整个计划书的总结性概述，主要为体现文本的完整性。

5. 附录

附录是对主体部分的补充。受篇幅的限制，不宜在主体部分过多描述的内容，或不能在一个层面详细展示的内容，或需要提供参考资料、数据的内容，一般放在附录部分，以供参考、主要包括企业营业执照、审计报告、相关数据统计、财务报表、新产品鉴定、商业信函与合同、相关荣誉证书和各种管理制度等。

第二节 创业计划书的撰写

创业计划书的读者是投资人、创业大赛评委、团队成员或合作者。一份好的创业计划书至关重要，它可以向读者展示创业企业的产品与服务、竞争优势、现状以及规划等重要信息，而创业者必须抓住读者关注的点来进行撰写。如果要融资，必须在计划书中介绍融资计划；如果参加创业大赛，鉴于评委要在有限的时间内看很多的计划书，创业者必须突出项目的特色与亮点来抓住评委的眼球。

一、创业计划书的撰写原则

创业计划书并不是字数越多越好，创业者在撰写创业计划书的时候应遵循以下原则。

1. 语言简洁，表述清晰

在撰写计划书时，语言要平实简洁，通俗易懂，能够清晰地描述撰写内容。介绍清楚项目的要点。尽可能多用图表，少用文字。少用很大的图片。描述的时候少用华丽的语言，多提要点和关键点。不要带过多的感情色彩。排版不要花哨，简单朴素、风格统一即可。

2. 突出重点，主次分明

在写计划书的过程中，要做到面面俱到，也要突出关键内容，做到主次分明。投资人最关心的是产品体系和市场需求，不要花大篇幅在公司的组织结构、风险分析等方面，应重点介绍产品与服务、行业与市场分析。

3. 结构完整，不套用模板

创业计划书没有固定的模板。不同的项目写的内容会不一样，展现项目的差异化很重要。不要太在意用什么样的格式和什么样的模板。计划书的结构要完整，基本要素要齐全。可以在章节安排上有变化。例如，有的创业者把商业模式单独作为一章来撰写，有的把竞争者分析单独列出，有的把项目的发展与规划单独介绍。创业者可根据项目的需要，按照自己的方式来安排计划书的结构。

4. 内容真实，有说服力

创业计划书的内容一定要真实，分析做到有理有据，切忌盲目自信和说空话。在撰写的时候，要明确指出企业的市场机会、竞争威胁和潜在风险，还要分析可能的解决办法，不要含糊其词。前期做好调研和资料准备，表述的时候尽量用数据对市场、财务等进行论证，打动投资者。前期的调研越充分，资料越完善，越能做到有的放矢。

延伸阅读

撰写创业计划书的六个C（六要素）

第一个C是Concept，概念。概念指的就是撰写计划书，要让别人可以很快地知道卖的是什么。

第二个C是Customers，顾客。有了卖的东西以后，接下来要确定卖给谁（谁是顾客）。顾客的范围要很明确，比如，认为所有的女人都是顾客，那么要弄清楚50岁以上的女士和5岁以下的女童是不是也是客户。也就是说适合的年龄层在哪里要界定清楚。

第三个C是Competitors，竞争者。产品有没有人卖过？如果有人卖过，是在哪里卖的？有没有其他的产品可以取代？这些竞争者是直接竞争者还是间接竞争者？

第四个C是Capabilities，能力。要卖的东西自己会不会，懂不懂？比如开餐馆如果做菜师傅不做了找不到人，自己会不会炒菜？如果没有这个能力，合伙人要有这个能力，至少要有鉴赏的能力，不然最好不要做这个行业。

第五个C是Capital，资本。资本可能是现金也可能是资产，是可以换成现金的东西。那么对于资本在哪里？有多少？自有的部分有多少？可以借贷的有多少，都要很清楚。

第六个C是Continuation，永续经营。当事业做得不错时，将来的计划是什么？

只要掌握这六个C，就可以随时检查，随时更正，不怕遗漏什么。

二、创业计划书的撰写内容

对创业构想进行研讨之后，需要把构想形成文字方案，也就是创业计划书。如何写好一份创业计划书？一份完整的创业计划书应该包括哪些内容？创业计划书没有固定的模板，但一份能够打动人的创业计划书，一般情况正文以下几个部分。

（一）项目概况

虽然摘要部分已经对项目的整体情况作了大致介绍，但因为篇幅限制，仅是点到为止，并没有详细介绍。项目概述需要比摘要更详细地介绍项目的情况，包括公司（项目）介绍、产品或服务情况、发展历史和发展规划、团队和外部合作者等内容。

1. 公司（项目）介绍

与摘要相比，公司（项目）介绍需要更加详细，包括公司（项目）基本情况、logo、宗旨（使命）和目标。

对于新创企业，该部分需要拟一个弹性比较大、经营范围比较广的名称，避免限制企业业务的拓展和经营方向的改变，如“拟在某个时候成立公司，公司名称叫什么，专注于什么产品或服务等”。

对已创业企业，应直接阐述公司的名称、地址、注册资本、股权结构等，然后介绍公司的logo、宗旨和目标。每个公司都有自己的logo和宗旨。例如，苹果公司的logo是“咬了一口的苹果”，宗旨是“追求高科技的好产品，为人们的生活带来方便，同时具有科技、环保、人性、智能、创新”等理念。公司的目标应具体，最好用数据来表示，一般需要制定3～5年的目标。知名企业的使命和愿景如表7.2所示。

表7.2　知名企业的使命和愿景

企业名称	使命	愿景
华为	聚焦客户关注的挑战和压力，提供有竞争力的通信解决方案和服务，持续为客户创造最大价值	丰富人们的沟通和生活
联想	为客户利益而努力创新	未来的联想应该是高科技的联想、服务的联想、国际化的联想
万科	建筑无限生活	成为中国房地产行业领跑者
迪士尼	让世界快乐起来	成为全球的超级娱乐公司
沃尔玛	给普通百姓提供机会，使他们能与富人一样买到同样的东西	
耐克	体验竞争、获胜和击败对手的感觉	

2. 产品与服务情况

简要描述公司的产品或服务，提出本计划书的主打产品与服务是什么，产品与服务的独特卖点是什么，有什么优势，市场定位如何。假如某位拟创业者打算开一家绿植店，他需要解释清楚他的绿植店与其他绿植店有什么不同，绿植店的主要产品有些什么，地理位置如何，价格定位如何，主要面向哪些客户群体，客户体验如何等。

3. 发展历史和发展规划

发展历史包括创意是如何产生的，产品与服务的现状、技术水平和如何保持创新能力，已经投入了哪些人力与物力等。发展规划可以按时间顺序为未来的业务发展提供可行的计划，指出未来发展的关键点在哪里。发展规划可以分短期、中期和长期来分别介绍。

4. 团队和外部合作者

创业是团队行为，在写计划书时需要说明创业活动的领导者和关键人物。简要介绍3～5位关键人物，如公司的CEO、技术骨干和合作伙伴，着重从关键人物的背景、领导力和个人品质方面进行介绍。最后，强调创业团队整体在知识结构、能力构成等方面的互补性，让投资者或者评委知道这是一个团结并具有创业实力的优秀团队。

（二）产品与服务

无论是风险投资者还是创业大赛评委，他们在看计划书的时候，第一个要厘清的问题就是这个项目的产品和服务，项目的产品和服务在多大程度上解决了消费者的现实生活问题，给消费者带来了什么好处。创业者在创业计划书中要重点阐述产品与服务。一般来说，产品与服务介绍应该包括产品与服务的概念、性能及特征，主要产品与服务介绍，产品与服务的市场竞争力，研究与开发过程，自主知识产权和相关许可等。

1. 产品与服务的概念、性能及特征

产品与服务的概念、性能及特征可以从产品的名称、logo、产品包装、产品文化方面进行说明，让投资者或评委看过之后对产品有基本的概念。撰写过程中，建议将上述内容逐个展开进行描述，产品 logo、包装可配图进行详细说明。

2. 主要产品与服务介绍

创业计划应清晰地介绍项目的产品与服务，让读者阅读后能明白项目是做什么的。有些项目的产品是一个系列或者几个系列，如花食类，包括各种花做成的饼、糕点、羹类等产品，不需要对每个产品一一做详细说明，可以给产品分类，按类别进行说明，或者挑选主要的产品或服务进行说明。描述时，要集中介绍清楚一个核心产品。此外，还应讨论产品与服务的作用，以及消费者能从中获取的价值。表述时应当尽量避免技术细节，尽可能简单地进行解释，站在用户的角度对功能进行说明，做到图文并茂。如果项目的产品是一个 App，可以从 App 的功能模块图开始，然后逐一介绍每个模块的功能，不需要描述这个功能的后台如何搭建、开发技术等，创业者要站在用户的角度，详细介绍这个功能可以做些什么，能为用户带来哪些好处。例如，“译起玩”项目致力于开发一款集东南亚语言学习和翻译的 App，其计划书在产品与服务部分介绍了项目的构架、平台简介，并对 App 的学习板块和翻译板块的功能进行了详细的介绍，此外，还对项目的其他服务，如语伴圈、文化空间等进行了简要介绍。

3. 产品与服务的市场竞争力

竞争力也是产品与服务部分不可或缺的内容，创业者需要说明项目和竞争对手的不同之处，说明产品和服务真正打动人的细节在哪里，以突出产品和服务的竞争力。如果已经有竞争对手在提供类似的产品和服务，那就要花力气去证明消费者能从该项目中获取更多的价值。要做到这一点，需要从消费者的角度出发，站在消费者的立场上仔细评估。只有当一个新的产品与服务优于市场上其他已有的产品与服务时，才可能受到顾客的青睐。在阐述这部分内容时，可以通过举例和类比的方法，对产品与服务的竞争优势进行论证。

创业者在构思和撰写产品与服务的市场竞争力时，最常见的问题就是不知道如何表述竞争力的来源。产品的竞争力可以来源于产品的差异化和经营的差异化。产品的差异化即项目的产品与别的产品的不同点，可以是产品质量、功能上的差异，也可以是外观、包装等方面的差异。经营的差异化是指企业在经营上的差异赋予产品的可感知的差异，可以是来自售后服务、品牌塑造、促销等方面的差异，也可以是来自质量稳定、快速供货的差异。如果公司的产品差异化和经营差异化都不显著，那么这个公司就要去思考如何获取产品竞争力。

延伸阅读

产品介绍与竞争力分析

对于投资人而言，需要详细了解产品或服务，但并不需要了解产品核心技术，而是要知道产品或服务能否解决消费者的现实生活问题，以及产品最终的商业价值。

1．产品介绍

（1）卖点。卖点是将产品变成价值的关键因素，也是投资人最关心的问题。对产品本身而言，卖点主要来自两个方面：自身特点与营销技巧。从产品本身来说，投资人只想知道产品解决了什么市场问题、如何解决市场问题。创业者不需要详细说明产品的研发技术，只需要让投资人知道产品本身是具有商业价值的就足够了。从营销技巧来说，这是让市场接受产品并愿意消费的推广方式。只有让消费者能够掏钱购买产品，才能实现营收。

（2）需求。创业者首先要明确了解产品的受众群体。除了对产品潜在的消费群有明确的选定之外，还要对产品的目的、销售环节等都给出准确定义。确定目标市场之后，分析消费条件，预测消费者购买数量，再以此得出产品价格，最后计算市场占有率。让投资人清楚地知道产品在市场上的需求量足够大，才能证明未来投资人能得到多少投资回报。

（3）服务。除了产品以外，主营服务的企业也需要针对企业提供的服务有一系列的阐述。创业者需要介绍以下六个方面的内容：提供服务的性质、服务的直接对象、服务的收费情况、申请使用的要求、使用服务的方法、使用服务的条件。

（4）使用。这部分介绍产品如何使用，相当于产品的使用手册或用户指南。这部分的内容是根据产品属性的不同和完成的难易程度而定的。使用方式较为复杂的产品，除了文字说明之外，还可以借由图片帮助投资人更容易理解产品的使用方法。一般情况下，产品介绍需要包括四个方面：特点展示、功能介绍、使用步骤、注意事项。

2．竞争力分析

投资人在清楚了解了产品之后，还需要知道产品的竞争力在哪里，为什么产品能够在市场上脱颖而出。这也是创业者需要在BP（商业计划）中详细分析的部分。

（1）开发评价。对产品进行开发评价就是将产品的价值突出表现出来，尤其是产品的需求说明、服务说明和使用说明等方面的特色。通过开发评价，能够体现产品在销售时的状况，给投资人自主分析的空间。开发评价主要包含定位、性能和成本三个阶段。

（2）市场价值。独特的市场价值是让消费者认可的产品价值。在竞争分析中要着重与同类产品进行对比，突出在同类产品中的优点，这往往可以通过市场所欠缺的功能和产品的性价比着手。例如，充电手机壳的诞生就解决了用户需要随身携带一块充电宝的问题，既能保护手机，又能给手机充电，符合用户的需求，这就是产品的独特市场价值。

（3）市场份额。首先，通过市场营销推广等渠道争取市场份额，让投资人相信产品在未来的发展潜力。不同的营销策略有不同的市场份额争取模式。主攻价格策略的企业可以根据市场因素，提出符合产品长期发展的价格定位策略。通过产品的包装、设计等能够给用户带来深刻印象的内容，就是产品策略。其次，促销策略主要是通过活动的形式推出促销的策略和方式，以此吸引消费者购买产品。最后，选择渠道策略。产品的流通渠道有很多种，包括直销、分销、经销、代理等，企业需要选定合适的渠道获取市场份额。

产品的竞争力就是产品能在市场上存活的核心因素。任何产品都存在竞争对手，所以创业者要战胜竞争对手，在市场上脱颖而出，争取足够的市场份额，使产品真正具有商业价值。

4. 研究与开发过程

产品与服务的研究与开发过程的介绍包括已经投入开发和未来打算开发的产品与服务。投资者需要投资的是能将成果转换为市场产品并能获取利润的创业者，研究与开发的过程可以为他们提供信息。为什么要把未来要开发的产品也写出来？这是因为创业者要做到洞悉市场变化，需要不断对产品进行改进和推陈出新，满足客户需求，这也是后续可持续竞争优势的保证。

5. 自主知识产权和相关许可

创业者应该强调所拥有的技术壁垒或提供有效的自主知识产权证明自身可以防止别人盗用和模仿，这些也是产品的竞争优势。此外，要考虑提供的产品或服务是否涉及一些法规要求，是否需要获得某些许可，说明已经提出的许可申请或即将提出的申请，如技术控制协会、邮政服务、卫生部门的许可证，由此来论证产品与服务的可行性。

（三）行业与市场分析

行业与市场分析是创业企业生产的外部环境，在整个创业计划中起着举足轻重的作用。如果对市场调研和分析的重视度不够，那么这份计划书会变得很糟糕。市场调研是赢得市场的关键，是为了了解客户的需求。市场调研需要对行业现状、市场环境、消费者、竞争对手、发展趋势等方面进行调研。通过市场调研能够分析消费者对产品的购买意愿、购买原因、购买方式、消费心理和关注点等信息，同时还能够了解行业竞争对手，让企业做好定位，了解自己在行业中的位置，明白企业今后的发展方向。创业者需要投入大量的时间、精力去做市场调研，才能对产品与服务面临的市场做到心中有数，从而制订相应的创业计划并实施创业。

行业与市场分析需要对行业分析、市场细分及定位、市场环境、市场需求及增长趋势、竞争情况及项目的竞争优势等内容进行说明。

1. 行业分析

行业是一个企业群体，在这个企业群体中的成员企业，由于其产品在很大程度上存在相互替代性而处于一种彼此紧密联系的状态，并且由于产品可替代性的差异而与其他企业群体相区别。

行业分析主要介绍创业项目所属领域的基本情况，以及公司在整个产业中的地位。需要从以下几个方面来把握：根据项目的业务确定属于什么行业，这个行业有什么特征，该行业的现状如何，存在什么问题，处于哪一个阶段，技术成熟度如何，利润率如何；该行业的发展趋势、未来走向如何；国家发展该行业的政策导向是鼓励、支持还是限制，社会文化环境如何，竞争者的现状如何；竞争者、消费者、供应商和销售渠道等。如果把企业比作一棵树，那么行业环境就是企业的雨露、阳光、养分等。例如，零售行业进入门槛不高，企业竞争激烈，整个行业呈现出经营品种多、周转速度快以及行业毛利率低的特点；制药企业首先要取得政府颁发的生产许可证，行业进入门槛高，再加上药企资金投入大，对高级专门人才的需求大，工艺复杂等，其利润率要高于一般行业。因此，同行间的企业更具有可比性。

行业分析主要是对整个行业进行大致分析，从宏观角度解读这个行业的发展状况。例如，中国移动视频直播市场发展时机成熟，移动直播迎来春天，用户基础迅速扩大，移动端增长迅猛，PC 端优势稳固，平台阶梯性逐步显现。在撰写行业分析的时候，可以使用 PEST（政治、经济、社会和技术）分析法进行行业环境分析。

2. 市场分析

市场分析是对市场供需变化的各种因素及其动态、趋势的分析。分析过程是：收集有关资料和数据，采用适当的方法，分析、研究、探索市场变化规律，了解消费者对产品品种、规格、质量、性能、价格的意见和要求，了解市场对某种产品的需求量和销售趋势，了解产品的市场占有率和竞争单位的市场占有情况，了解社会商品购买力和社会商品可供量的变化，并从中判明商品供需平衡的不同情况（平衡或供大于需，或需大于供），为企业生产经营决策（合理安排生产、进行市场竞争）和客观管理决策（正确调节市场、平衡产销、发展经济）提供重要依据。

市场的核心是“人”，做市场分析的时候要分析市场的刚需，即用户的痛点和真实需求。目标市场分析首先要通过市场细分区别不同的消费者群体，并描述他们的特征；其次，选择目标市场，即评价和细分好的消费者群体，从中选择最有潜力的一个或几个作为核心客户群体；最后，在每一个目标市场，为建立竞争优势进行市场定位，即建立与传播产品或服务的关键特征和利益。

（1）市场细分。市场细分是指根据消费者的不同需求，把整体市场划分为不同的消费者群体的市场分割过程。可以从地理环境、人口统计、消费心理、消费行为等因素进行细分。地理上针对的是全世界、全中国、某个省、某个市还是某个县域的人群？人口方面又可以细分为老、中、青、男、女、高收入、中等收入、教师、学生、公务员等方面来考虑。消费心理因素包括人们的生活方式、社会阶层、个性等方面。消费行为因素包括忠诚度、产品使用率等方面。例如，饿了么的客户群体主要是高校学生、都市白领和宅男宅女，他们对外卖食品的真实情况、优惠信息和派送时间的机动性比较看重。

为什么要进行市场细分？因为市场细分可以促进公司了解市场。很多新创企业都会陷入一个误区，认为公司提供了产品或服务，消费者就会来购买。细分市场后，企业会找出自己的目标市场，后期的一系列活动都会针对目标市场进行。

延伸阅读

消费者购买行为分析

消费者市场涉及的内容千头万绪，应从哪里入手进行分析呢？市场营销学家归纳出以下七个主要问题。

1．市场由谁（who）构成？购买者（occupants）是谁？

2．消费者购买什么（what）？购买对象（objects）是什么？

3．消费者为何购买（why）？购买目的（objectives）是什么？

4．消费者的购买活动有谁（who）参与？购买组织（organizations）是什么？

5．消费者怎样（how）购买？购买方式（operations）是什么？

6．消费者何时（when）购买？购买时间（occasions）是什么？

7．消费者何地（where）购买？购买地点（outlets）是什么？

由于后7个英文单词的开头都是O，所以称为“7O”研究法。

消费者生活在纷繁复杂的社会之中，购买行为受到诸多因素的影响。要透彻地把握消费者购买行为，有效地开展市场营销活动，必须分析影响消费者购买行为的有关因素。

（1）文化因素，具体包括文化、亚文化和社会阶层。

（2）社会因素，具体包括相关群体、家庭和角色行为。

（3）心理因素，具体包括消费者认知过程、消费者的个性、消费者的学习能力以及消费者的态度。

（4）个人因素，具体包括经济因素、生理因素和生活方式。

（2）目标市场。市场经过细分、评估后，可能得出许多可供进军的细分市场。创业者要对各细分市场的吸引力作出评价，并决定向哪个细分市场或哪几个细分市场进军。在评估目标市场的时候，要考虑三个方面的因素，即目标市场的吸引力、市场竞争的结构、企业的战略目标和资源能力。通过分析和评估，企业已对细分市场的潜力、竞争结构及本企业的资源能力有了系统的了解后，可以进行目标市场的选择。选择企业有能力占领和开拓，并且能带来最佳营销机会与最大经济效益的某一个或几个细分市场作为目标市场，充分发挥现有的资源优势。企业在选择目标市场时，可以参考五种市场覆盖模式：市场集中化、产品单一化、市场单一化、有选择的单一化和市场全面化。在选择目标市场的过程中，要考虑企业现有的资源和所处的发展阶段。如果企业拥有雄厚的技术能力和优秀的管理能力，则可以实施差异性市场营销策略，采用产品单一化、市场单一化或有选择的单一化策略。

（3）市场定位。企业确定目标市场后，还要在目标市场上给企业的产品做出具体的市场定位，使企业的产品在目标消费者心目中树立一种独特的观念和形象。市场细分和目标市场抉择是寻找“靶子”，而定位就是将“箭”射向“靶子”，即指出企业具体追逐的目标市场。例如，在汽车市场中，宝马公司将市场定位在豪华汽车生产上，雪佛兰的定位则是功能型汽车；在豪华汽车市场中，宝马的定位是运动驾驶，雷克萨斯的定位则偏重豪华性能。

市场定位的目的在于“攻心”，即在消费者心中确立位置。定位的实质就是针对消费者的内心需求，打“攻心战”，让消费者认同和接受产品与服务。在市场定位前要进行详细的市场调查和研究，一是调查消费者对某类产品的各种属性的重视程度；二是调查竞争对手的目前市场位置，做到“知己知彼”。

在撰写市场定位的时候，要找出企业产品与竞争产品的差异性，列出适合产品的营销组合关键因素，针对主要目标市场进行产品定位。不同的目标市场，其产品定位不同。

3. 市场规模及未来变化趋势

在确定目标市场的时候，首先要确保市场足够大到可以维持企业的生存，并且未来的需求必须是增长的。从目前选择的目标市场对未来的市场进行分析和预测，并准备好应对变化的措施。在预测市场的时候可以从现有市场的规模、增长率、市场结构、已发生和正在发生的变化、影响顾客购买的因素、顾客使用的产品正在发生的变化、顾客的消费习惯等方面进行分析。例如，在分析尿不湿产品的市场变化时，可以从国家三孩生育政策，尿不湿的使用者、购买者、影响者、决策者，国内尿不湿产品市场的格局等方面来考虑。

市场规模分析主要是分析目标产品或行业的整体规模，可能包括目标产品或行业在指定时间内的产量、产值等，具体根据人口数量、人们的需求、年龄分布、地区的贫富调查所得。可以列举一些数据和图表，让创业计划更有竞争力，同时也真实客观，还可以对竞品之间的数据进行分析与对比。

4. 竞争者分析

对竞争者进行详细分析，有助于企业了解竞争对手所处的位置，把握获得竞争优势的机会。除非是完全新型的领域或模式，竞争不激烈，否则一般的产品或服务都会在市场分析部分单独列出对竞品做全方位优劣对比的内容。

竞争者分析要阐明的有四点：一是公司的直接竞争对手有哪些，二是竞争对手的发展现状如何，三是公司在各个维度上与竞争对手相比有何优劣势，四是公司的间接竞争对手和潜在竞争对手又是谁。竞争者分析方格（表 7.3）是整理和展示企业竞争者信息的得力工具。

表 7.3 竞争者分析方格

名称	竞争者 1	竞争者 2	竞争者 3	竞争者 4
关键因素 1				
关键因素 2				
关键因素 3				
……				

注：竞争对手一般列举 4 ～ 5 个，关键因素根据企业实际情况罗列。表格填写选项可填“一般、优势、劣势”，表示你与竞争对手相比，每个关键因素处于什么状态。

竞争者包括直接、间接和未来的竞争者。

（1）直接竞争者：生产的产品或提供的服务与创业公司非常相似的企业。直接竞争者非常重要，因为与创业公司争夺的是同一个客户群体。

（2）间接竞争者：生产的产品或提供的服务与创业公司接近的企业。间接竞争对手也很重要，因为他们的产品可能成为创业产品的替代品。例如，可口可乐的间接竞争对手包括销售咖啡、牛奶、豆浆、茶和水等的公司。

（3）未来竞争者：市场上会有一些潜在的竞争对手，目前虽然不是创业公司直接或间接对手，但他们随时可能进入创业公司竞争者行列。

波特五力竞争模型（图 7.1）是行业内部竞争状况分析最有力的工具，很多创业者都会使用波特五力竞争模型来做竞争者分析。这个模型从现有企业间竞争者、潜在进入者、供应商、购买者和替代品五个方面来进行竞争分析。

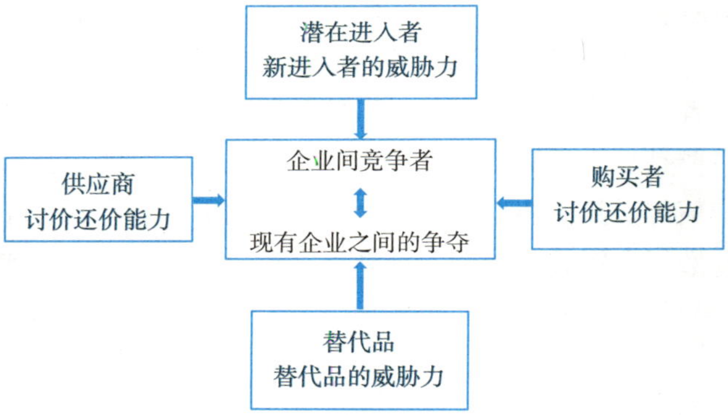

图 7.1 波特五力竞争模型

（四）营销策略

分析了产品和市场后，创业者下一步要考虑产品的推广，制订市场营销计划。

在撰写营销策略之前，要先学会区分销售和营销。销售是企业以自有产品与服务为基础来吸引和寻找客户，目的是把产品与服务卖好。营销是以客户需求为导向，并把如何有效创造和满足客户需求作为首要任务，目的是让产品好卖。营销是一种战略思考，注重建立能持续销售的系统。假设一个企业要把暖手宝卖给坦桑尼亚人，从销售角度来说，企业采用销售技巧让客户买单，如电话销售、上门推销，甚至用一些更为激进的手段，即便如此还是卖不出去；从营销角度来说，企业在做这件事之前，需要先对坦桑尼亚市场做一个调查，就会发现坦桑尼亚全年的最低气温都要高于 25 ℃，暖手宝市场需求极低，所以坦桑尼亚不属于目标市场，不应该把暖手宝卖给坦桑尼亚人。销售是将产品和服务快速卖出去，收回成本，获取利润。营销需要站在更高的角度进行系统的分析并做出决策，符合消费者的需求，从而让消费者深刻了解该产品进而购买该产品。发传单、打广告等用来辅助销售的活动不算是营销，只能算是销售活动。简单来说，营销的目的是“让产品好卖”，要保障产品投资的成功。

营销策略是指企业为销售其产品和服务所采用的总体方法，它为营销的相关活动打下基础。制定营销策略需要从市场调研、市场推广、品牌策划、销售和客户服务等方面考虑，在计划书中应对产品、价格、渠道和促销四个方面进行描述。

1. 市场调研

市场调研需要调查现有市场的购买需求和趋势。购买需求包括购买力、需求量和需求的影响因素。例如，小李想经营一家小超市，他应当去调查附近居民对小超市的需求程度、居民的购物倾向、需求量、附近有几家超市、小超市的市场占有率、认同程度等情况。

市场调研就是运用科学的方法，有目的、有计划、系统地收集、整理和分析研究有关市场营销方面的信息，提出解决问题的建议，供营销管理人员了解营销环境，发现机会和问题。有效的市场调研必须是有针对性的、有计划的、科学的和能解决问题的。调研的首要任务是确定调查对象和调查方法，要选择具有代表性的调查对象，根据企业当前的人力、物力和财力策划调查样本的数量，根据实际情况，考虑采用普查、典型调查或是抽样调查。

2. 产品策略

产品策略的内容包括产品定位与组合策略、产品差异化策略、新产品开发策略、产品的生命周期运用策略及品牌策略等。

（1）产品定位与组合策略。首先，要明确企业能提供什么样的产品和服务去满足消费者的要求。一家公司不应该长期只生产一种产品或只提供一种服务，还应同时生产经营多种产品与服务。产品组合是销售者售予购买者的一组产品，包括所有产品线和产品项目。例如，宝洁公司生产清洁剂、牙膏、肥皂、纸尿布及纸巾，有五条产品线；宝洁的牙膏产品线下的产品项目有三种，佳洁士牙膏是其中一种，而佳洁士牙膏又有三种规格和两种配方。

（2）产品差异化策略。寻找差异，把细分作为营销活动的基础。伴随着技术革新和人们对于营销理论研究的不断深入，实现差异的空间范围变得异常，甚至超越了细分的范畴，差异化营销已成为现代化营销战略中的一种。产品差异化的体现方式有很多，可以是用户、服务内容、价值观等。例如，与微信相比较，陌陌除了有头像、昵称外，还有用户角色、年龄性别标签、个性签名、在线状态等参数，而且其成员列表具有微信没有的排序功能。又如，在诺基亚引领的功能机时代，手机行业的金科玉律是“续航时间长、不易损坏的手机是好手机”，但苹果手机却把功能机厂商最引以为豪的优点去掉了——苹果手机不仅续航能力差，而且因为屏幕大也不抗摔，导致了其他功能性厂商对它的轻视，结果苹果手机却凭借简洁且漂亮的 iOS 主题、流畅的触屏操作等优点大卖。

（3）新产品开发策略。市场营销意义上的新产品含义很广，除因科学技术在某一领域的重大发现所产生的新产品外，还包括：在生产销售方面，在功能和形态上发生改变，与原来的产品产生差异的产品，甚至是从原有市场进入新的市场产品；在消费者方面，能进入市场给消费者提供新的利益或新的效用而被消费者认可的产品。创业计划需要展现 3～5 年公司运营状况，如果 5 年内只经营一种产品会让投资者觉得风险太大，还会让人觉得这个公司的创新力不足。因此，在产品策略部分，对新产品的开发是很有必要的。

（4）产品的生命周期运用策略。产品的生命周期指的是产品从投入市场到最终退出市场的全过程。该过程一般经历产品的导入期、成长期、成熟期和衰退期四个阶段。在导入期，也称为启动阶段，产品需要迅速从理论变为实际，寻求天使客户进行快速验证。在成长期，可以利用前期的天使用户进行推广，扩大产品影响力，加强运营团队和自媒体建设，做好数据分析，围绕用户和数据进行产品迭代，采取各种激励手段将流量化为客户。在成熟期，企业需要维系好老客户，继续做好数据分析和产品迭代，进一步提高营收能力。在衰退期，企业要考虑的是如何接触那些流失的客户并将他们拉回来，以及思考创新和项目的转型。

（5）品牌策略。品牌策略的核心在于品牌的维护与传播。如何把品牌做到消费者心坎里去，是品牌策略中最重要的一个环节。企业可以创造一个品牌、联合一个品牌、合作或租借一个品牌。例如，华为创造荣耀品牌；海尔推出高端家电品牌卡萨帝；TCL 通过合作取得了黑莓手机、Palm 掌上电脑和阿尔卡特手机品牌的一定年限的使用权；索尼、爱立信就是品牌联合的产物。一个品牌必须在消费者心中代表某种价值，而且这个价值是独特的，融合功能、情感和精神，所以创业者必须去用心提炼。

此外，产品包装对产品的销售也很重要。同一家企业的产品要用同样的图案、同样的风格。注意等级包装，高档优质产品用优质包装。必要的时候可以选择变换包装，如不同的促销活动可以使用不同的包装。

3. 价格策略

定价直接关系企业的销售额和利润率。如何制定合理的价格，既能被顾客接受，又能带来更多利润，这是市场营销策略的重要环节。价格决定公司的利润多少。合理的定价非常重要。价格一旦确定，提价就很难了，哪怕是产品成本增加了。

产品定价一般包括成本定价法和价值定价法。成本定价法是在产品成本的基础上加上一定的百分比来确定产品价格。价值定价法是在顾客愿意支付价格的基础上扣除一部分作为缓冲。成本定价法仅基于企业自身来确定定价，而不考虑市场对产品或服务的估价，消费者被动接受价格，而且提价困难。价值定价法建立在顾客对产品的认知价值基础上，企业可以通过在营销计划中的市场定位、品牌、促销等因素来影响消费者的认知价值。

在市场环境中，新创企业一般都存在竞争对手，创业者可以依照三个步骤来综合进行定价。第一步，产品成本分析。确定生产的成本、营业费用、管理费用、财务费用和研发费用，通过各项费用相加得到产品的成本。第二步，分析竞争对手的情况。考察别人怎么定价怎么卖。可以通过考察各主要竞争对手在低档、中档及高档产品上的定价区间，然后加以加权平均计算出行业的产品平均价格，再结合自己的经营和销售目标确定产品价格。第三步，消费者分析。通过实地访问、现场调查了解消费者所认可的合理价格加以定价。注意，“一分钱一分货”，为区分产品档次，产品的价格也不可定得过低。通过综合产品成本分析、竞争对手情况分析和消费者分析三种方法，得出各个方法计算下的价格区间，进而采用各区间的合理交集作为最终产品的价格。

在定价的时候，不要尝试用低价去换取市场份额，这种做法只会赢得销量而不会赢得利润，而且后期提价会困难重重。

4. 渠道策略

选择渠道的关键，首先是要正确思量目标顾客通常在哪里购物消费，然后选择最经济最有效的办法使你的产品在这些地方占有一席之地。分销渠道的设计要考虑顾客、企业、产品、竞争、环境和中间商等，具体影响因素如表 7.4 所示。营销渠道策略是整个营销系统的重要组成部分，是规划的重中之重。它对降低企业成本和提高企业竞争力具有重要意义。

表 7.4 分销渠道设计关键因素特性

关键特性	具体影响因素
顾客因素	顾客人数、地理分布、购买频率、平均购买数量、对不同营销方式的敏感性
企业因素	总体规模、财务能力、产品组合、渠道经验、营销政策
产品因素	易腐烂的、体积大的、非标准化专业性产品、一般直接渠道
竞争因素	竞争对手的分销渠道
环境因素	经济形势
中间商因素	中间商在物流配送、宣传促销、信用条件、退货特权、人员训练和送货频率等方面的特点

营销渠道包括直销渠道和分销渠道。直销指厂家直接销售商品和服务，直销者绕过传统批发商或零售渠道，直接从顾客那里接收订单。分销渠道的参与者主要包括生产者、批发商、代理商和零售商，可能还需要支持分销系统正常运转的物流公司、仓储、人才供给机构、金融公司、广告商和一些市场调研机构。例如，从事直销或进行网络销售，就必须考虑清楚是否计划开列库存产品清单，是由自己独立完成订单业务，还是交给其他物流公司来传递服务。如果打算使用中间商销售产品，就要简要说明如何选择中间商，以及中间商与各销售网点如何接触。例如，瑞典家具公司宜家在世界各地自设卖场，专卖宜家自行设计生产的产品，直接面向消费者，控制产品的终端销售渠道，成功地使 IKEA 卖场变成了一种生活方式的象征。

在撰写创业计划书时，渠道策略部分需要明确企业的分销渠道是另辟蹊径还是与他人合作，是多渠道销售还是直销形式。撰写创业计划书的关键是要做好销售设计方案，包括具体的销售策略、销售中可能遇到的难题的化解方式、营销队伍的建设与管理、不同阶段的销售目标和方向等。

延伸阅读

华为的营销渠道

华为由于产品类型众多，因此采用了分销渠道，能够实现点、线、面的全覆盖，快速拓展市场，增加销售，较强地控制好渠道，能够加强同经销商的沟通、管理，并提高经销商的销售水平。同时，华为采取了线上线下相结合的销售模式，主要以线下渠道为主，包括运营商渠道和核心零售渠道。

在发达国家和地区的市场，华为坚持以直销模式为主，把华为的营销网络与客户接触面扩大。利用直销网络提高市场反应速度和质量，把客户的有指导性、建设性的需求高效地吸收反馈到研发和服务体系中。

在发展中国家和地区的市场，华为在“营销网络铺开”方面不断加大投入力度。一方面适当增设分支机构，加大营销人员深入一线的工作比重；另一方面建立代理和分销渠道体系。这两个方面工作的加强提高了市场关系的覆盖面，把市场的触角延伸到用户的第一线。在欠发达国家的市场，华为建立有影响力的渠道关系，并合理控制直销分支机构建设规模和成本，完成在产品市场布局上的工作，等待市场的发展。

5．促销策略

促销是企业综合运用人员推销、广告、营业推广和公共关系等手段，引发、刺激消费者的购买欲望和兴趣，从而产生购买行为的一系列活动。根据促销手段的出发点与作用的不同，可分为两种促销策略：推式策略和拉式策略。推式策略是以直接的方式，运用人员推销手段，把产品推向销售渠道。这种方式适用于企业规模小、资金不足、市场较为集中、分销渠道短、销售队伍大、产品价值高的情况。拉式策略采用间接的方式，通过广告、公共宣传等措施吸引消费者主动购买产品。这种方式适用市场广大、产品多属便利品、快速宣传、需求呈有利趋势、产品性能独特、能引起消费者共鸣的情况。

新创企业成立之初，亟须依靠促销来打开产品市场。促销活动可以是折扣、刮奖、广告、展示会和社交媒体宣传等。无论采用哪种形式的促销活动，都需要在计划书中进行描述。

延伸阅读

小米手机市场营销策略

1．产品策略

（1）产品定位：小米手机的产品理念是“为发烧而生”，目标人群是“手机发烧友”，产品推广初期有助于通过发烧友提高品牌的知名度，从而扩大影响。采用“发烧”用户参与模式，通过论坛等直观交流方式收集用户的建议，可以更多地了解消费者的需求和喜好，驱动小米成为最令用户满意的手机。硬件配置超越同价位其他品牌手机的配置，所以高配低价、高性价比，成为小米手机的卖点与亮点。

（2）产品外包装：简约环保，符合小米的特点。可承受重压，抗摔。

2. 价格策略

（1）竞争导向定价法：高配与软硬一体，以及手机配件及免费软件比市场上同配置产品价位低，同时又保证质量，具有价格优势。

（2）心理定价策略：尾数定价法，如1999元。

（3）小米手机战略优势：最低廉的高端智能手机。

3. 渠道策略

（1）在线销售：采用网络直销的线上销售渠道。以网络为载体进行B2C电子商务销售方式。开设小米官网为企业提供销售渠道，同时具有调查、服务、咨询的功能。网络直销可以节约成本，杜绝假冒产品，同时扩大品牌影响力。

（2）物流；小米的配送业务，采用凡客的物流配送体系。

（3）网站服务优势：小米公司建立了自己的官方网站，包括帮助中心、服务支持小米之家等体系。

（4）合作营销：与中国联通、中国移动、中国电信达成协议，出售合约机，预存话费送手机和购机入网送话费。与各大运营商的合作，增加了新的销售渠道和销售量，扩大产品的影响力。

4. 促销策略

（1）电视广告：2014年春节联欢晚会，投放1分钟“我们的时代”广告。

（2）微博：定期开展微博抽奖活动，吸引消费者眼球。

（3）论坛：通过小米社区和论坛将“米粉”进行整合，交流小米手机使用心得，发布各类小米手机的信息；举办各类活动，增强用户的“黏性”，培养大批的小米手机忠实粉。

（4）降价：老产品为新产品铺路。

（5）高调的发布会：采用苹果公司的策略，为产品发布召开声势浩大的发布会，吸引媒体关注，为产品上市打下良好的基础。

（6）事件营销：“我是手机控”“小米手机青春版”“工程机先发”等。

（7）饥饿营销：限量抢购，影响消费者的心理，越来越多的人愿意去“抢”手机。

（8）电子邮件营销：建立完善的客户系统，每隔一段时间向用户发送新闻邮件，通过一些实际利益让用户把邮件转发给好友。只要满足某些条件，该用户就能获得小米公司提供的奖品或一些其他东西。

（五）财务计划

好的财务计划可以帮助企业降低经营风险，提高企业的评估价值，提高企业获得资金的可能性。如果说整份创业计划书是创业者在筹资过程中所做事情的整体概括，那么财务计划就是创业计划的臂膀，为创业计划书提供有力的支撑。绝大部分的企业创业失败是因为资金断流。一份好的财务计划可以帮助企业降低经营风险。如果财务计划准备得不好，会给风险投资者留下创业者缺乏经验的印象，可能会降低风投对创业公司的估值。创业团队至少要有一个熟悉财务的成员，以避免财务报表漏洞百出。

创办和经营企业需要物质资源、人力资源、社会资源和技术资源等不同资源，创业者需要进行资源需求分析，列出所需的流动资产和非流动资产，计算购置资产所需支付的资金。财务计划需要花费较多的精力来做具体分析。在写创业计划书的时候，一般需要介绍企业的历史经营状况数据和未来财务整体规划。

1. 历史经营状况数据

历史经营状况数据针对的是既有企业。初创公司不需要，也没有这部分数据。企业在过去几年的经营状况是未来发展的重要参考，投资者会以此作为抉择的重要依据。在这一部分，创业者需要提供过去 3 年的现金流量表、资产负债表和损益表。现金流量表（见表 7.5）用来反映企业在一定期间现金及现金等价物的流入和流出情况。现金流包括经营活动现金流、投资活动现金流和筹资活动现金流。现金等价物一般指企业持有的期限短、流动性强、易于转换为已知金额现金的投资。资产负债表（见表 7.6）用来反映企业在特定日期所拥有或控制的经济资源、承担的现时义务和所有者对企业净资产的要求权，主要由资产、负债和所有者权益构成。损益表（见表 7.7）也称预计利润表，反映企业在一定期间的盈利状况，主要提供企业相关经营成果方面的信息。

表 7.5　现金流量表　　单位：元

项目	第一年	第二年	第三年
一、经营活动产生的现金流量：			
销售商品、提供劳务收到的现金			
收到的税费返还			
收到的其他与经营活动有关的现金			
经营活动现金流入小计			
购买商品、接受劳务支付的现金			
支付给职工的现金			
支付的各项税费			
支付的其他与经营活动有关的现金			
经营活动现金流出小计			
经营活动产生的现金流量净额			
二、投资活动产生的现金流量：			
收回投资所收到的现金			
取得投资收益所收到的现金			
处置固定资产、无形资产、其他长期投资回收现金净额			
收到其他与投资活动有关的现金			

续表

项目	第一年	第二年	第三年
投资活动现金流入小计			
购建固定资产、无形资产和其他长期资产所支付的现金			
投资所支付的现金			
支付的其他与投资活动有关的现金			
投资活动现金流出小计			
投资活动产生的现金流量净额			
三、筹资活动产生的现金流量：			
吸收投资所收到的现金			
借款所收到的现金			
收到的其他与筹资活动有关的现金			
筹资活动现金流入小计			
偿还债务所支付的现金			
分配股利、利润或偿还利息所支付的现金			
支付的其他与筹资活动有关的现金			
筹资活动现金流出小计			
筹资活动产生的现金流量净额			
四、汇率变动及现金等价物的净增加额			
五、现金及现金等价物的净增加额			

表 7.6 资产负债表 单位：元

资产	期末余额	负债及所有者权益	期末余额
流动资产：		流动负债：	
货币资金		短期借款	
交易性金融资产		应付票据	
应收票据		应付账款	
应收账款		应交税费	
预付款项		流动负债合计	
应收利息		非流动负债：	
应收股利		长期借款	
其他应收款		其他非流动负债	
存货		非流动负债合计	
流动资产合计		所有者权益：	
非流动资产：		实收资本	
固定资产		资本公积	
无形资产		盈余公积	

续表

资产	期末余额	负债及所有者权益	期末余额
其他非流动资产		未分配利润	
非流动资产合计		所有者权益合计	
资产总计		负债和所有者权益总计	

表 7.7　损益表

单位：元

项目	第一年	第二年	第三年
一、营业收入			
减：营业成本			
营业税金及附加			
销售费用			
管理费用			
财务费用			
资产减值损失			
加：公允价值变动收益			
投资收益			
其中：对联营企业和合营企业的投资收益			
二、营业利润			
加：营业外收入			
减：营业外支出			
其中：非流动资产处置损失			
三、利润总额			
减：所得税费用			
四、净利润			

2. 未来财务整体规划

创业计划书中，需要对未来的财务进行预测。这部分的数据要以财务报表的形式进行展示，对未来 3～5 年的财务情况进行预测。预测的财务报表包括预计现金流量表、预计资产负债表和预计损益表，如表 7.5～表 7.7 所示。通常，首先进行预计损益表的编制，其次是预计资产负债表和预计现金流量表。

此外，投资者可能会关心一些具体的财务数据，如销售收入、销售成本、管理费用、销售费用、资金支付、债务利率、收入税率、存货周转和资产利用率等。对财务情况进行预测之后，还需要分析企业的盈亏平衡点、资金来源和使用等。要写好财务计划，就必须事先明确以下几个问题：①单件产品的生产成本是多少？②以什么价格来销售？③利润是多少？④产品的预计销量如何？⑤雇用哪些人生产、加工、销售产品？⑥工资预算是多少？⑦创业的启动资金是多少？⑧如果有融资需要，还需要在财务计划部分对需要的融资数额进行说明，如希望获得多少投资？⑨投资者可以获得什么回报？

（六）团队介绍

在投资界，有这样一种说法，“宁可投资一流团队，二流项目；也不投一流项目，二流团队”。在所有的创业资源中，人是最宝贵的资源。只要团队好，模式、市场和利润都是可以创造的。很多投资者经常会在看了摘要之后直接阅读创业团队介绍，以此来评估企业创办者的实力。而且，在相互竞争的创业计划书中能够胜出获得投资的，往往也是有好的管理团队的而不是有好的创意或者市场计划的。因此，团队介绍的描述在创业计划书中具有举足轻重的地位。这部分的内容包括管理团队和企业结构两个部分。

1. 管理团队

新创企业的管理团队一般由创业者和几个关键的管理人员构成。在创业计划书中，要从企业的创始人开始，简要介绍团队每个成员的履历，包括姓名、岗位、职务和责任、以前的工作和相关经历、以前的业绩、教育背景等。履历描述要尽可能简洁，要说明这样做人事安排的理由（为什么安排他担任这个职务而不是别人）。履历介绍完之后，要介绍公司股权的分配，可以使用表格的形式对股权进行描述。但在设计股权结构的时候要注意，要考虑企业未来发展对人才的需求，留出一定的股权比例给以后要引进的关键人才。

延伸阅读

管理团队需避免的常见错误

在组建初期管理团队和撰写创业计划书的这部分内容时，有一些常见错误需要避免。这些错误发出了一些危险信号并损害了创业计划书的可信度。

1. 将不称职的朋友或家人安排到重要的管理岗位。
2. 将你在其他行业的成功自动地转移到新行业。
3. 提出一种“由一个人组成的团队”的哲学。
4. 雇用高级经理人员却不分享企业所有权。
5. 没有披露管理团队技能或能力空缺。
6. 填补已经披露或明显存在的技能或能力空缺的计划模糊不清。

不管你的管理团队和创业计划中出现这些错误中的哪一个，你都应该检查是否应该修改或纠正。

2. 企业结构

企业结构部分要集中讨论公司将如何组织。即使公司目前的规模很小，也应该说明当前要如何组织，当公司规模成长后又该如何组织。在阐述企业结构的时候，可以以图形的方式来描述公司组织机构、内部的权力与责任。组织结构图就是一种有效的企业结构说明方式。如果不能绘制组织结构图，那就要提供企业重要组织机构的文字叙述，但要注意精简文字，不要用过多篇幅来描述企业结构，并注意分清主次。

为做好科学管理，创业者需要了解企业各部门及其职责分工，提高企业内部工作效率。在公司的运行过程中，可能会设立行政部、人事部、财务部、企划部、市场部、技术部和产品开发部等部门。不同的部门承担着不同的工作职责，如企划部负责制定公司长远发展战略、经营规划等工作，产品开发部负责产品设计、试制、编制技术规范等工作。

此外，如果企业有可以进行经营管理咨询的相关专家，可以建立一个顾问委员会，同时，在创业计划书中对每个顾问委员进行介绍。如果还有其他专业人士为企业提供服务或帮助，也应在计划书中对其进行介绍。

（七）风险分析

创业有风险，创业者要具备风险承受能力。美国的创业失败率为70%，国内的大学生创业失败率高达95%。同样，投资也有风险，国外风险投资的失败率为85%～90%，而在国内，风险投资的失败率高达95%。每个风险投资者都关心他投资的项目或者企业的风险和收益，所以创业者需要在计划书中对风险进行说明。

在创业的过程中会遇到很多问题，可能是创业者自身的问题，也可能是创业企业的问题。例如，创业者自身知识、能力和资源不充分，这三个因素是创业者自身的原因，是完全可以通过后期的努力改善的。再如，项目不适合或者市场太小，技术不成熟或者太过陈旧，团队组建或管理不力，资源不够充分等问题，属于企业层面的问题。在风险分析部分要介绍如何规避这些风险。

为进一步深入剖析企业面临的风险并进行针对性的管理，可以按照创业风险的内容进行分类，具体可以划分为技术风险、市场风险、财务风险、管理风险和环境风险等。技术风险因不确定性因素导致的技术开发受阻或技术替代会导致投资的失败，包括开发风险、转化应用风险和技术寿命风险。市场风险可能包括新产品或新技术对市场需求不适应、市场接受的不确定性、市场需求增长速度的不确定性、市场竞争的不确定性等因素，它是导致新产品、新技术等失败的核心风险之一。财务风险是指因资金不能适应需求而导致创业失败的可能性。财务是公司的命脉，财务风险的控制对创业公司尤为重要，要慎重考虑。管理风险主要的影响因素包括创业者的素质、决策风险和组织风险。企业的组织结构必须根据企业成长的不同阶段进行调整。环境风险是指企业所处的社会环境、政策、法律环境变化或因意外灾害而造成创业失败的可能性。创业者必须时刻关注环境风险的分析和预测，尽量把环境风险降到最低程度。

任何企业发展到一定阶段，都会面临创业者与投资人的退出问题。风险资本的退出使得创业者和投资人有机会套现先前的投资。例如，美团收购摩拜，摩拜的创始团队和投资人获得大量套现。

在创业计划书风险分析部分，需要关注以下关键问题。

（1）公司将会面临哪些基本风险？哪类风险是最影响公司生存和发展的？

（2）公司将会采取哪些措施应对面临的相关风险？

（3）市场和技术中最大的风险可能分别出自哪里？

（4）公司有哪几种退出方式？首选的退出方式是哪种？投资回报是多少？

（5）如果选择以公司上市为基本退出方式，商业计划书中是否有以公司上市为目标的相关运营计划？

三、创业计划书的优化

千篇一律的创业计划书很难吸引目标读者的关注。要使创业计划书质量好，能体现出项目特色，受到目标读者的青睐，优化必不可少。可以说，好的创业计划书不是“撰写”出来的，而是不断“优化”出来的，因此，创业者要想让创业计划书取得好的传播效果，必须对其做好优化。根据优化对象的不同，创业计划书的优化可分为内容优化和形式优化两大类。

（一）内容优化

创业计划书的内容优化主要是针对创业计划书的篇幅、段落、语句、字词、标点等文字内容部分展开的优化，具体来说包含以下三个方面。

1. 篇幅结构优化

内容优化应首先调整创业计划书的整体篇幅，适当调整、归并章节内容，做到详略得当，保持章节平衡。与此同时，创业计划书的内容优化要关注突出重点。对于每一份创业计划书，创业者在编制时都应根据目标读者的特点有针对性地组织材料和撰写，从目标读者最关心的问题入手，采用独特的呈现方法和叙述思路，做到详略得当、重点突出。此外，对于创业项目的核心技术等机密部分应加以简化，以防泄密。

2. 语言表述优化

编制创业计划书应采用简明、清晰的表达方式，采用通俗易懂的语言展示市场调查的相关内容和市场容量，确定消费者的需求，解释他们为什么会购买本创业项目的产品（服务），为什么本创业团队最适合实施这一创业项目等。创业计划书相关内容的描述应尽可能做到规范化、科学化，同时需要注意目标读者中有一部分是没有相关专业知识的银行家、投资人等，因此在编制创业计划的过程中，创业者不应该对技术或工艺进行过于专业化的描述或进行过于复杂的分析，而应力求简单明了、深入浅出。对必须引用的专业术语及特殊概念在附录中给予必要的解释和说明。此外，创业者还要注意创业计划书中所使用资料的时效，制订周期长的创业计划应及时更新有关资料依据。

3. 文字通过统一性优化

创业计划书的文字表达要顺畅，要求词能达意，谨防出现语病。此外，创业计划书内容多、涉及面广，因此应由创业团队分工完成，但团队负责人应统一协调定稿，保持前后逻辑严谨，以免出现内容零散、不连贯、文风相异等问题。

延伸阅读

编制创业计划书的“三忌”

1. 忌过长。过长的创业计划书很可能会“淹没”项目的关键点，分散读者的注意力，影响读者对创业项目的准确认知。

2. 忌太过简略。创业计划书是用于阅读的，过于简略的创业计划书，往往解释不清对读者最有吸引力的内容。

3. 忌太过空洞。创业计划书中诸如“巨大的市场空间”“领先的技术”“丰富的运营商关系”等描述较为空洞，无法使读者准确评估创业项目的优劣。

（二）形式优化

创业计划书的形式优化，主要是针对文字内容以外的部分展开的优化。整体要求为使创业计划书既美观大方，同时又能凸显本创业项目的特色。一般而言，创业计划书的形式优化应依次重点做好图表处理、排版设计和封面设计的工作。

1. 图表处理

（1）图表美化。编制创业计划书应尽量选用清晰度高的图片，并将全文图片的大小设置为一致，尽量避免图片模糊、大小不一。在此基础上，创业者可利用各软件自带的“快速样式”来快速美化图片。

制作表格应尽量保持各行各列分布均匀，表格内字体统一，避免表格过大甚至超出页面。创业者可直接利用各软件自带的“表格样式”或“新建表格样式”来达到美化表格格式的效果。

（2）设置编号与标题。图片和表格应按在创业计划书中出现的顺序依次编号、确定标题，并列于图片下方、表格上方。

（3）排版。单一图表一般采用居中排版，有特殊需要除外。图片较多时，创业者可借助 SmartArt 图形或表格快速实现多图、图文排版。

2. 排版设计

创业计划书要美观大方，应恰当使用不同的字体、字号、文字颜色、段落间距等。为凸显某些重要信息，还可以加粗文字以及为文字添加下划线、颜色底纹等。

（1）字体设置。主体部分统一字体，全篇字体数量尽量控制在 2～3 种。与正文相比，标题应当字号更大且更粗。尽量使用简洁的字体，如宋体（标宋、书宋、大宋、中宋、仿宋、细仿宋）、黑体（中黑、平黑、细黑、大黑）、楷体（中楷、大楷、特楷）、等线体（中等线、细等线）、圆黑（中圆、细圆、特圆），这些字体是标准的基础字体，虽然普通却很耐看，一般内文都使用这些字体。花体的装饰性太强，具有特殊的美化效果，一般只能在篇幅较小的地方使用，比如标题。

（2）确定字号大小。为保持创业计划书在视觉上风格统一，其每个层级的文本元素在不同的版面上应保持相同或统一的视觉风格，因此在排版时，每个层级应使用一种字体和字号，避免不同版面显得杂乱。一般来说，字号逐级变小，字号级数不可太多。

（3）确定间距。为保持文字清晰，字与字之间、行与行之间需要保持合适的间距。

字间距：为了让读者有良好的阅读感受，应避免字间距过窄。一般来说，字距由字体决定，如楷体对字间距的相关要求较低，而黑体和宋体由于对文字四边的空间利用率较高，字间距需要稍大才能使读者感觉舒适。如果需要集中排版，就要选择更小的字体，从而空出适当的间距。

行距：适当地增大行距更能增强文字内容的易读性。一般而言，除追求特殊的效果外，汉字的行距要比字距大，如 10 磅的字体对应的行距应为 12 磅。

（4）对齐。对齐主要是指让创业计划书的头尾对齐、段落对齐。为保持文段的完整性，不要让标点出现在行头。

（5）增强阅读舒适性。在完成前述排版工作的基础上，创业者可考虑利用首字下沉、添加文本阴影、文字环绕、添加任意形状的文本框，让枯燥的文本块产生一定趣味性，从而增强阅读舒适性。

3. 封面制作

创业计划书的封面应包括文字信息和图片元素两大内容文字信息部分可以列明创业项目名称、企业名称、创业团队的主要成员、创业计划书编制的日期，此外还可用一句话概括创业项目的主题、特色和愿景。图片元素不仅应美化封面，更应突出创业项目的特色，让人耳目一新，给人留下深刻的印象。此外，为体现创业项目的特色，形式优化还可通过采用特殊开本、调整整体色彩、选用不同图标等来实现。

第三节 创业计划书的展示

创业计划展示的过程具体来说就是把静态的创业计划书内容制作成可视化文档（如 PPT、活动挂图、视频等），并通过演示者充满信息含量和感染力的展示，把复杂的问题变得通俗易懂，旨在增强交流、引起共鸣，给风险投资者留下深刻的印象，从而使其接受观点，并进入下一步的深入沟通和合作。创业计划书除了能用于吸引风险投资外，还具有许多其他功能。比如梳理创业思路、产品发布、渠道招商、成交客户、凝聚人心、吸引人才、影响股东等。美国苹果公司联合创办人史蒂夫·乔布斯就是一位演示专家，他把商业计划演示运用到每次苹果新产品的发布会中，通过一系列图片和简单文字引导大家认知新产品的来源、能解决什么“痛点”问题、具备哪些功能、实际运用效果等。此外，每位创业者和大学生都需要学会演示技巧，因为在未来的创业和工作过程中，都有大量的演示机会去推销和传递自己的想法、创意和项目，这也是进行有效信息沟通的一种基本职业技能。

一、路演的内涵与功能

有项目无资金是创业活动中普遍存在的问题。很多创业者都认为自身的项目很好，但是优秀的项目如果没有资金的支持，就很难在众多项目中脱颖而出。推介项目可以有很多形式，而要使投资人在短时间内迅速了解一个项目，路演无疑是最直观、最快捷的方式。路演不仅节约了投资人的宝贵时间，也给创业者和投资人提供了交流的机会。

1. 路演的定义

演示也被称为路演（Road Show），原指一切在马路上进行的演示活动。它是演示者向他人推荐创意、想法、观点的一种主要表达方式。公司或创业者为获取融资经常使用演示这种表达方式向风险投资者进行推荐并与之沟通。目前，由于商业计划演示能在较短时间内传递大量信息，其已成为创业者用来与风险投资者交流的主要工具。

随着商业活动的不断演进，路演这种广受欢迎的推介形式逐渐被移植到了企业宣传、推广上来，并且路演的形式也变得越来越丰富多彩，如企业产品发布会、媒体发布会、产品展示、产品试用、产品特卖、现场咨询、有奖问答、文艺表演、游戏竞技等。这些路演形式往往能够在活动之中潜移默化地提高企业的知名度，成为客户比较认可的一种宣传推介形式。

延伸阅读

路演的起源

顾名思义，路演就是在马路上进行表演。路演最早出现在美国华尔街，一些股票经纪人为了说服别人来买他们的股票，站在马路上大声地宣传和吆喝，以达到吸引购买者的目的。后来，这种交易慢慢转入了股票交易大厅。现今虽然有了比较先进的电子交易手段，但是，路演这种特殊的吸引交易客户的方式还是被保留了下来，成为商业活动中经常出现的一种吸引投资人的方式。

2. 路演的功能

路演是指通过现场演示，引起目标人群的关注，让他们产生兴趣，最终实现销售的目的。基于这个目的，路演有三种功能：一是融资，许多大的融资项目都始于项目创业路演；二是宣传，让更多的人知道项目、企业或产品，扩大新创企业自身的知名度和增强其影响力；三是销售，通过为目标人群提供试用机会，提高创业产品的销量。

思政讲堂：

扎根祖国大地贡献青春力量

中国国际“互联网+”大学生创新创业大赛是由教育部与有关部委共同主办，被誉为全国最高规格的学科竞赛。大赛共有校级、省级、全国赛三级赛事，旨在深化高等教育综合改革，激发大学生的创造力，培养创新创业生力军；推动赛事成果转化，促进“互联网+”新业态形成，服务经济提质增效升级；以创新引领创业、创业带动就业，推动高校毕业生更高质量创业就业。

2020年11月19日，第六届中国国际“互联网+”大学生创新创业大赛“青年红色筑梦之旅”赛道总决赛结果出炉，“博士村长——贵州脱贫攻坚的一线战士”等23个项目获得大赛金奖。从黄土高原的“花课倮”，到那阳湖边的“鱼米米”，从“太行路党参”到西部“参芪草”，从掌上“智”村到蚁巢伞……大学生创客们从祖国各地会聚而来，演绎着一个相同的主题——扎根祖国大地，扶智扶志，以有燎原之势的星星之火，贡献澎湃的青春力量。

路演的关键是通过讲企业故事传播企业实力和文化，从而赢得投资人的好感。很多企业的产品都是靠讲故事销售的，路演也必不可少地需要讲故事。迪士尼能成为全世界了不起的营销奇迹，原因之一就是它让客户沉浸在一个又一个的故事里。所以，讲好故事很重要。

二、创业计划演示的商业逻辑

（一）风险投资者关注的三大类问题

通过演示向风险投资者传递信息需要严谨的逻辑和表达方式。虽然每个创业计划书中的产品和领域各有不同，但所需要表达的商业逻辑却大体相似。因此，演示者在准备自己项目的商业逻辑时，可以先借用推荐的创业计划表达逻辑模板，之后再根据项目特色和表达习惯对逻辑进行完善和调整，最后形成一个专属的创业项目商业逻辑。

从风险投资者对商业计划认知的角度来考虑，最简单的商业计划逻辑和风险投资者最想梳理清楚的三大问题是：干什么、怎么干、如何撤。而商业计划书就精准地回答了这三大问题。从“干什么”的角度来说，这类问题解决的是让风险投资者对创业项目有一个初步认知和基本判断，比如创业项目是解决什么人的什么“痛点”问题，采取什么解决方案，是否有投资价值等。该类问题可以说是商业逻辑中最重要的问题，它可以让风险投资者决定是否有兴趣与创业者进一步深入沟通。此外，“怎么干”可以调整，而“干什么”即项目的想法和创意是轻易不能改变的。如果“干什么”获得了风险投资者的肯定，那么我们就可以继续提出“怎么干”的一系列问题，这就包括产品、市场、团队等内容。最后，如果“干什么”和“怎么干”都没问题，那就要告诉风险投资者“如何撤”的问题，而这些问题涉及发展规划、财务和融资计划、资本退出方式等。

（二）创业计划演示逻辑图与分析

图 7.2 是根据“干什么—怎么干—如何撤”这个基本逻辑延伸出来的 12 个商业计划演示逻辑点（可以把这个商业计划演示逻辑简称为“三大问题与 12 个逻辑点”）。

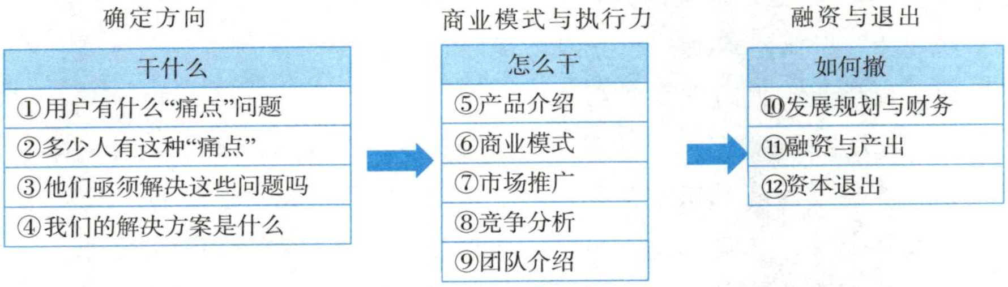

图 7.2　创业计划演示逻辑图

1.“干什么”主要是确定创业项目的方向性问题

首先，要讲清楚该项目可以为用户或客户创造的价值到底是什么，怎样提供这种价值？所以商业逻辑的第一点就是要单刀直入地分析用户有什么“痛点”问题（逻辑点一），因为没有什么比让风险投资者认可用户存在创业者所指出的“痛点”更有说服力了。对企业的项目要讲客户“痛点”，对消费者的项目要讲用户“痛点”，平台性质的项目要讲清楚平台两方的“痛点”。既然我们把发现的问题叫“痛点”，而不是叫“痒点”或者其他什么名词，那就是要把点落在“痛”上，就必须是真“痛”，就需要一针见血，能够通过文字和数据描述清楚，能转化出结果。其次，需要关注有多少人有这种“痛点”问题（逻辑点二），也就是说市场规模究竟有多大，未来扩展的可能性有多大？这里主要回答和市场机会相关的问题。风险投资者可能会担心这个需求是非典型性的需求，或者说比较边缘化，可以理解为虽然很“痛”但是需求量不大。再次，还要进一步确定这些“痛点”是必须立刻解决的（逻辑点三），而不是伪需求。最后，看到了“痛点”，就要演示解决方案了（逻辑点四）。演示者在讲解解决方案时要注意两点：一是要尽可能提供一个简单直接的解决方案，因为风险投资者通常相信简单、直接、有效的产品容易实现商业闭环，并且容易被快速放大；二是解决方案要跟前面提到的“痛点”在商业逻辑上形成映射关系，也就是说所提出的方案能够解决前面提出的那些“痛点”问题。

2.“怎么干”主要解决商业模式和执行力的问题

“干什么”部分已经给出了投资项目的方向，接下来就需要回答解决方案所蕴含的商业模式和执行力的问题。

（1）由于商业模式通常比较抽象，所以我们需要先交代清楚产品与服务的具体形态（逻辑点五），这样比较有利于帮助投资者更准确地理解商业模式。那么，产品究竟长什么样？用户会不会喜欢，会不会购买呢？为了不挑战风险投资者的理解力，产品与服务的介绍一定要尽量直观，也就是尽量借助产品截图或场景图来展现。同时，要把核心功能或使用方式交代清楚。如果产品非常复杂，那就使用一些关键功能的展示图来辅助说明用户如何通过产品得到核心需求的满足。

（2）在产品与服务介绍的基础上，需要明确给出创业项目的商业模式（逻辑点六）。介绍产品与服务背后是一个怎样的价值系统在支撑整个的用户体验，最终又会在哪个环节、靠什么方式赚钱？商业模式介绍其实需要阐述两个方面的信息。首先要介绍商业模式所构建的价值系统是怎样的一个体系。例如你在家门口开个小餐馆或小超市，这个价值系统就非常简单，你很容易讲清楚商业模式的特点价值。但是如果你要创建一个电商平台卖快餐或百货，那就会形成一个复杂的价值系统。这个价值系统会由哪些要素构成，如何形成商业的闭环就是商业模式要交代的事。在此基础上，你还需要向风险投资者交代你在整个价值系统中的哪些环节赚钱，也就是你的盈利点在哪里。也就是说，价值系统加上盈利点，两者相结合才是关于商业模式的完整介绍（商业模式介绍可见第六章）。

（3）如果方向、商业模式都没问题了，接下来风险投资者关心的就是执行力问题。风险投资者关心的第一点是这个产品与服务能不能在市场推广出去（逻辑点七），也就是说能不能把它卖出去并产生收入。所以接下来要说明的就是，在营销推广方面有什么独特的方式来解决快速启动的问题，以及如何跑得更快。假如项目在推广上已经产生一定的效果，建议放一些能够证明你推广能力的数据。例如用户量、获取客户成本、用户活跃程度等相关数据，这些对证明你的执行力都非常有说服力。

（4）证明执行力的第二个点是竞争力（逻辑点八），也就是能否在激烈的竞争中脱颖而出并且一直立于不败之地。风险投资者需要知道该项目所阐述的产品与服务都有哪些有代表性的竞争对手，凭什么存活下来并且还能做大做强，产品与服务到底具备哪些核心竞争力和优势。大部分创业者在竞争分析时通常做得不够深人，建议把竞争分析的功课做得越到位越好。

（5）上述部分阐述清楚了创业项目的基本内容了，接下来风险投资者就会关注执行力的第三个点——创业执行团队的现状（逻辑点九）。创业团队是不是足够优秀，有什么长板和短板。在这部分创业者应该尽量突出团队成员的特色、团队成员之间的互补性，以及每个团队成员都有哪些漂亮的业绩，而不仅仅是告诉风险投资者每个团队成员的从业经历。

3.“如何撤”主要阐述项目的融资和退出问题

如果前面的内容叙述得清晰易懂，并且项目足够好，那么风险投资者应该已经对创业项目具有浓厚的兴趣。接下来就应该详细说明一下和融资相关的事情。首先，风险投资者会关心项目的发展规划和财务信息（逻辑点十）。具体包括项目处于什么发展阶段，过去和未来每个阶段的目标是什么，未来的财务计划是什么。这部分内容应包含四个方面关键信息和指标：①公司的关键发展指标有哪些；②创业以来不同阶段的发展情况怎样；③未来目标的阶段性分解（早期项目应做 12～18 个月目标分解，此外，可以加上未来 2～5 年的年目标）；④与项目发展规划匹配的财务计划。这些信息和指标可以提高项目未来价值实现的可信度。此外，建议创业者认真评估每个目标的达成可能性后再呈现给风险投资者，不要过于激进，以免遭到风险投资者的质疑。其次，需要明确告诉投资者需要多少投资额，这些钱的具体用途，这笔钱能花多久，以及能达成什么目标和产出（逻辑点十一）。不同阶段和不同领域的项目达成的目标和产出各有不同，可以告诉风险投资者当拿到这笔钱后公司可以产生多少交易量或获取多少客户，也可以让风险投资者相信公司获得融资后项目可以占领多少市场份额等。最后，依据项目发展规划和财务计划，告诉投资者退出计划（逻辑点十二）。资本退出可以是某个具体的方式，也可以是有选择的方案。

延伸阅读

演示逻辑的运用案例：ofo 共享单车

共享经济已经成为社会服务行业内最重要的一股力量。在住宿、交通、教育服务、生活服务及旅游领域，优秀的共享经济公司不断涌现。北京拜克洛克科技有限公司创造的 ofo 共享单车是一个无桩共享单车出行平台，缔造了“无桩单车共享”模式，致力于解决城市出行问题。用户只需在微信公众号或 App 上扫一扫车上的二维码或直接输入对应车牌号，即可获得解锁密码，解锁骑行，随取随用。ofo 共享单车不生产自行车，只连接自行车，让人们可以通过 ofo 解锁自行车，满足短途代步的需求。截至 2017 年 10 月，ofo 共享单车日订单已经突破 3200 万。本案例研究的是 ofo 共享单车在 2016 年获取 A 轮融资后，希望进一步获取更多融资和拓展的阶段。在这一阶段，该企业定位于国内首家以平台共享方式运营校园自行车业务的新型互联网科技公司，以“ofo 共享单车”为核心产品，专注于移动互联网应用及智能硬件开发，为大学师生提供便捷经济、绿色低碳的校园共享单车服务。当时，该共享单车已经入驻北京 20 多所高校，并逐步开始向上海、广州、武汉等地的高校拓展业务。在这个时期，ofo 共享单车已经开始接触规模更大的风险投资者，向他们演示和传递商业计划。下面我们按照总结出来的“三大问题与 12 个逻辑点”原则，依次来分解和剖析 ofo 共享单车在这个融资阶段的商业计划演示逻辑。

1. 用户有什么“痛点”问题

国内多个城市拥有公共自行车租赁系统，但并未涉及校园，大学生面临步行时间长、校园用车难等尴尬问题。具体来说“痛点”问题包括“挤、废、贵、丢、找、修”。“挤”是指大量自行车挤占高校空间，影响校园环境；“废”是指废旧自行车需要花费大量人力和财力进行处理；“贵”是指大学生购置新自行车的价格贵；“丢”是指如果大学生自购自行车，存在丢失的风险；“找”是指由于车辆众多，找车非常费时；“修”是指如果购买二手车，维修比较花钱和费精力。

2. 多少人有这种“痛点”

ofo 共享单车在此阶段的主要目标客户是高校大学生和教师。国内共计有 2000 多所高校和超过 3000 万的大学生，如果每人年均消费 70 元，市场容量将超过 20 亿元。

未来还可以继续覆盖人口众多的社区和地铁站周边，解决1～3公里的出行问题。

3．他们亟须解决这些问题吗

目前大学生功课繁忙，业余活动频繁，时间紧张。为了提升大学生出行效率和降低成本，自行车成为高校内最有效的交通工具。

4．我们的解决方案是什么

以“ofo共享单车”为核心产品，专注于移动互联网应用及智能硬件开发，为大学师生提供便捷经济、绿色低碳的校园共享单车服务。

5．产品介绍

在公司自购单车和用户自愿携车加入的基础上，通过关注微信服务号和下载App，运用智能车锁，为高校师生提供自由流动、随取随用的自行车共享模式。

6．商业模式

在共享单车模式中，共享单车的服务对象是有出行需求的高校师生，需要为这些客户创造高效便捷的出行体验；价值的载体是ofo共享单车；公司需要开发智能车锁、微信服务号和App，并需要整合自行车制造厂商的制造资源、高校的准入许可，从而实现客户价值；在ofo共享单车的盈利模式中，收入主要包括共享单车的使用收益、用户套餐及付费产品收益、微信渠道合作收益等，而成本包括人员费用、软件开发费用、自行车购置费用、广告宣传费用等，它们的差值形成最终的利润。可持续盈利能力主要指如何留住客户，形成多次交易。例如，为客户提供共享单车的年卡或月卡优惠服务，对客户每一次消费提供优惠而留住客户。以上环节形成价值循环系统，为企业带来盈利和发展。

7．市场推广

ofo共享单车的市场推广策略可以分为自身营销策略和合作渠道推广。其中自身营销策略包括自媒体营销、校园推广、红包营销，合作渠道推广方式包括校园合伙人、社团合作院系合作等。

8．竞争分析

ofo共享单车的主要竞争对手是摩拜单车。与竞争对手的比较如表7.4所示”改成如下内容：与竞争对手相比，两者的差别主要表现为车辆设计和技术不同、用户体验不同、费用和押金政策不同、融资和扩张策略不同。ofo和摩拜各自采用了不同的策略来占领共享单车市场，ofo通过快速扩张和低成本策略来吸引用户，而摩拜则通过提供高质量、智能化的单车服务来稳固其市场地位。

ofo共享单车创业项目具备四大核心竞争力，即最熟悉市场、最先占领市场、成熟的商业模式和品牌效应初步形成。

9．团队介绍

创业团队成员均是来自北京大学的硕士研究生，同属于北大车协成员，已经有多次合作经历，熟悉高校和大学生需求，是一支熟悉产品和市场的高素质创业团队。

10. 发展规划与财务

在 2016 年 5 月，公司业务已拓展至北京、上海、广州等地的 40 余所高校，共享单车数量 1.5 万辆，注册用户 40 余万人，日均用车次数超过 10 万次，累计订单数超过 600 万笔。

公司战略规划分为四个阶段。第一阶段，在北京市内选择 4～5 所高校进行试点，整合团队，完善商业模式。这一阶段已经完成。第二阶段，进行快速扩张，进驻北京、上海、广州的 60 所高校。这一步正在进行。第三阶段，进驻全国 500 所高校。第四阶段，进驻全国 1 500 所高校。未来，ofo 小黄车还将探索共享单车在城市中的运营模式。自行车作为 3 公里内最经济便捷的出行方式，在城市内有着巨大的市场空间。公司财务目标是保持正常现金流，在扩张过程中不断吸引新的风险投资者进入。

11. 融资与产出

第一阶段已经融资 900 万元人民币，目前期望融资 2500 万元人民币，所占股份面谈。所融资金用于第二阶段快速扩张市场。

12. 资本退出

未来共享单车市场可能会出现双寡头垄断局面，各寡头占据各自的目标市场，最终，ofo 共享单车有可能会通过公开上市方式或兼并方式让资本退出。

三、创业计划路演展示材料的制作

在创业项目创业计划演示过程中，风险投资者希望演示者用非常清晰的逻辑层层推进项目介绍，并且在保证要点突出的基础上把项目介绍完整，而创业计划演示配套 PPT、路演视频等多种路演展示材料是展示创业计划逻辑的最好工具，能清晰、准确和图文并茂地表达演示者的观点。

（一）路演 PPT 的制作

路演 PPT 展示的内容是路演主题的提炼，也是路演逻辑的线索，能起到提供文字说明和内容提醒的作用。

1. 路演 PPT 的结构设计

路演 PPT 是路演的一个重要元素。事实上，支撑路演开展的重要材料就是路演 PPT。一套完善的路演 PPT 能给客户带来无与伦比的现场体验，为实现使客户“从接受到投资”奠定基础。

路演 PPT 可以按照下面 7 点建议来设计结构。

（1）一句话定位项目。开门见山地说清楚要做什么。可以高瞻远瞩，可以“哗众取宠”，可以朴素动人，但是千万要能引人入胜。

（2）市场分析。用数据说话，梳理一个逻辑，通过一个个小结论，最终证明一个大结论，也就是项目所想要说明的市场动向。

（3）优势和亮点。独立提出或有关联地单独提出优势和亮点，与市场分析相呼应，配合详细的演说，充分展示所有内容。

（4）团队构成及主要经历。可将团队结构图像化并配以高清照片及三个以下的重点经历，并单独列出团队经历。

（5）战略结构及发展。阐述当下的战略结构和未来的发展战略结构，并按照时间节点，介绍发展计划以及说明业务规模发展计划、业务能力发展计划等。

（6）财务预估和融资信息。将财务结构图像化，包括股权比例图、投资回报周期图、资金分配图等。

（7）结束页面。公布联系方式，包括手机号、二维码、公司的地址和网址等；也可以加上结语，突出企业的 logo 等。

2. 路演 PPT 的内容设计

在大多数情况下，人们对于图的记忆总是优于对文字的记忆。如果整个路演 PPT 中全是大段的文字，没有配图或留白，则很难吸引观众的注意力。这是因为人们大脑中原有的信息已堆积如山，如果大脑对新信息没有兴趣就很难再接收这些信息。与文字相比，图形更形象生动，更容易让大脑理解，即所谓的“一图胜千文”。

创业计划演示 PPT 根据演示时间和产品不同，一般将页数控制在 10～20 页。演示 PPT 的内容组织可以由很多种逻辑构成，依照创业计划演示的商业逻辑原则，本部分创业计划演示 PPT 内容设计方案的主要模块包括以下几个方面：封面、导入、解决方案、商业模式、市场与竞争分析、管理团队、财务分析与融资方案、结尾。

（1）封面。需要给出公司名称、logo、联系人及联系方式。此外，在封面上需要给出关于创业项目的一句话描述（有时也称“口号”），也就是要用最简洁的描述开门见山地向风险投资者交代这是什么项目。例如 ofo 共享单车提出的口号是“随时随地有车骑”。假如你的项目符合他的偏好，或者描述得非常有抓力，风险投资者就会对后面的演示内容更感兴趣。本部分内容可以用 1 页 PPT 阐述。

（2）导入。这一部分主要和“痛点”问题相关。需要讲清楚用户存在怎样的“痛点”问题，而你的创业项目能为他们创造什么价值。这里就涉及发现了用户的什么“痛点”问题（最好能具体列点说明）、有多少用户有同样的问题、他们亟须解决这个问题吗、目前他们如何解决这个问题、目前的解决方案存在什么问题。本部分内容可以用 1～2 页 PPT 阐述。

（3）解决方案。项目准备用什么方案或产品来解决用户的这些“痛点”，解决方案具备哪些优势，解决方案进行到了哪一步。此外，还需要对解决方案所依附的产品与服务进行详细介绍。本部分内容可以用 3～5 页 PPT 阐述。

（4）商业模式。在这一部分需要介绍所构建的价值系统是怎样的一个商业体系。具体内容包括价值系统由哪些要素构成和如何形成商业的闭环。此外，还要向风险投资者说明在整个价值系统中的哪些环节赚钱，也就是盈利点在哪里，以及未来收入的延伸。本部分内容可以用 1～2 页 PPT 阐述。

（5）市场与竞争分析。在执行层面，需要介绍在营销推广方面有什么独特的方式来解决快速启动的问题，以及如何跑得更快。在竞争分析方面，需要说明产品与服务有哪些有代表性的竞争对手，本项目凭什么生存下来，并且还能做大做强。在这一部分一定要讲清楚项目的差异化定位和商业模式差异等问题。本部分内容可以用 2～3 页 PPT 阐述。

（6）管理团队。在这一部分演示 PPT 中，应该尽量突出创业团队的完善性、团队成员之间的互补性，以及每个团队成员有过哪些漂亮的业绩，而不仅仅是告诉风险投资者每个团队成员的从业或求学经历。本部分内容可以用 1～2 页 PPT 阐述。

（7）财务分析与融资方案。在这部分需要给出创业项目的发展规划，未来 3～5 年的财务预测指标、融资计划和用途、退出方式等。本部分内容可以用 3～4 页 PPT 阐述。

（8）结尾。如果一个创业项目能为用户解决“痛点”问题，那就一定存在着商业价值和社会价值。在结尾处最好抒发一下情怀和抱负，升华一下风险投资者对创业项目和团队的认知。本部分内容可以用 1 页 PPT 阐述。

商业计划演示的逻辑各有不同，PPT 演示方案也不是千篇一律。演示 PPT 制作者可以把上述方案作为一个演示 PPT 制作基础模板，然后根据项目和需求的不同进一步调整和优化。

（二）路演视频的制作

视频是最直观的展示工具，路演视频往往能够在调动观众感官的同时，带来意想不到的路演效果。通过展示视频，观众能够更好地了解项目状况。在销售路演时，路演者借助视频对企业的产品或服务进行展示，能够让观众对企业的产品或者服务有更清楚的认识；在商业路演时，路演者借助视频展现企业的雄厚实力以及产品优势，能够更好地吸引观众。

制作路演视频的方式多种多样，但一般都围绕三个步骤展开。一是前期策划。前期策划相当于策划文案。在进行策划之前，路演者需要事先收集企业的资料、行业的资料，这样策划出来的文案才会更严谨。二是中期拍摄。在中期拍摄这一步，路演者要确定拍摄重点，这样才不会让拍摄出来的画面毫无意义、毫无重点，也不会让一些不重要的镜头喧宾夺主。三是后期制作。在这一步，路演者要将拍摄出来的镜头整合在一起，配上文字、画外音等形成一部完整的视频。

需要强调的是，路演宣传片几乎就是有“干货”的、格调很高的、会动的 PPT，因此必须突出专业性。路演者可聘请专业的媒体公司设计制作。

四、路演的讲解

很多人认为既然已经有路演 PPT 就不用准备演讲稿了，其实，这是错误的认识。不管实际情况如何，即兴演讲的成功率都是比较低的。那些看起来即兴的或非正式的演讲，往往都需要进行长时间的准备和练习。为提高路演效率，路演者在讲解方面应做精心的准备。

（一）演讲稿的准备

演讲稿作为路演者讲解的依据，能够帮助路演者确定路演目的和主题，梳理讲解思路，提示讲解内容，并能帮助路演者把握讲解节奏。一份好的演讲稿，能突出创业项目重点，助力路演者充分展现创业项目的优势。因此，路演者在路演前应精心准备好演讲稿。

1. 结构清楚，逻辑清晰

路演的观众规模一般都不小，再加上演讲环境的不确定性，路演者最好在进入主题之后马上给出所讲内容的框架结构，让投资人能够跟随演讲的思路，更好地预判演讲内容，以取得良好的演讲效果。

演讲稿在结构方面的逻辑顺序有许多种，包括话题顺序、时间顺序等。除此之外，还有空间顺序、“提出问题—分析问题—解决问题”的顺序等。路演者可以根据自己的演讲内容来安排演讲稿的逻辑顺序和整体结构。演讲稿的结构设计应该紧密，使内容一步一步地向前推进，让观众跟着演讲的思路走。

2. 内容出彩，触动观众

演讲稿往往需要路演者花大量的时间去设计。在设计时，路演者要结合投资人的特点、演讲场合和演讲主题等因素，争取在一开始就紧抓投资人的注意力和兴趣。演讲的目的是吸引观众，路演者可以采用“将话题与观众关联”的方式，这是一种比较有效的实现演讲目的的方式，因为人们一般对自己的事情都很关注，也会格外留意和自己相关的事情。

此外，路演者还要注意在更高的情感层面触动观众，即在理性层面之外，在感性层面与观众产生一定的情感共鸣，从而更容易地打动观众。现在，仅仅通过提供数据的方式是难以吸引观众的，而讲述充满人情味的故事、与观众息息相关的重要新闻事件，往往能吸引观众的注意力。

延伸阅读

国产品牌激发的情感共鸣

随着中国制造力水平的提高和国际影响力的增强，越来越多年轻人穿国产品牌、用国产品牌，从国内买东西寄到国外的“逆代购”也开始流行。国产品牌彰显文化自信，以传统建筑、服饰等为代表的东方美学开始“走红”，它们已经与潮流接轨，并带来了新的风尚。

国产化妆品牌“完美日记”推出的“家是最美中国色”系列化妆品，包括口红、眼影、高光和腮红等。在路演中，“完美日记”狠抓融合古典东方美学与现代时尚的产品特点进行推广，成功与消费者在爱国情怀和民族文化上产生情感共鸣，获得了较好的销售成绩。

3. 要点明确，支撑有效

毫无疑问，在演讲稿中，主体段的信息量是最大的，因此写作量也最大。如何清晰地阐释演讲要点，如何用相关事实有效地支撑各个论点和要点，是路演者写作设计演讲稿主体段时要把握的关键。观众亲眼看到的产品要比路演者口头描述的产品生动得多，因此展示产品的实物、照片、视频等能够强化项目要传递的思想，让路演更加真实可信，更具说服力。

在准备演讲稿时，路演者还不能忽视产品的现场演示。产品的现场演示不仅仅是把产品拿出来让观众看看而已，如果能当场操作，会让观众更真切地了解到产品究竟是什么样子。这一环节还能帮助路演者不断刺激观众大脑的活跃度，让观众时刻保持兴奋，从而取得良好的路演效果。

4. 善用修辞，造势点睛

演讲往往需要用一些起伏的情绪和内容起到“画龙点睛”的作用。如果通篇语言平淡，演讲的精彩程度也会大打折扣。文字内容固然重要，但表达方式可以使演讲获得不一样的效果。因此，演讲稿中要融入一定的修辞手法。

比喻使语言更具黏性。比喻可以创造一种独特的感觉，并且可以简化复杂的思维。而设问是为了引起观众的注意，故意先提出问题，然后自己回答的一种修辞手法，它的作用是提醒观众思考，或重点突出某些内容。排比和引用也是常见的修辞手法，也被普遍应用到演讲稿中。

（二）路演演讲的语言技巧

路演演讲应以宣传、鼓动为目的，面对广大观众，以口头语言为主要形式，以非口头语言为辅助形式，为自己的企业或产品发表一系列的意见，或系统、鲜明地阐明自己的观点和主张。但这些只是路演演讲要做到的最基本的部分，而如何在现场形成强大的感染力，让投资人愿意为项目投资，才是路演者最需要考虑的问题。那么怎样才能形成强大的感染力呢？路演者可从以下 4 个方面入手，掌握相关的语言技巧。

1. 人称选择

使用第一人称会让演讲更加有亲切感。使用简单、生动的主动语态而不是复杂、乏味的被动结构，能让路演者直接与观众对话，拉近双方的距离，促使双方相互交流。路演者在做路演演讲时，应用第一人称。在介绍创业团队时，如果时间允许，可介绍自己的一些亲身经历，这样路演就不会显得冰冷生硬，而是充满温度和感情。

2. 用词及语气选择

在路演中，如果路演者能经常使用一些比较专业的词汇，就能有效地提升个人的专业度。当然，使用专业词汇的前提是观众能够理解路演者说的是什么。因此路演者需要注意选取有利于口语表达，能充分体现通俗、流畅风格的词语；要适应口语表达“口传”“耳收”的特点，不要出现太多生僻、专业的词语。同时，路演者要注意运用适合口语表达的语气。采用亲切的语气、与观众谈心的方式来演讲，话语就会自然、真切，就容易缩短与观众的距离，取得深入人心的效果。

3. 语音语调

路演者必须认真训练语音语调，努力使自己的声音达到最佳状态。在路演时，路演者可以身体前倾、腹腔放松，保持气流顺畅，让声音通过胸腔共鸣发出，以达到声若洪钟的效果，同时不应出现吞音的现象。路演者还应准确把握音量，有效地控制节奏，根据现场情况及时调整语速，尤其是在演讲的后半部分，应通过激越高亢的语调将演讲推至高潮。

4. 兴奋语言

在演讲内容中设置兴奋语言，能满足投资人的心理需要。演讲中能够引起投资人的兴趣和热切关注的事例、名言、佳句和精辟独到的见解，都属于兴奋语言的范畴。在演讲时，路演者可按照演讲内容的需要，有计划、有目的地选出一些兴奋语言，将其巧妙地穿插于演讲过程中，利用它拉近和投资人的心理距离，满足投资人的心理需要。但是，兴奋语言的设置要做到顺理成章、水到渠成，千万不能不顾对象、故弄玄虚、刻意为之。

延伸阅读

俞敏洪的演讲特点

俞敏洪作为一个成功的演讲者，将演讲把握得非常到位。他能根据自己的演讲内容来改变语调、语速及感情等，让演讲更加生动，而不是死气沉沉地念稿。俞敏洪在许多次演讲中都是采取第一人称，而且他还常常把自己的亲身经历融入演讲中。第一人称加亲身经历，更能让听众觉得他的演讲真实、有亲切感。

俞敏洪在演讲“摆脱恐惧”时，就运用了排比，并且用了第一人称。“所以我希望同学们能够认真地想一下：我内心现在拥有什么样的恐惧，我内心现在拥有什么样的害怕，我是不是太在意别人的眼光，因为这些东西，我的生命质量是不是受到影响，因为这些东西，我不敢迈出我生命的第一步，以至于我生命之路再也走不远。如果是这样，请同学们勇敢地对你们的恐惧，勇敢地对别人的眼神说一声 No（不）！”

（三）路演演讲的非语言技巧

1. 面部表情

路演者在演讲时，表情要自然，应面带微笑。要直视观众，与他们做眼神上的交流。微笑与眼神往往能够透露出路演者的精神状态。如果路演者是紧张的，微笑就会变得不自然，同时眼神还会变得游离、闪躲。这样的神态，显然就是不自信的表现。

2. 站姿与走姿

路演者的站姿要尽可能挺拔、舒展，这样才能够展现自信的感觉，同时也能避免产生一些摇晃、转动或者抖动的小动作。路演者的站姿的规范要求是，头正，两眼平视前方，嘴微闭，收下巴，表情自然；两肩放松稍向后沉，两臂自然下垂；两脚可前后站立，或采用稍息的姿势，在保持稳定时兼具灵活。

恰当的走姿是一种动态美。如果路演者要走动，要保持双肩打开，注意收腹，挺胸抬头。行走时，路演者要尽可能地放慢移动的速度，保持稳健、自如和轻盈，避免手舞足蹈，同时还要注意保持与观众有眼神上的交流，不要左顾右盼。

3．手势

手势在演讲中是最有力的肢体语言之一。手势的使用范围尽量不要超出自己身体的范围，也就是说尽量保持在胸前或者头部区域。在这个区域做手势，往往能够很好地凸显出路演者的力量。要注意避免单调地重复同一手势。切勿在演讲时玩弄话筒、白板笔之类的道具。

4．外在形象

路演者的外在形象会直接影响投资人对项目的第一印象。路演者的个人形象细节，对路演的结果有着非常重要的影响。所以，路演者需要从多个方面改善个人形象。优秀的演说家都很注重个人形象，他们在每个重要的演说场合都会穿戴整齐，将精神状态调整到最好，从而从容应对每一场演讲，并出色发挥。

本章习题

1．创业计划书主要有哪些组成部分？

2．创业计划书的重要性表现在哪些方面？

3．产品类创业计划书的框架有哪几部分？

4．在企业分析中为什么要运用竞争优势 SWOT 分析法，我们能从中获取什么结论？

5．什么是风险投资者关注的“三大问题与 12 个逻辑点”？

6．创业计划演示 PPT 内容设计主要包括哪些内容？

7．路演者如何在最短的时间内让投资人对其项目产生兴趣？

案例评析

多坚卓公益教育创业计划书

第一章　项目摘要

全国不发达地区与民族地区还有许多青少年人群由于教育资源贫瘠而无法完成最基本的学业。

内容包括公司简介、问题根源、教育实践、政策需求、实践成果、解决方案、核心产品、目标用户、坚卓优势、核心团队、收益来源、产品定价、产品研发、收入预测、发展规划和投资意向。

第二章　不发达地区及民族地区教育生态圈

一、从不发达地区及民族地区基础教育入手，如民族教育服务系统、地域、师资等优势资源。

二、从不发达地区及民族地区教学设备入手，如专递课堂、中央课堂、坚卓多功能教学辅助设备。

第三章　坚卓公益——不发达地区与民族地区教育脱贫引领者

一、主营产品介绍

标准化产品——坚卓多功能教学辅助设备、配套在线课程服务产品、产品 logo、产品文化、产品功能、课程播放和学习资源。

二、研究与开发

方案概述、总体设计方案、软件资源。

第四章　社会效益

为少数民族地区教育精准扶贫贡献力量；促使社会各界更加关注边疆及民族地区教育以及农村留守儿童问题，并对此采取一定的解决措施；帮助留守儿童“敞开心扉，启迪智慧，放飞梦想”；吸引国内外知名公益基金关注；申请教育项目资金；培养偏远山区孩子的学习兴趣及能力。

第五章　团队情况

介绍技术团队、管理团队及团队成员的职责和背景。介绍的顺序是职位由高至低。

第六章　市场分析

一、产业背景

经济环境分析：网络经济中移动端经济增长明显；社会环境分析：农村网民快速增长，网络基础设施相对薄弱，移动互联网的发展更具优势；技术环境分析：西南地区“三通”情况得到改善、技术不断创新，能很好地帮助拓展教学场景。

二、市场规模及趋势

介绍全国在线教育市场规模，以及中小学在线教育市场规模及增长趋势。

三、市场趋势预测

1．根据针对 2014—2016 年的中国在线教育细分领域结构的统计，学前在线教育和中小学在线教育占比较小，但仍然拥有较大的发展空间。

2．随着移动互联网的发展，让移动端成为下一个互联网的主要战场。

3．在国家政策方面，推进网络建设，特别是农村网络建设。

第七章　竞争分析

一、与传统教育方式相比较

与传统教育方式相比较，其优势主要体现在共享教学资源、满足不同层次中小学学生的需求、突破时间与空间的限制、教学实践和优质教学资源等方面。

二、与其他“互联网＋教育”平台相比较

1．对于竞争者的分析，如沪江、跟谁学、好未来、一起作业网。

2．与其他“互联网＋教育”平台相比较，对坚卓科技产品的竞争优势进行分析。

第八章　营销策略

一、价格策略

1．标准化产品——坚卓多功能学习机

多功能学习机的合理定价为 500 元 / 套。

2．在线课程服务产品

与坚卓多功能学习机相配套，定价为 0 元。每节课的制作成本在 67～83.75 元。

二、目标市场

1．标准化产品——坚卓多功能学习机

偏远山区中小学校、偏远山区中家境稍好的中小学生，这些客户群因为优质教育资源的缺失，可能需要这样的低价格且优质的学习机去改善虚拟教育环境。对于偏远山区的中小学校来讲，这属于中端的学习教具，但对于中小学生来讲，这属于高端的学习工具。

2．在线课程服务产品：偏远山区购买了多功能学习机的用户

针对购买了多功能学习机的用户，我们提供 12 年的免费课程服务。课程涵盖民族学、自然科学、计算机科学、逻辑学和应试教育科目等，使偏远山区的孩子通过“互联网＋教育”依旧能够享受优质的教育资源。

三、营销渠道策略

多功能学习机产品的营销渠道策略为“经销商＋直销”；在线课程服务产品的营销渠道策略为配套多功能学习机产品进行直销。

四、市场进入策略

1．多功能学习机产品的市场进入策略为“低价＋公益”。

2．在线课程服务产品的市场进入策略为“民族化＋现代化（全公益）”。

五、推广策略

1．多功能学习机产品的推广策略按近期、中期、后期进行描述。

2．在线课程服务产品的推广策略按近期、中期、后期进行描述。

第九章　项目进程及规划

介绍项目历程、项目进展、项目规划。

第十章　财务分析

介绍当前股本情况、本量利分析、预计会计报表及附表、项目价值评估、回收期与内部效益率（IRR）。

第十一章　投资分析

介绍资金需求计划、资金用途、融资方案（风投、银行贷款）、其他资金来源（政府项目拨款、基金会支持）和投资回报。

第十二章　风险控制

SWOT 分析、风险控制。

第十三章 投资者退出方式

退出时间、退出方式。

第十四章 附录

资料来源：2017 年第三届中国“互联网 +”大学生创新创业大赛资料。

思考与讨论

1．这份创业计划书的结构是否完整？有哪些特色？有哪些不足？

2．假如让你写这个项目的创业计划书，你觉得哪些方面是重点内容？应该如何写？

3．假如让你设计上述项目的路演 PPT，你要如何设计？

本章思维导图

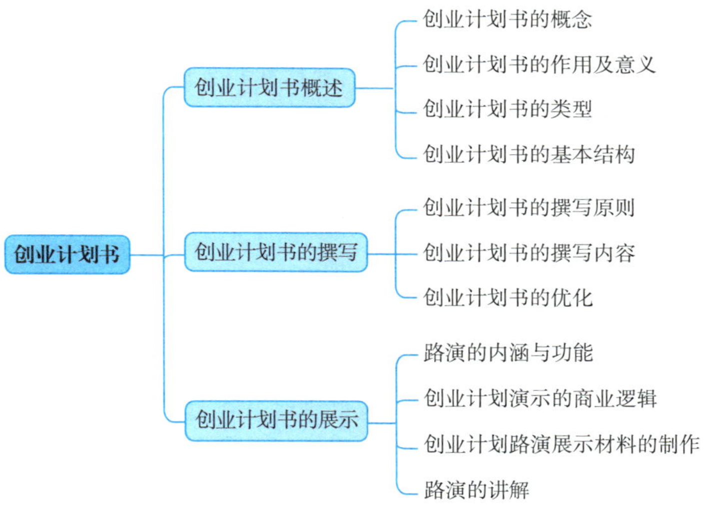

第八章 Chapter 8 创业资源

本章导读

在当前竞争日趋激烈、国际环境瞬息万变的市场经济中，资源的争夺也愈加激烈。初创企业由于其自身的独特性，很难找到足够的资源来支持自身的发展。对创业的观察和调查统计也表明，许多创业者能够识别创业机会，但在创业过程中却很难将创业机会转化为成功的创业企业，其中有很大的原因就是创业者在创业活动中缺少充足的创业资源的支持。因此，创业成功的关键不仅要有优秀的创业团队和合适的创业机会，充足的创业资源支持也是创业成功的关键因素之一。本章重点介绍创业资源的概念、分类及作用、创业融资的概念、融资渠道与融资方式，以及创业资源管理。

学习目标

学完本章后，你应该能够：

1. 了解创业资源的概念、分类及作用。
2. 掌握创业融资的概念、融资渠道与融资方式。
3. 掌握创业资源的管理技巧，并学会将其应用于创业实践中。

引导案例

蒙牛牛根生整合创业资源的过程

1998 年，牛根生是伊利集团的副总裁，也是当年伊利的第一功臣。伊利 80% 以上的营业额来自他主管的事业部。牛根生在伊利员工当中的威信也相当高。人们对牛根生的信服来源于他的为人之道和人格魅力。在离开伊利后，牛根生到了北京大学进修。在北京大学进修的那段时间里，他重新审视了自己在伊利 16 年的各种经验和教训，让原本在企业中形成的应激反应模式转换成理性的思维模式。

1999 年 1 月，蒙牛正式注册成立，注册资本金 100 万元。都是牛根生和他妻子卖伊利股票的钱。蒙牛一成立，许多在伊利工作的老部下一批批地投奔而来。牛根生带领他的团队，从一个“三无”（无工厂、无牛奶、无市场）企业快速发展成为年销售额21亿元的知名企业，这里面牛根生进行了很好的资源整合。

第一战是以退为进，赢得奶源。竞争对手为了封杀蒙牛，对奶源严防死守。蒙牛的牛奶车被半路拦截，收奶员被不明身份人员打伤。关键时候，牛根生制定收奶三不干政策，并一次性拿出500万元，给5千户养牛户发放贷款，“亏了算我的，赚了是你的。”鄂尔多斯附近很快就涌现出2万多专业养殖户。到了2000年，日收奶量首次突破100吨，一年后突破200吨。而到了2006年，5万养殖户已经养牛100多万头，蒙牛就成了中国收奶量第一龙头。

加工厂：第二战是明修栈道，暗度陈仓。解决奶源只是第一步，问题是到哪里加工牛奶呢？刚开始，牛根生采取的是虚拟经营的方式，即利用别人的场地贴牌生产，经常是打一枪换一个地方。但是，同行依旧从中作梗，很多牛奶加工厂根本不敢与牛根生合作。没有办法，牛根生就只好转为地下。1999年2月，他经过秘密谈判，和哈尔滨的一家乳品企业签订合作协议，由牛根生派团队接管这家公司，条件是让这家企业起死回生。这回，还没等竞争对手反应过来，蒙牛产品已经源源不断从哈尔滨发出。此后，经过3年的鏖战，在距离呼和浩特和林格尔县，牛根生建起了自己的第一家工厂。他终于可以扬眉吐气了。

市场：第三战是舍近求远，迂回前进。2000年，伊利、三元、光明等瓜分了黄河以北的大部分城市，硬拼显然是死路一条，所以，牛根生把目光投向了遥远的深圳。当时，深圳的老百姓都认澳大利亚、新西兰等洋品牌，很多国产奶厂在那里扔了上千万广告费，都没有搞出个名堂。偏偏牛根生不信邪。当然，他的战术完全不一样。牛根生一次性招了300多个地推，分成30个小组，每组10人，全部穿蒙古服装，一个小区一个小区扫。

“来自内蒙古大草原纯天然无污染的牛奶。”

“不喝是你的错，喝了不买是我的错。”

最关键的是每个小区前面10箱免费送。所以，到一个小区火一个小区。一个月下来，超市也带火了。当年，深圳销售额突破5000万元。此后，牛根生一鼓作气拿下了北京与上海两大城市。为鼓励加盟，他一度提供租金在5000元以内，30平方米左右的铺面，甚至允许50%的商品为蒙牛以外的产品。效果显而易见，2001年销售额突破27亿元，并以每年40%的速度递增。

2003年10月15日，我国首位航天员上天，全国人民记住了“神舟”五号，记住了“杨利伟”，同时也记住了“蒙牛”。“神五”刚一着陆，电视、户外、网络上到处就是蒙牛与“神五”捆绑的身影。

现在的蒙牛“一有全球样板工厂，二有国际示范牧场，三有液态奶销量全国第一”。目前，蒙牛已在全国14个省级行政区建起20多座生产基地。产品覆盖全国除台湾省外的所有地区。开发的产品有液态奶、冰淇淋、奶品等三大系列100多个品种。“蒙牛速度”在中国企业界引人注目。

思考题：

1. 蒙牛创始人牛根生在创业过程中利用了哪些资源？

2. 蒙牛创始人牛根生是如何整合资源的？

第一节 创业资源概述

一、创业资源的概念、分类及作用

（一）创业资源的概念

资源作为创业活动顺利开展的关键因素之一，学者们从不同的角度对其概念进行了界定。从经济学的角度看，资源是生产过程中所使用的投入；从管理学的角度看，资源是基于信息和知识的各种生产要素的集合，通常将其分为有形资源和无形资源；从组织战略的角度看，资源是为了实现组织目标而使用的所有的有形资源和无形资源的集合。创业资源是创业理论中最基础的概念，学者们根据不同的研究目标，在创业理论发展的过程中，学术界对创业资源的定义也各有不同，其主要定义如表 8.1 所示。

表 8.1　创业资源的定义

国内外学者	创业资源的定义
Wemerfelt	创业过程中投入的全部有形和无形资源
Hall	无形资源可以细化为两种形态，即技能和资产
Dollinger	所有创业企业在创业活动中投入的要素和要素的组合
林嵩、张巧、林强	能够促进企业生存和稳定发展，企业控制或可支配的所有要素和要素组合，包括技术、专利、知识、能力、组织属性等
刘霞	企业投入到创业过程中的各类资产、能力、信息与知识的统称
余绍忠	可以促进企业生存和发展、实现组织战略目标与愿景，为企业所拥有或能够控制的各类要素和要素组合
冯碧云	创业者全部的有形资源和无形资源，是在有限的条件下通过自身差异化能力获得的，这种能力会对整个创业过程产生影响，不断推动企业的发展和战略目标的实现

（二）创业资源的分类

创业资源的分类视角有很多。按照不同的分类标准，国内外学者对创业资源的组成要素做了大量的研究工作。从表 8.2 创业资源分类可以看出，国内外学者对创业资源划分并没有达成一致公认的分类框架。关于创业资源分类的主要观点如表 8.2 所示。

表 8.2 创业资源的分类

国内外学者	分类视角	划分类型
林强、林嵩等	企业战略规划过程中资源要素的参与程度	直接资源和间接资源。直接资源包括财务资源、经营管理资源、市场资源、人才资源；间接资源包括政策资源、信息资源、科技资源
HittlrelanD.Hoskisson	创业资源的存在方式	有形资源、无形资源
Barney 等	创业资源的重要性	人力和技术资源、财务资源和生产经营性资源
Tirnmons	资源基础	核心资源、基础资源、其他资源
Wilson	资源的来源情况	内部资源和外部资源
Newbert	资源性质	财务资源、物质资源、人力资源、知识资源、组织资源
林强	对企业成长的作用	要素资源和环境资源
余绍忠	对创业绩效的影响	资金资源、人才资源、管理资源、信息资源、科技资源、政策资源

（三）人力、技术及资金在创业中的作用

尽管创业资源的划分目前并没有公认的标准，但创业者获取创业资源的最终目的是组织这些资源并以此实现创业机会，提高创业绩效和获得创业成功。无论哪种资源，无论是否直接参与企业的生产，它们的存在都会对创业绩效产生积极的影响，但其影响程度不同。

1. 人力和技术资源是决定性资源

创业团队自身的人力资源是创业期最为关键的因素。因为，创业者及其团队的洞察力、知识、能力、经验及社会关系影响到整个创业过程，同时，在企业新创时期，专门的知识技能往往掌握在创业者等少数人手中，因而此时的技术资源在事实上和人力资源紧密结合，并且上达两种资源可能成为企业竞争优势的重要来源。拥有技术和人力这两样核心资源，就有办法获得财务资源了。

同时，也有研究者指出，在创业初期，技术资源是最关键的创业资源之一。其主要原因有三：一是创业技术决定了创业产品的市场竞争力和获利能力。二是创业技术决定了所需创业资本的大小。对于一些在技术上非根本创新的新创企业来说，创业资本只要保持较小的规模就可以维持企业的正常运营。三是就创业阶段而言，新创企业是否掌握“核心技术”，是否拥有技术的所有权，决定着创业成本以及能否在市场中取得成功。技术资源对依托高科技进行创业的企业而言更为关键。

2. 资金是不可缺少的创业条件

有无资金，决定着创业行动能否顺利展开。创业资金储备的多少，制约着创业规模的大小与进展速度。资金资源对于任何一个企业都非常重要，充足的资金将有助于加速新创企业的发展。新创企业无论是进行产品研发，还是生产、宣传和销售，都需要大量的资金。而且，新创企业往往由于资产不足而缺乏抵押能力，很难从银行得到足够的贷款，这更使得资金资源成为企业高速发展的瓶颈。因此，如何有效地吸收资金资源是每个创业者都极为关注的问题。

没有资金，显然无法推动创业项目起步。不少创业者受困于缺少创立企业和起步项目所需的资金。即便一些企业已开始起步，也常常受困于创业资金的短缺。因此，资金是创业不可缺少的资源条件。

二、创业资源的获取途径

创业资源与创业者的关系就如同颜料、画笔和艺术家的关系那样。如果创业者获取不到创业所需的资源，创业机会将变得毫无意义。创业资源作为创业活动开展的必要条件，在创业过程中应当积极拓展其获取渠道。Kirzner 和 Casson 也认为，创业机会在本质上是部分创业者能够发现特定资源的价值，因此，从这一角度看待创业机会就应把落脚点放在创业资源的获取上。当然，创业资源的获取需要特定的技术和思维分析方式，这也正反映了创业教育有其存在的合理性和必要性。

一般来讲，创业之初，创业所需的各项资源往往只能依靠创业者通过自身努力获取。但随着企业的成长和不断扩张，创业者很快就会发现，通过自身努力获取的资源远远不能支持企业的发展。为了使企业能够继续发展，创业者应通过多种途径获取所需的各种创业资源。当然，创业资源的种类不同，获取的途径也不同。因此，创业资源的获取不能一概而论。这里主要选取创业过程中的影响程度较大的人力、技术及资金资源为代表进行讲述。

（一）获取人力资源的途径

这里的人力资源不仅仅是指企业成立以后招募的员工，更主要的是指创业者及其团队拥有的知识、技能、经验、人际关系、社会网络等。创业者，尤其是大学生创业者，不仅仅资金缺乏，更重要的还有意识、知识、信息与技能的不足与缺陷。因此，创业前应尽可能参加一些相关的社会实践活动，在这个过程中增长关于市场的知识，锻炼组织能力。当然，也可以考虑先进入一个企业为别人工作，通过打工的经历学习相关行业知识，了解企业运作的经验，学习开拓市场的方法，认识盈利模式，建立客户资源渠道等。

（二）获取技术资源的途径

创业项目起步时获取所依赖技术的途径有：一是吸引技术持有者加入创业团队；二是购买他人的成熟技术，并进行技术市场寿命分析，再通过后续完善开发，使之达到商业化要求；同时还应该随时关注各高校实验室、老师或者学生的相关研发成果，定期去国家专利局去查阅各种申请专利，养成及时关注科技信息，浏览各种科技报道，留意科技成果，发现具有巨大商机的技术的良好习惯。此外，政府机构、同行创业者或同行企业、专业信息机构、图书馆、大学研究机构、新闻媒体、会议及互联网等，都是获取相关技术信息的渠道。创业者可以根据自身的实际情况与以上各种方式的特点，选择一种或多种方式。

（三）获取外部资金资源的途径

资金资源是创业顺利进行的有效保障。对于外部资金的获取，一般可通过以下途径获得：依靠亲朋好友筹集资金；抵押或银行贷款；政府或扶持基金；互联网平台融资；所有权融资，包括吸引新的拥有资金的创业同盟者加入创业团队，以及吸引企业孵化器或创业投资者的股权资金投入等。创业融资作为创业基础的重要环节，本章第二节内容将会对融资途径、方式等进行具体论述。

思政课堂：

政策暖风为大学师生送来创新创业资源

为鼓励高校师生创新创业，国务院、教育部及各级政府部门，都出台了相关政策。以湖南省政府为例，湖南省人民政府出台了《湖南省推进以创新为支撑的高校师生创业就业三年行动方案（2023—2025年）》的通知（湘政办发〔2023〕26号）。通知中提到的支持政策有正向激励、财税支持、金融赋能等。1. 鼓励企业家和企业科研人才到高校兼职；鼓励高校科研人员带着科研项目和成果离岗创业；2. 学生实施弹性学制，允许学生调整学业进程、保留学籍休学创业；3. 加大对高校重大科技创新平台、成果转化、创业创新的支持力度；省预算内投资专项予以倾斜支持，连续3年，每年安排5000万元，专项用于高校师生创业创新公共平台和早期项目等建设；4. 居民企业在一个纳税年度内技术转让所得不超过500万元的部分免征企业所得税、超过500万元的部分减半征收企业所得税；高校毕业生在毕业年度内从事个体经营，符合规定条件的，3年内按一定限额依次扣减其当年实际应缴纳的增值税、城市维护建设税、教育费附加、地方教育附加和个人所得税；对小规模纳税人、小微企业和个体工商户按规定减免增值税和所得税；5. 支持符合条件的高校毕业生申请创业担保贷款，财政部门按规定给予贴息；对符合有关文件规定条件的企业，省级和实施区域按1∶1比例共同设立科技型企业知识价值信用贷款风险补偿资金；6. 推动设立省级天使母基金和大学生等重点群体创业投资基金，省创业投资引导基金要加大对高校师生创业创新投入力度。

三、创业资源的整合

相关统计表明，大部分创业者的失败都与资源的整合和融资环节的不协调相关。因此，从这个角度来看，创业也被认为创业者感知机会后的资源整合行为，遵循从感知机会到组建创业团队、并获取创业必需资源的逻辑。创业管理大师熊彼特说过，创业者的功能就是实现新组合。因此，创业资源的整合是创业者实现成功创业必须斟酌的问题。在美国，Enterproneur一词专指在没有多少资源的情况下，积极进取，锐意创新，发现机会、把握机会并实现机会价值的创业者。也就是说，创业者一开始创业不可能也没有必要拥有他所需的全部资源，可以从创业网络中选取和整合各种创业资源。同时，资源管理理论也认为，资源整合能够对新创企业的资源和能力进行补充与丰富，并促使新创企业更好地适应环境的变化，因而推动新创企业向前发展，提高新创企业绩效。

（一）资源整合的作用

资源整合是指企业获取所需的资源后，将其进行绑定聚合以形成和改变能力的过程。即使创业前资源准备足够充分，也不可能预见到创业中所有的问题。而且，大部分创业者开始创业时都存在资源贫乏、经验不足的状况，任何一个创业者都不可能在想出了所有问题的答案后再创业。因此，从创业视角看，创业不必等到将所有的资源准备齐全，创业需在把握机会的前提下通过整合资源实现。资源整合对企业的发展起到至关重要的作用，是资源开发过程中的关键环节，对资源贫乏新创企业的作用尤为明显。创业者需要做的是发现有价值的外部资源，利用现有资源撬动外部资源，使得新创企业得以生存发展，这就是资源整合的作用。

（二）资源整合的一般过程

创业过程实际上也就是创业者建立、整合和拓展资源的过程。在这个过程中，创业者需要平衡、取舍，需要对创建企业所需的资源进行识别、控制、利用和开拓。

1. 创业资源识别

创业者首先要明白自己的资源整合能力以及企业所拥有的最初资源。创业资源中也存在假象，即不适合企业发展的方向，这就要求创业者具有辨别真伪的能力，不能对所有资源都是来者不拒。与此同时，要厘清哪些是战略性资源、哪些是一般性资源。之后，还要对资源的数量、质量、可利用程度进行分析。要做到这些，通常要求创业者具备一定的行业知识和社会关系网络。

资源识别方式分为两种：自下而上和自上而下。自下而上是指创业者拥有详细、具体的商业计划，依据商业计划对资源进行识别，从而把资源整合在一起创造价值；自上而下是指创业者首先勾勒出组织愿景以及这一愿景的实现路径，而后识别自身所拥有的资源和环境中能提供的所需资源，以此实现组织愿景。

2. 创业资源控制

实际上，所有成功的创业者在新创企业成长的各个阶段，都会做到用尽可能少的资源推进企业向前发展。对他们而言，资源的所有权并不是关键，关键的是对其资源的控制、影响程度。资源控制的范围通常包括自有资源和外部资源。自有资源大多存在于创业者和创业团队当中，如教育背景、声誉、行业知识、资金和社会网络等，其中，团队成员中的人脉和技术对企业的成功举足轻重。外部资源通常可以通过购买和并购获得。资源购买是通过市场购入所需资源，资源并购则是通过股权收购或者资产收购，将企业的外部资源内部化。

为了提高创业绩效，创业者需要尽可能利用手头资源和自身能力去获取并控制那些尚无法得到的资源。如可以通过资源联盟的形式，联合其他组织对一些难以或无法自行开发的资源共同开发。

3. 创业资源利用

在完成了对资源的获取和控制后，创业者需要不断挖掘、利用创业资源。首先就是资源配置。由于资源在未整合之前大多是零碎的、散乱的，要发挥其价值、产生最佳效益，就必须运用科学方法对各种类型资源进行细化、配置和激活，将有价值的资源有机融合起来，使之具有较强的系统性和价值性。其次是利用资源优势来赢得市场。创业者需要协调各种资源之间的关系，匹配有用的资源、剥离无用的资源，使资源相互匹配、相互增强、相互补充，使之转化为企业内部的独特优势，从而为企业赢得市场，提高创业绩效。

4. 创业资源开拓

创业资源的开拓是在协调资源的基础上，进一步开发潜在资源为己所用；也是将以前没有建立起联系的资源建立联系，不仅整合已有资源，而且还将新获取的资源与已有的资源进行充分整合。因此，对资源的开拓不仅是实现财富的创造，而且是在已有资源的基础上拓展企业资源库，进一步识别企业自有和外部资源，拓展资源的范围和功能，从而为下一步的资源识别、获取、配置和利用奠定基础。这也是企业持续竞争优势的源泉。

总之，创业资源识别、控制、利用和开拓这四个子过程相互依存、相互联系。资源识别是创业资源整合的起始阶段，资源控制是创业者根据原有计划和资源识别结果，尽可能利用手头资源和自身能力去获取并控制那些尚无法得到的资源，从而为资源的配置和利用奠定基础。资源利用要按需分配，将资源放到企业最需要的位置上，使之转化为企业内部的独特优势。同时应避免资源沉淀。资源开拓则为下一轮的循环奠定基础。

（三）创业资源整合模式

创业资源整合是通过对不同来源、不同层次、不同结构、不同内容的资源，进行选择、汲取、配置、激活和有机融合，从而形成新的核心资源体系的过程，是一个复杂的动态过程。基于对初创企业资源整合实践的分析和总结，学者们提出了创造性整合、杠杆、拼凑、步步为营四种被普遍接受的资源整合模式。

1. 创造性整合

创造性整合是指在资源束缚条件下，创业者为了解决新问题、实现新机会，发现已有资源的新用途，利用新途径创造出新的独特服务和价值。事实上，创业者可以通过在已有元素中加入一些新元素从而形成在资源利用方面的创新行为，进而取得令人惊奇的成果。

2. 杠杆

杠杆是指当企业内生资源不足或短期内难以获取，而外部资源存在闲置或浪费时，企业通过核心能力构建资源杠杆，以快速撬动外部资源为己所用的方式。这里的杠杆可以是资金、资产、时间、能力、关系和品牌。对创业者而言，教育背景、相关经验、个性品质、专业技能、信誉、资格等个人的能力和素质最容易产生杠杆效应。杠杆效应能以最少的付出或投入来获取最多的收获或效益。杆杆资源效应体现在以下几个方面：比别人更加延长地使用资源；更充分地利用别人没有意识到的资源；利用他人或者其他企业的资源来完成自己创业的目的；将一种资源补足另一种资源，从而产生更高的价值；利用一种资源获得其他资源。

3. 拼凑

拼凑，是指通过对手头有限资源的创造性整合和利用，因陋就简、自力更生进行创业。事实上，潜在创业者并不是真正的“一无所有”，而是因为不敏感或能力不足而对自己手头拥有的东西视而不见。其实，不少成功创业者都是创业资源方面的拼凑高手，他们善于用发现的眼光，洞悉身边各种资源的属性，然后将它们创造性地整合起来。

4. 步步为营

“步步为营”是美国学者杰弗里·康沃尔在其专著《步步为营：白手起家的艺术》中提出的资源利用的重要方式。他指出，“步步为营”经济实用，它不仅适用于小企业，还适用于高成长企业和高潜力企业。具体到创业资源整合实践中，“步步为营”是指创业者分多个阶段投入资源，并在每个阶段投入最有限的资源。这样，创业者一方面要有能力设法将资源的使用降到最低，以至成本降到最低；另一方面创业者还要能够自主、自立、自强以便减少对外部环境的依赖。这实质上体现的是一种能力，一旦具备这种能力，创业者也就在向成功步步靠拢。

第二节 创业融资

资金是企业经济活动的推动力。资金不足或欠缺终会导致企业陷入困境。创业融资难一直是困扰新创企业的一大瓶颈，成为广泛存在的一个问题。创业者如何获得创业资本，社会资本出路问题也受到学术界的高度关注。同时，创业融资作为资源整合动态过程中的重要环节，有必要从资源整合的视角进行系统考虑。

一、融资的概念

创业融资是指创业者为了生存和发展的需要，筹集资本和运用资本的活动，包括新创企业从创意种子期到创业生产期发生的一系列融资行为。

创业融资的研究对象是创业企业的融资行为。企业初创期由于缺乏盈余能力而需要不断地投入资金以维持其正常的运转。事实也证明，初创企业很难靠自有资金来解决各种突发的困境，这就需要从外部筹措。当企业步入正常发展轨道，还会面临扩大规模、上效益、技术创新等任务，此时的融资又会被提上议事日程。因此，企业从最初建立，到发展、壮大，整个过程中都要经历一个融资、投资、再融资的循环过程。创业融资伴随新创企业发展的整个过程。

二、融资的渠道

有关数据显示，85% 的初次创业者都存在资金不足的问题。但资金不足并不表示就不可以创业，因为创业者可以有很多途径获取资金。创业融资渠道即创业者筹集创业资金的途径，或者称为企业经营所需资金的来源。尽管可供使用的外部经济资源很多，但由于每一次融资行为都有其自身的特征，而且创业融资渠道也存在各自的限制条件，这些都将决定新创企业在融资过程中能够或应该采取什么样的融资渠道。

（一）私人资本融资

1. 自我融资

个人积蓄也称自我融资，这是企业创建初期的一个重要的资金来源。研究者发现，70% 的创业者依靠自己的资金为新企业提供融资。即使是具有高成长潜力的新创企业，在很大程度上都依赖创建者的存款提供最初的资金。例如，蒙牛的创业资金就是几个创始人卖掉自己的股票凑的。

对创业者来说，资金永远是稀缺资源，依靠自有资金起步还是最稳妥的方法。在创业前期，绝大部分企业是自筹资金，投资者在投资前会确认自身能够投入的资金有多少。但这样提供的资金毕竟有限，一般情况下积蓄仅能维持初期基本的开销。所以，个人积蓄只是创业融资短效的途径，对创新企业的作用十分有限。

2. 向亲朋好友筹措资金

对于创业者来说，亲朋好友是他们选择的第二个融资渠道，也是常见的启动资金来源。当陷入资金困境时，人们首先想到同时也是最先能向自己伸出援助之手的，是家人、亲戚和朋友。世界银行所属的国际金融公司（IFC）对北京、成都、顺德、温州四个地区的私营企业做过调查，结果显示：我国的私营中小企业在初始创业阶段几乎完全依靠自筹资金，90% 的以上的初始资金都由主要的业主、创业团队成员及家庭提供，银行，其他金融机构贷款所占的比重很小。创业者和亲属朋友之间的亲情和友爱关系使他们相互之间易于接触，这样就有助于克服不熟悉的投资者所面临的不确定性；但弊端也是显而易见的，即容易出现纠纷，如往往存在手续不完善的情况，较少有物质抵押而且信誉难保。对此，聪明的创业者在利用这种途径融资时一定会认真考虑一系列潜在问题，达成书面协议，将所有的融资细节如金额、偿还方式、利率、还款日期、抵押品以及万一企业破产后的偿还方式等都要注明。同时，要向亲朋好友明确传递公司的目标，确保他们明白自己的资金将用于公司的日常经营。而且，要经常与亲朋好友交换对潜在问题的看法，尽早消除彼此之间的顾虑，这样将有助于减少以后产生的问题。总之，向亲朋好友借钱时，一定要进行周全考虑，小心谨慎，毕竟亲情友情是无可替代的。

3. 天使投资

天使投资是创业资金的另一来源。天使投资（Angel Investment）是个人或非正式机构出资协助原创项目或小型初创企业对其进行一次性前期投资的一种投资形式。被投资的原创项目或小型初创企业一般拥有某种专门技术或独特概念，这是其受天使投资青睐的前提。

天使投资具有以下特征：投资金额一般较小，而且是一次性投入，对风险企业的审查也并不严格，更多的是基于投资人的主观判断或者是由个人的好恶所决定。很多天使投资人本身是企业家，了解创业者面对的难处，是起步公司的最佳融资对象。天使投资人不但可以带来资金，同时也可以带来关系网络，如天使投资人往往积极参与被投资企业的战略决策和战略设计，为企业提供咨询服务等。

（二）机构资本融资

1. 风险投资

风险投资（Venture Capital，VC），是典型的股权融资形式。与其他股权融资方式不同，VC 更看重企业发展的未来，因而对投资项目的考察是所有投资方式中最为客观和严格的。对中小企业而言，VC 为企业长远发展提供了市场化的资金支持，减少了创业者所承担的风险程度。要获得风险资本的支持，创业者需要直接向风险投资机构申请或通过从事此类业务的中介机构来获取，同时，创业项目应当有好的盈利预期和市场前景、准备充分的商业计划书、优秀的创业团队。

一般而言，无论选择天使投资或是风险投资的融资方式，比较恰当的股权结构是由创业者和他的团队拥有相对多数的股权比例，然后才是由天使投资人与风险投资人拥有次多的股权比例，最后剩余的少部分再邀请策略性企业投资人参与认股。这样的股权结构最有利于创业者与创业精神的发挥，尤其能使创业投入与创业利益最紧密地结合，创业成功的机会也就比较大。

2. 银行贷款

除了以自己或亲友的资本来启动创业项目，银行贷款也是中小企业最普遍尝试的融资渠道，但其成功率非常低，只有少数人得益于传统的银行贷款。相关统计是中小微企业从银行获得的贷款不足银行系统贷款总量的 10%。这是因为中小企业经营状况的高风险性与银行业的谨慎原则冲突，银行在贷款过程中过于注重抵押物，因此中小企业从金融机构贷款数量均受到很大限制。所以对于新创业企业而言，可以选择由政府担保的小额贷款。但当企业发展到一定阶段，具有一定的信誉、资产或其他担保时，银行贷款也成为创业资金的主要来源之一。

3. 信用担保体系融资

新创企业融资难的一个重要问题就是信用不足。从20世纪20年代起，许多国家为了支持本国中小企业的发展，先后成立了为中小企业提供融资担保的信用机构。目前，全世界已有48%的国家或地区建立了中小企业信用担保体系。我国从1993年开始设立专业性担保公司，担保公司由此作为一个独立行业出现。信用担保是指由专门的信用担保机构为中小企业向银行提供贷款保证服务，接受担保服务的中小企业向信用担保机构交付一定担保费用的担保方式。信用担保是一种信誉证明和资产责任保证结合在一起的中介服务活动。它介于商业银行和企业之间，担保人对商业银行做出承诺，为企业提供担保，从而提高企业的资信等级。信用担保机构的建立对缓解我国中小企业融资难问题起到了积极的作用。

（三）政府创业扶持基金融资

近年来，国家大力倡导创新创业，各级政府出台了一系列相应的创业扶持政策，特别是针对大学生创业的扶持政策，如大学生创业税费减免、创业担保贷款和贴息、创业补贴等。各省、直辖市、自治区均有专门成立的大学生创业扶持基金，以及大学生创业大赛项目平台，除了提供奖金、大学生创业服务外，还为大学生提供创业信息、就业创业培训等。企业的注册、财务、税务、管理、运营等问题，均可以从中得到不同程度的解决。

（四）互联网平台融资

1. 互联网金融

利用互联网金融筹资方便快捷，几分钟就能到达账户。比如支付宝、微信和P2P借贷等，是目前互联网金融平台上比较火爆的借贷方式，但在2013年大量P2P公司倒闭，对创业者而言，这些风险也需要考虑。

2. 众筹

众筹是指用“团购+预购”的形式，向网友募集项目资金的模式。众筹利用互联网传播的特性，让个人可以对公众展示他们的创意，争取大家的关注和支持，进而获得资金援助。

三、融资的方式

资金是企业的血脉，充足的资金能使企业有效地运转。如果说融资途径是创业资金的来源，那融资方式则是创业者获得资金的具体形式和工具。融资方式体现了资本的属性和期限，而属性则指资本的股权或债权性质。从这个角度看，企业筹措资金的方式通常分为两种：一种是权益资本筹措，另一种是债权资本筹措。

（一）权益资本筹措

权益资本又叫权益性资本，它是指投资者所投入的资本金。权益资本包括企业各种投资主体注册的资本金的全部。通俗一点来讲，权益资本是股东对企业的个人投资。权益资本不像银行贷款那样需要支付利息，从而减少了企业的日后开支。从长远利益角度来看，创业者需要让出部分股权将其转移给外部投资人。

权益资本筹措包括三种：吸收直接投资、发行股票和留存收益。吸收直接投资是指企业直按吸收国家、法人、个人和外商等资金的一种筹资方式；发行股票是股份公司向出资人发行用以证明出资人的股本身份和权利的一种有效凭证而筹集资本；留存收益，顾名思义是企业存留在内部的盈利，根据《中华人民共和国公司法》和《企业会计制度》，留存收益都来源于企业在生产经营活动中所实现的净利润，包括企业按照国家法律的规定提取盈余公积以及利润或股利分配后的剩余部分。

（二）债权资本筹措

债权融资是指企业通过借钱的方式进行融资。借款有一定的期限，企业要向债权人偿还本息。这种融资方式适合解决企业营运资金短缺的问题。主要包括以下几种：银行信贷、债券融资、商业信用和融资租赁。银行信贷是债权融资的主要形式，是在一定的条件下取得银行发放的资金并且按期偿还本金的融资方式；债券融资则是企业向债权人支付利息、偿还本金以筹集资金的一种融资方式；商业信用是企业在正常的经营活动和商品交易中由于延期付款或预收账款所形成的企业常见的信贷关系；融资租赁是指出租人出资购买租赁物件，并租给企业使用，企业则分期向出租人支付租金。通过融资租赁，新创企业获得出资人提供的机器设备，避免了大规模的一次性投资，缓解了设备改造所产生的资金周转压力。

延伸阅读

帮助创业者估算创业启动资金的途径

第一，同行。管理咨询集团（Management Analysis Group，西雅图一家低成本运作的咨询公司）的老板斯蒂芬·贝茨（Stephen Bates）介绍道："经营和你类似业务的企业家，是计算创业初期运营成本的最佳信息来源。"你未来的竞争对手可能不想帮助你，但是只要不在同一区域，他们都是非常乐意帮忙的。

第二，供应商。供应商也是一个研究创业成本不错的信息来源。创业者可以给直接供应商打电话，告诉他因为你打算创业，所以想了解某个行业的费用。他们通常都非常乐意帮助，因为他们也想从你身上寻找生意机会。但不要过分相信初次接触的供应商，应多比较，要向供应商询问设备租赁、大量购买的折扣额、信用条件、启动的库存量以及可能降低前期成本的其他选择。

第三，行业商会。和同行、贸易商一样，商会是一个非常好的信息来源，因为你可以直接跟特定的市场打交道。商会可以提供启动费用明细和财务报表的样本、行业内相关的企业家和供应商名单、市场调研的数据和其他有用的信息。供应商的行业商会也是好的信息来源。

第四，退休企业高管。退休企业家不仅能指导创业者完成公司启动的整个过程，指明方向，并能建议使用创业者可能忽视的资源。

第五，创业指南。创业者可以从出版社和商会获得创业启动指南。这些指南，尤其是信誉卓著的行业指南是研究创业启动资金的有利资源。

第六，连锁加盟机构。如果你想购买特许经营权，特许经营权拥有者会给你启动费用的相关数据。然而，不要把这些数据当作绝对值，因为费用会因为地区不同有所变化。创业者可以给现有的特许经营商打电话，问问他们实际的启动费用是否符合特许经营权拥有者的预测值。

第七，创业相关文章。报纸和杂志的文章很少会为一个特定地区的特定业务逐项列出创业所需的费用。然而，创业相关的文章可以让你大致估算所需的启动成本，并帮助你列出需要调查的费用清单、经常使用的可靠的信息来源，同时请记得查阅相关的行业杂志，了解供应商信息、行业所需成本和最新行业动态。

第八，创业顾问。一个合格的创业顾问可以提供关于启动资金的相关建议，甚至为创业者做很多调查，也可以帮创业者将自己的调查变成有用的财务预测和具体方案。但是聘用专家需要费用。如果创业者决定要与顾问合作，记得要找熟悉自己所处行业的有创业经验和实际运营经验的人。

单一的途径并不能帮助创业者了解具体创业成本的所有信息。但是通过不断努力研究估算启动资金，创业者应能最终找到需要的具体数字。美国学者艾伦提出可使用一个她称为“三角测量”的步骤，也就是对于每项费用，从3个不同途径获取3个数字，然后权衡3个数字，最后得出一个你认为正确的数字。

科学细致的调研可以帮助创业者验证其创业想法是否实际可行，并且为创业者提供建议，从而提升创业成功的概率。只有创业者完成了创业启动成本估算，并且根据这个数字制订出相应的商业计划，才能说创业者已经为创业准备好了一切。

第三节 创业资源管理

企业的创业资源主要有资金、时间、人才、市场等方面，而其管理包括这些资源的获取、分配和组织等方面的内容。

一、资金管理

如果企业创业在内部发生，一般新业务会由旧业务的收入来支撑，所以资金来源显得有保障。但在这种资金获取办法下，由于新业务本身不但没有收益，反而必须投入大量的资金而导致“新业务亏损”，因此，可能会打击旧业务员工的积极性，对企业发展不利，特别是当企业从专业化向多元化转变时更是如此。解决这个问题的办法有：对新项目使用种子支助资金，采取内部风险投资的方式，或其他有偿使用资金的办法。

二、人才分配

企业创业的另一个问题是人才支持。当项目处于种子阶段时，主要由少数几个人在运作和管理，一旦进入了孵育发展阶段，就必须有得力的人才来进行规划管理，因此，这里也存在一个新、旧项目争夺人才的问题。为了使新、旧项目的发展不受人才问题的影响，企业必须注意在发展过程中培养新的人才，稀释各部门的人才密度，给人才加压力。

三、工作时间分配

企业创业相对首创业来说，一个大问题是创业者的工作时间和精力难有保障。一般来说，企业内部的创业者既要完成当前的工作，又要进行开发工作，因此，工作时间分配经常顾此失彼。为了保障员工有充足的时间来孵化创新性的想法，组织应该从制度上给他们以保证，同时调整他们的工作负担，避免对员工各方面施加过多的时间压力，允许他们长时间解决创新问题。

四、营销资源管理

企业创业是一种以市场为导向的活动，市场对新产品的接受程度直接关系到创业成败。但开始时，新产品在市场中几乎不为人所知，因此，企业必须集中销售资源，致力于新产品的市场开拓。这里也存在新、旧项目营销资源竞争的问题。为了解决这个问题，企业必须加大营销投入。

本章习题

1．创业资源的内涵是什么？不同资源在企业中的作用如何？

2．哪些因素会影响到创业资源的获取？

3．你知道哪些获取资源的途径？

4. 获取创业资源有哪些原则和技巧?
5. 创业融资重要吗? 为什么?
6. 股权融资和债权融资的方式各有哪些?
7. 选择融资渠道时需考虑哪些因素?

本章思维导图

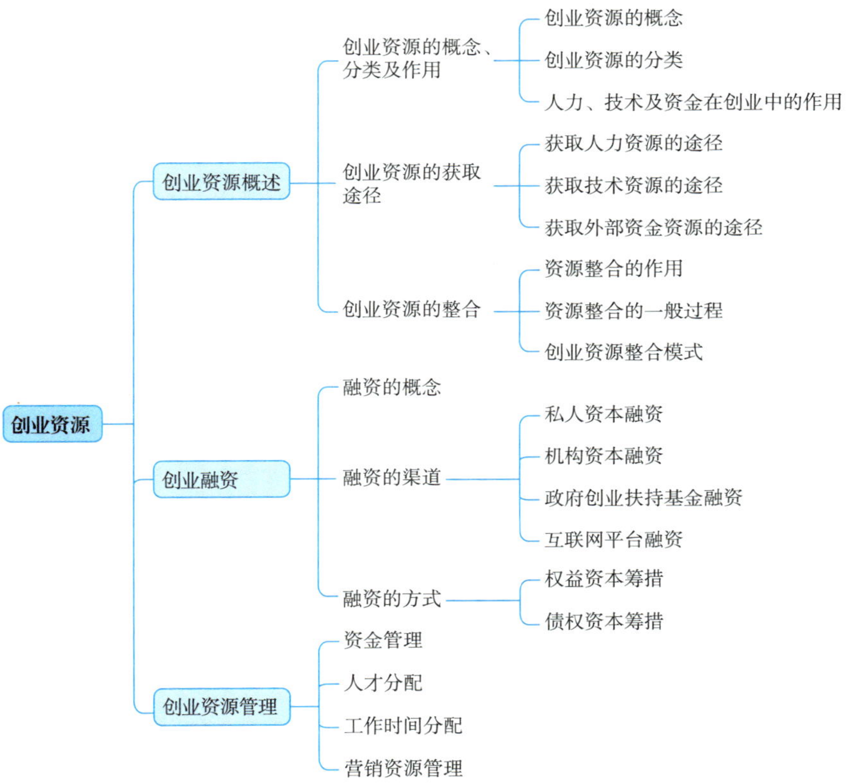

第九章 Chapter 9 企业创建与成长

本章导读

一个新企业就像一个新生儿，从孕育到成长成熟，所需要的条件、过程、准备都至关重要。创建新企业需要什么条件，以及什么时间成立比较适宜，都是创业者普遍关心的问题，但是关于这些问题并没有统一的定论。蒂蒙斯的创业要素模型提出创业团队、创业机会和创业资源三者形成了一个倒三角模型，只有各要素不断平衡，才能实现企业的持续经营。创业者识别到具有市场潜力的创业机会，组建好创业团队，并且整合好创业所需要的物质资源，便是创建新企业的最佳时机。但是，这种情况太过理想化了。如果等这些条件都具备了，所谓的创业机会或许已经不再是机会了。然而现实情况是，部分创业者刚发现一个自认为是创业机会的机会就去注册一家新企业，甚至连最基本的创业机会的识别和评估都没有。这样又过于草率，创建的企业很容易在早期就夭折。

那么创业者在创业过程中究竟什么时候、具备什么样的条件再创建企业比较适宜呢？张玉利教授认为，要综合考虑外部和内部条件。外部条件包括：创业机会经过了有效的识别和评估，具备企业初期运营的基本条件，对企业的商业模式有一个相对清晰的计划，新企业的成立可以形成特有的竞争优势等；内部条件包括：创业者具有一定的创业能力和素质，具有创业精神和成为创业者的强烈动机等。具备了这些条件，就可以开始创建一家新的企业了。本章将对创建新企业的一般过程和注意问题进行详细介绍。

学习目标

学完本章后，你应该能够：

1. 了解企业的各种组织形式；
2. 了解企业命名的原则与禁忌，掌握企业命名的方法；
3. 掌握影响企业选址的因素，了解不同类型企业的选址方法；
4. 了解企业注册的一般流程，掌握企业注册流程新政；
5. 了解新企业创建相关法律与伦理问题；
6. 了解新创企业管理的主要内容，以及成长的驱动因素；
7. 掌握新创企业成长管理的技巧与策略。

引导案例

从零到亿，西少爷、伏牛堂等高才生创业中藏着多少美丽多少坑？

2014 年 4 月，西少爷第一家店铺在号称宇宙中心的北京五道口首次亮相，这个 10 平方米的小店创下了 100 天卖 20 万个肉夹馍的纪录。同样在 2014 年，《我硕士毕业为什么要去卖米粉》刷爆朋友圈，张天一在北京 CBD 国贸地区开了一家 37 平方米的米粉店，第一周营业额破两万元。

一个是原腾讯、百度高级工程师，一个是北大硕士高才生，两人都出人意料地做起了餐饮。两人都很年轻，都是白手起家，都在短期内掀起了一定的行业波澜，赢得了资本的青睐与追捧。西少爷和伏牛堂究竟靠什么才得以如此快的速度崛起？两者有哪些相同点和不同点？

西少爷和伏牛堂都有着网红餐饮的身份，都是凭借一篇爆款文章一炮走红。一篇《我为什么要辞职去卖肉夹馍》让西少爷吸粉无数，一篇《我硕士毕业为什么要去卖米粉》让伏牛堂成为热议的话题。不过西少爷在走红后，更多的仍是通过布局线下门店获得流量，而伏牛堂继续依靠社群营销扩大自己的用户群。西少爷品牌受众定位中高收入年青一代群体，自然是精英在哪里，西少爷的店就开到哪里。伏牛堂靠社群营销兜售乡愁，并且通过丰富的线下活动让消费者与品牌产生很强的关联，不仅塑造了一批忠实的粉丝，还从中转化了大量员工。

拓展经营方式：伏牛堂注重电商和零售，西少爷注重整合上游生产链。伏牛堂外卖占比很高，其成立四年来，销售了超过 1000 万份牛肉粉，其中电商业务（含外送）的销售额接近 80%。除了大力发展外卖，伏牛堂还依托线下实体连锁门店和近百万的用户社群，形成了互联网电商 + 实体门店一体化经营模式。伏牛堂目前主要有两块业务：一是基于连锁门店，打造“堂食 + 互联网外送”的流通模式；二是餐饮食品零售化。而西少爷则不希望外卖占自身产品过大的比重，因为外卖会降低产品品质——肉夹馍最好做熟即食，时间一长，肉夹馍的焦脆感就会大大降低。与伏牛堂在产业链末端发力不同，西少爷显得更传统、更“硬核”一些，西少爷更多向上游拓展产业链。西少爷建立了全现代化的生产流程与体系，让原本高度依赖手艺的肉夹馍得以量产。此外，西少爷还建立了实验室，与中国农业大学的研究机构合作，对小麦、面粉和烘焙工艺进行深入的研究。在供应体系方面，西少爷建立了强大的供应商网络，并在食物的储存、运输等方面获得了重要的技术突破。

孟兵和张天一的创业初衷也有些不同。孟兵认为，创业是源于自己骨子里的不安分。“我认为一成不变或者一眼就能望到头的生活或者工作，会令我没有安全感。反而，未知的旅程，让我充满安全感。”而张天一则更“诗意”一些。张天一透露自己有些陶渊明般的文人情怀，“寄情于山水，种豆南山下”。开米粉店，只不过方式变了，陶渊明是种地，自己是在地下室卖米粉，“有点小情怀，很舒服”。

创业过程中，找到一个意气相投的合伙人可能是再快意不过的事儿了。这方面孟兵没有张天一那么幸运。两次合伙人的离开，可以说是孟兵的伤心事儿。宋鑫被团队除名暴露了西少爷创业团队的内部分歧，也引发了关于众筹股东权益的纠纷。而袁泽陆在公司扩张之际的套现出走也为西少爷的国际化战略蒙上了一层阴影。内讧暴露了创业团队合伙人价值观的分歧、产权制度不合理以及核心领导人不明确。找到价值观契合的合伙人，并设立合理的产权制度对于初创企业来说十分重要。

对于尚不稳定的团队来说，创始人、核心人物必须具有主导权，这样才能减少团队内耗并贯彻长期战略。尤其在创业初期，CEO需要强势，不适合搞“民主”。虽然两度出现联合创始人出走现象，但是现在核心领导人至少已经很明确了。袁泽陆的出走未必是坏事儿，这样孟兵就可以更好地协调内部、贯彻既定战略。相比西少爷，伏牛堂这方面问题较少。

上述这两个企业的一个相同点是：都受到了资本的追捧。西少爷累计融资1.18亿元，伏牛堂累计融资8000万元。资本的快速涌入，也不全是好事儿。目前西少爷和伏牛堂都做得比较好的一点是：资本大量进入后，企业的主导权和决策权都还掌握在创始人手中，孟兵和张天一的股份都在30%以上，都是企业最大的股东。

对于未来，两家企业有着不同的愿景。西少爷希望能够成为一个国际化的终端品牌，希望通过国际化战略的开启，代表中国文化“走出去”，输出全新饮食文化价值；伏牛堂则继续服务湖南老乡这一群体，将来可能会发展成为给湖南人提供一种生活场景的企业，比如售卖“霸蛮衫”、举办“世界最辣牛肉粉挑战”等活动，换句话说，伏牛堂可能会朝着这个方向成为一家文化衍生品企业。这种差异也预示着二者将来面临的挑战将趋向完全不同的层面。

思考：孟兵的西少爷要发展为中国的麦当劳，走国内、国际双向发展战略，他在产品标准化、工艺设备开发、服务量化等方面做了哪些工作（请阅读原始案例）？张天一的米粉是家乡特色小吃，但伏牛堂注重国内市场的逐步开发，专注的是湖南人群体。两家企业在产品定位和经营战略方面有何不同？

第一节 成立新企业

一、新企业组织形式的选择

在创建新企业前，创业者应该事先确定企业的法律组织形式。目前，我国企业主要有三种基本的组织形式：个人独资企业、合伙企业和公司制企业（主要包括有限责任公司和股份有限公司）。创业者创建企业时，可以依据不同组织形式的要求建立不同组织形式的企业。创业者可以个人独立创办个人的独资企业，也可以由创业团队一起创办合伙制企业，或者成立有限责任公司或股份有限公司。企业的各种法律组织形式没有绝对的优劣之分，对创业者来说各有利弊。但无论选择哪种形式，都必须根据国家法律法规要求和初创企业的实际情况，科学衡量各种组织形式的利弊。

（一）个人独资企业

个人独资企业（sole proprietorship），即个人出资经营、归个人所有和控制、由个人承担经营风险和享有全部经营收益的企业。个人独资企业是最古老、最简单也是最常见的一种企业法律组织形式。独资企业，即为个人出资经营、归个人所有和控制、由个人承担经营风险和享有全部经营收益的经营实体。以独资经营方式经营的独资企业有无限的经济责任，当个人独资企业财产不足以清偿债务时，选择这种企业形式的创业者须依法以其个人其他财产予以清偿。在各类企业当中，个人独资企业的创立条件最为简单。

1. 特点

（1）企业的建立与解散程序简单。

（2）经营管理灵活自由。企业主可以完全根据个人的意志确定经营策略，进行管理决策。

（3）业主对企业的债务负无限责任。当企业的资产不足以清偿其债务时，业主以其个人财产偿付企业债务。有利于保护债权人利益。但独资企业不适宜风险大的行业。

（4）企业的规模有限。独资企业有限的经营所得、企业主有限的个人财产、企业主一人有限的工作精力和管理水平等都制约着企业经营规模的扩大。

（5）企业的存在缺乏可靠性。独资企业的存续完全取决于企业主个人的得失安危，企业的寿命有限。在现代经济社会中，独资企业发挥着重要作用。

2. 设立条件

（1）投资人为一个自然人。

（2）有合法的企业名称。

（3）有投资人申报的出资。

（4）有固定的生产经营场所和必要的生产经营条件。

（5）有必要的从业人员。

3. 申请文件

（1）申请设立应提交的文件。个人独资企业的设立、变更、注销，应当依照《个人独资企业法》和《个人独资企业登记管理办法》的规定，在所在地的工商行政管理部门办理企业登记。个人独资企业经登记机关核准登记，领取营业执照后，方可从事经营活动。大学生创业登记应提交的材料如下。

A. 投资人（即大学生本人）签署的个人独资企业或个体工商户设立申请书。

B. 投资人身份证明，即大学生本人的身份证和学生证。

C. 企业住所证明。大学生创业多以租房为主。如果租房，注册登记时需向工商部门出示租房合同、房主身份证、房主房产证。

D. 国家工商行政管理总局规定提交的其他文件。

如果初创企业从事法律、行政法规规定须报经有关部门审批的业务的，应当提交有关部门的批准文件。例如，烟酒经营、书报刊物经营等业务是我国法律、行政法规规定须报经有关部门审批的，应提交有关部门批准，即“前置审批”。

如果委托代理人申请设立登记的，应由本人和代理人的身份证明或者资格证明。

（2）申请变更应提交的文件。

A. 投资人签署的变更登记申请书。

B. 国家工商行政管理总局规定提交的其他文件。

从事法律、行政法规规定须报经有关部门审批的业务的，应当提交有关部门的批准文件。委托代理人申请变更登记的，应当提交投资人的委托书和代理人的身份证明或者资格证明。

A. 变更名称的还应提交《公司名称变更通知书》。

B. 变更住所的，应当在迁入新住所前申请变更登记，并提交新住所使用证明（房屋产权证或者关于产权的证明或说明）。变更住所跨登记机关辖区的，应当在迁入新住所前向迁入地登记机关申请变更登记；迁入地登记机关受理的，由原登记机关将登记档案移送迁入地登记机关。

C. 变更投资人的，应当提供新负责人的照片（一寸 2 张）、身份证明、履历表。

D. 变更经营范围的，变更经营范围涉及法律、行政法规规定必须报经审批的项目的，应当在取得国家有关部门批准之后申请变更登记。

E. 变更经营期限的，应提交相关材料。

4. 注销登记

个人独资企业有下列情形之一时，应当解散：

（1）投资人决定解散。

（2）投资人死亡或被宣告死亡，无继承人或者继承人决定放弃继承。

（3）被依法吊销营业执照。

（4）法律、行政法规规定的其他情形。

个人独资企业依照《中华人民共和国个人独资企业法》第二十六条规定解散的，应当由投资人或者清算人于清算结束之日起 15 日内向原登记机关申请注销登记。

个人独资企业申请注销登记，应当向登记机关提交下列文件。

（1）投资人或者清算人签署的注销登记申请书。

（2）投资人或者清算人签署的清算报告。

（3）国家工商行政管理总局规定提交的其他文件。

个人独资企业办理注销登记时，应当缴回营业执照、公章。

5. 个人独资企业的优点

独资企业是企业制度序列中最初始和最古典的形态，也是民营企业主要的企业组织形式。其主要优点如下。

（1）企业设立、转让和解散等行为手续，仅需向有关机关登记即可。

（2）企业主独资经营，制约因素较少，经营方式灵活，能迅速对市场变化做出反应。

（3）企业资产所有权、控制权、经营权、收益权高度统一。这有利于保守与企业经营和发展有关的秘密，有利于业主个人创业精神的发扬。

（4）企业主自负盈亏和对企业的债务负无限责任成为了强硬的预算约束。企业经营好坏同业主个人的经济利益乃至身家性命紧密相连，因而，业主会尽心竭力地把企业经营好。

（5）企业的外部法律法规等对企业的经营管理、决策、进入与退出、设立与破产的制约较小。

6. 个人独资企业的缺点

虽然独资企业有如上的优点，但它也有比较明显的缺点。

（1）难以筹集大量资金。因为一个人的资金终归有限，以个人名义借贷款难度也较大。因此，独资企业限制了企业的扩展和大规模经营。

（2）投资者风险巨大。企业主对企业负无限责任，承担风险过大，从而限制了企业主向风险较大的部门或领域进行投资的活动。这对新兴产业的形成和发展极为不利。

（3）企业连续性差。企业所有权和经营权高度统一的产权结构，虽然使企业拥有充分的自主权，但这也意味着企业是自然人的企业，企业主的病、死，他个人及家属知识和能力的缺乏，都可能导致企业破产。

（4）企业内部的基本关系是雇佣劳动关系，劳资双方利益目标的差异，构成企业内部组织效率的潜在危险。

（5）企业创新性和开拓性差。企业主承担无限责任限制了企业向风险较大的部门或领域进行投资活动，这对新兴产业的形成和发展不利。

（二）合伙企业

合伙企业是指依法设立的，由各合伙人订立合伙协议，共同出资、共同经营、共享收益、共担风险，并对企业债务承担无限连带责任的营利性组织。合伙人必须有两个以上具有完全民事行为能力的合伙人，并且都是依法承担无限责任者。法律、行政法规禁止从事营利性活动的人（如国家公务员等），不能作为合伙企业的合伙人。

合伙企业分为普通合伙企业和有限合伙企业两种形式。其中，普通合伙企业又包含特殊的普通合伙企业。

普通合伙企业由 2 人以上普通合伙人（没有上限规定）组成。普通合伙企业中，合伙人对合伙企业债务承担无限连带责任。特殊的普通合伙企业中，一个合伙人或数个合伙人在执业活动中因故意或者重大过失造成合伙企业债务的，应当承担无限责任或者无限连带责任，其他合伙人则仅以其在合伙企业中的财产份额为限承担责任。

有限合伙企业由 2 人以上 50 人以下的普通合伙人和有限合伙人组成，其中，普通合伙人和有限合伙人都至少有 1 人。当有限合伙企业只剩下普通合伙人时，应当转为普通合伙企业。如果只剩下有限合伙人时，应当解散。普通合伙人对合伙企业债务承担无限连带责任，有限合伙人以其认缴的出资额为限对合伙企业债务承担责任。

1. 特点

（1）生命有限，合伙企业比较容易设立和解散。合伙人签订了合伙协议，就宣告合伙企业的成立。新合伙人的加入，旧合伙人的退伙、死亡、自愿清算、破产清算等均可造成原合伙企业的解散及新合伙企业的成立。

（2）责任无限。合伙组织作为一个整体对债权人承担无限责任。按照合伙人对合伙企业的责任，合伙企业可分为普通合伙和有限合伙。普通合伙的合伙人均为普通合伙人，对合伙企业的债务承担无限连带责任。例如，甲、乙、丙三人成立的合伙企业破产时，当甲、乙已无个人资产抵偿企业所欠债务时，虽然丙已依约还清应分摊的债务，但仍有义务用其个人财产为甲、乙两人付清所欠的应分摊的合伙债务，当然此时丙对甲、乙拥有财产追索权。有限责任合伙企业由一个或几个普通合伙人和一个或几个责任有限的合伙人组成，即合伙人中至少有一个人要对企业的经营活动负无限责任，而其他合伙人只能以其出资额为限对债务承担偿债责任，因而这类合伙人一般不直接参与企业经营管理活动。

（3）相互代理。合伙企业的经营活动，由合伙人共同决定。合伙人有执行和监督的权利。合伙人可以推举负责人。合伙负责人和其他人员的经营活动，由全体合伙人承担民事责任。换言之，每个合伙人代表合伙企业所发生的经济行为对所有合伙人均有约束力。因此，合伙人之间较易发生纠纷。

（4）财产共有。合伙人投入的财产，由合伙人统一管理和使用。不经其他合伙人同意，任何一位合伙人不得将合伙财产移为他用。只提供劳务，不提供资本的合伙人仅有权分享一部分利润，而无权分享合伙财产。

（5）利益共享。合伙企业在生产经营活动中所取得、积累的财产，归合伙人共有。如有亏损则亦由合伙人共同承担。损益分配的比例，应在合伙协议中明确规定；未经规定的可按合伙人出资比例分摊，或平均分摊。以劳务抵作资本的合伙人，除另有规定者外，一般不分摊损失。

2. 设立条件

（1）普通合伙企业的设立条件。有两个以上合伙人，并且都是依法承担无限责任者；有书面合伙协议；有各合伙人实际缴付的出资；有合伙企业的名称；有经营场所和从事合伙经营的必要条件。

（2）有限合伙企业的设立条件。有限合伙企业由两个以上 50 个以下合伙人设立，但是，法律另有规定的除外；有限合伙企业至少应该有一个普通合伙人；有限合伙企业名称中应当标明“有限合伙”字样；有限合伙人可以用货币、实物、知识产权、土地使用权或者其他财产权利作价出资；有限合伙人不得以劳务出资；有限合伙人应当按照合伙协议的约定，按期足额缴纳出资；未按期足额缴纳的，应当承担补缴义务，并对其他合伙人承担违约责任；有限合伙企业登记事项中应当载明有限合伙人的姓名或者名称以及认缴的出资数额；有限合伙企业由普通合伙人执行合伙事务。执行事务合伙人可以要求在合伙协议中确定执行事务的报酬及报酬提取方式；有限合伙人不执行合伙事务，不得对外代表有限合伙企业。

3. 提交文件

（1）全体合伙人签署的设立登记申请书。

（2）全体合伙人的身份证明。

（3）全体合伙人指定的代表或者共同委托的代理人的委托书。

（4）合伙协议（普通合伙企业和有限合伙企业的协议内容有所不同，具体内容请咨询相关部门）。合伙协议应当载明下列事项。

合伙企业的名称和主要经营场所的地点；合伙目的和合伙企业的经营范围；合伙人的姓名及其住所；合伙人出资的方式、数额和缴付出资的期限；利润分配和亏损分担办法；合伙企业事务的执行；入伙与退伙；合伙企业的解散与清算；违约责任；合伙企业的经营期间和合伙人争议的解决方式。

（5）出资权属证明。

（6）经营场所证明。

（7）国家工商行政管理部门规定提交的其他文件。

（8）法律、行政法规规定设立合伙企业须报经审批的，还应当提交有关批准文件。

4. 解散程序

合伙企业解散，就是各合伙人解除合伙协议，合伙企业终止活动；合伙企业解散后，必须经过清算程序，了结合伙事务。

（1）解散事由。合伙企业有下列情形之一时，应当解散。合伙协议约定的经营期限届满时，合伙人不愿继续经营的；合伙协议约定的解散事由出现；全体合伙人决定解散；合伙人已不具备法定人数；合伙协议约定的合伙目的已经实现或者无法实现；被依法吊销营业执照；出现法律、行政法规规定的合伙企业解散的其他原因。

（2）清算人的确定。合伙企业解散后应当进行清算，并通知和公告债权人；清算人由全体合伙人担任，未能由全体合伙人担任清算人的，经全体合伙人过半数同意，可以自合伙企业解散后 15 日内指定一名或者数名合伙人，或者委托第三人；15 日内未确定清算人的，合伙人或者其他利害关系人可以申请人民法院指定清算人。

（3）清算事务。主要有下列六项：由清算人执行，即清理合伙企业财产，分别编制资产负债表和财产清单；处理与清算有关的合伙企业未了结的事务；清缴所欠税款；清理债权、债务；处理合伙企业清偿债务后的剩余财产；代表合伙企业参与民事诉讼活动。

（4）合伙企业财产清偿顺序。首先是支付清算费用；然后按照下列顺序清偿，即合伙企业所欠招用的职工工资和劳动保险费用；合伙企业所欠税款；合伙企业的债务；返还合伙人的出资。合伙企业财产在按上述顺序清偿后，仍有剩余的，再行按照约定比例或者法定比例分配给合伙人。

（5）解散后原合伙人的责任。合伙企业解散后，原合伙人对合伙企业存续期间的债务仍应当承担连带责任，但债权人在五年内未向债务人提出偿还请求的，该责任消灭。

（6）清算报告。清算结束，应当编制清算报告，经全体合伙人签名、盖章后，在十五日内向企业登记机关报送，办理合伙企业注销登记。

5. 合伙企业的优点

（1）与个人独资企业相比较，合伙企业可以从众多的合伙人处筹集资本，在一定程度上突破企业资金受个人所拥有的资金限制，并使企业从外部获得贷款的信用增强，扩大了资金的来源。

（2）与个人独资企业相比较，合伙企业能够让更多投资者发挥优势互补的作用，大家共同出力谋划，集思广益，提升企业综合竞争力。

（3）与一般公司相比较，由于合伙企业中至少有一个负无限责任，使债权人的利益受到更大保护。理论上来讲，这种无限责任的压力，更能提升企业信誉。

（4）与一般公司相比较，理论上来讲，合伙企业盈利更多，因为合伙企业交的是个税而不是企业所得税，这也是其高风险成本的收益。

（5）风险分散在众多所有者身上，合伙人共同偿还债务，使合伙企业的抗风险能力较之个人独资企业大大提高，同时减少了银行贷款的风险，使企业的筹资能力有所提高。企业可以向风险较大的行业领域拓展，拓宽企业发展空间。

6. 合伙企业的缺点

（1）法律形式的复杂性。合伙企业是根据合伙人之间的契约建立的，每当一位原有的合伙人离开或者接纳一位新的合伙人，都必须重新确立一种新的合伙关系，从而造成法律上的复杂性。

（2）决策时滞性。由于所有合伙人都有权代表企业从事经营活动，重大决策都需要得到所有合伙人的同意，因而很容易造成决策上的延误与差错。

（3）非经营合伙人承担风险较大。所有合伙人对企业债务都负有连带无限清偿责任，这就使那些并不能控制企业的合伙人面临很大风险。

（三）公司制企业

公司是现代社会中最主要的企业形式，它是以营利为目的，由股东出资形成，拥有独立的财产，享有法人财产权，独立从事生产经营活动，依法享有民事权利，承担民事责任，并以其全部财产对公司的债务承担责任的企业法人。根据我国现行《公司法》，公司的两种主要形式为有限责任公司和股份有限公司。

1. 设立条件

（1）有限责任公司。有限责任公司的股东以其认缴的出资额为限对公司承担责任，公司以其全部资产对公司的债务承担责任。创业者设立有限责任公司，除了要有固定的生产经营场所和必要的生产经营条件外，还应该具备下列条件。

股东符合法定人数；有符合公司章程规定的全体股东认缴的出资额；股东共同制定公司章程；有公司名称，建立符合有限责任公司要求的组织机构；有公司办公厂所。

（2）股份有限公司。股份有限责任公司的全部资本分为等额股份，股东以其认购的股份为限对公司承担责任，公司以其全部资产对公司的债务承担责任。设立股份有限公司要建立符合股份有限公司要求的组织结构，要有固定的生产经营场所以及必要的生产经营条件，股份发行、筹办事项要符合法律规定。除此之外，根据我国《公司法》规定，还应当具备以下条件。

公司名称和生产经营场所；公司经营范围；公司设立方式；公司股份总数、每股金额和注册资本；发起人的姓名或者名称、认购的股份数、出资方式和出资时间；董事会的组成、职权和议事规则；公司法定代表人；监事会的组成、职权和议事规则；公司利润分配办法；公司的解散事由与清算办法；公司的通知和公告办法；股东大会会议认为需要规定的其他事项。

2. 公司制企业的优点

（1）公司股东的有限责任决定了对公司投资的股东既可满足投资者谋求利益的需求，又可使其承担的风险限定在一个合理的范围内，增加其投资的积极性。

（2）公司特别是股份有限公司可以公开发行股票、债券，在社会上广泛集资，便于兴办大型企业。

（3）公司实行彻底的所有权与经营权分离的原则，提高了公司的管理水平。

（4）公司特有的组织结构形式使公司的资本、经营运作趋于利益最大化，从而更好地实现投资者的目的。

（5）公司形态完全脱离个人色彩，是资本的永久性联合，股东的个人生存安危不影响公司的正常运营。因此，公司存续时间长、稳定性高。

3. 公司制企业的缺点

（1）创建的程序比较复杂，创建费用较高。

（2）存在双重纳税问题，税收负担较重。

（3）股份有限公司要定期报告公司的财务状况、公开自己的财务数据，不便于企业信息的保密。

（4）政府对公司制企业的限制较多，法规要求比较严格。

二、新企业的名称设定

企业名称是树立企业形象和品牌形象的首要元素，是企业文化浓缩的符号，甚至有时候是产生成功标志的重要环节与因素。有了好名称，才有利于建立起长久发展的企业。企业命名是企业文化、市场战略的识别系统，也是企业经营的重要形象设计。新企业的创建，需要一个代表承载企业理想的名称与之共同成长。

（一）企业命名的原则

企业名称是一个企业区别于其他企业或组织的特定标注。所以，从总体上来说，新企业的名称要有高度的概括力和强烈的吸引力，做到“名正言顺”。所谓“名正”，是指企业的名称首先要合法，需要遵循《企业名称登记管理规定》和《企业名称登记管理规定实施办法》，到工商行政管理部门申请注册。“言顺”是指企业名称要顺口、响亮，从传播的角度来看尽可能朗朗上口。具体来说，企业的命名要注意以下原则。

（1）公司名称应注重寓意、音律和广告效应。如中国长虹股份公司，其长虹之名，是取雨过天晴之意，有瑰丽壮观的寓意，“太阳最红，长虹更新”；同样，以生产彩色电视机著名的康佳公司，其名是取“康乐人生，佳品纷呈”之意；深圳三九药业集团公司，其“三九”之名，在中国古代汉语中有数多不可胜记之意，寓有不懈追求之意；剑南春酒厂，其名剑南春，寓春“意盎然，春机无限”之意。

（2）公司名称应避免无特征的公司名称，要突显名称的“个性”。“娃哈哈”集团在进入市场之初，其名称就曾经使人耳目一新，从而快速地获得市场认可。

（3）公司名称的选择要富有时代感。富于时代感的名称具有鲜明性，符合时代潮流，并能迅速为大众所接受。

（4）公司名称应具备不同凡响的气魄，具有冲击力、有气魄，给人以震撼。

（5）公司名称要响亮，易于上口。名称拗口，节奏感不强，不利发音效果，不利于传播，很难达到大众的共识。

（6）公司名称要考虑世界各地的通用性。比如，菊花在意大利被奉为国花，但在拉丁美洲有的国家则视菊花为妖花，只有在送葬时才会用菊花供奉死者；法国人也认为菊花是不吉利的象征。我国的菊花牌电风扇如果出口到这些国家，销售前景必然暗淡。一个标志如果要在世界范围内流通，最大限度地被全球消费者接受，其标名必须具有以下两个特点：使用国际上通用的语言的字母，使绝大多数国家的人可以接受。用简单的字母组合，没有任何实际意义，这样可以避免标志在一些国家可行而在另一些国家或地区却因犯忌而被拒绝接受的现象。

（7）公司名称应简短明快。名字字数少，笔画少，易于和消费者进行信息交流，便于消费者记忆，同时还能引起大众的遐想，寓意更加丰富。绝大多数知名度较高的企业名称都非常简洁，这些名称多为 2～3 个音节，如 IBM、BWM、SONY、Kodak。

（8）公司名称应符合公司理念、服务宗旨，这样有助于公司形象的塑造。名称要反映企业经营理念和精神实质，反映企业的经营特性和形象特性。例如，日本一家超级商场用 PARCO 的名称，PARCO 是意大利语的“公园”，并且可作为注音符号的日本片假名，用意大利语来表现开朗、华丽、热闹而又俊俏的形象，新潮又浪漫。在变更名称时，要考虑与旧名称的连贯性。德国 Benz 汽车公司的中文音译名称是“奔驰”，代表了 Benz 公司的汽车行业特质，隐喻了 Benz 公司不断创新、永不停步、快速前进的企业追求。

（9）公司名称要符合区域文化，富有吉祥色彩。

（10）易读易记，利于传播。

（11）取得法律保护。一个名字不管如何响亮，我们还应该注意，绞尽脑汁得到的企业或商品名称一定要能够注册，受到法律的保护。要使企业或商品名称受到法律保护，必须注意以下两点：①该名称是否有侵权行为；②该名称是否在允许注册的范围以内。企业经营者要通过有关部门，查询是否已有相同或相近的名称被注册。如果有，则必须重新命名。比如，美国的“伊丽莎白·泰勒热情香水”，投入市场后，销售非常好，但当其连锁专卖店发展到第 55 家时，就被迫停卖。因为它的一家竞争者的产品叫“热情香水”，对方向法院起诉。最后“伊丽莎白·泰勒热情香水”不得不改弦更张，重新命名，原先的广告促销活动也付诸东流了。还比如大众所熟知的“王老吉”和“加多宝”的名称之争。

（二）企业命名的方法

公司名称命名方法是多种多样的，方法形式都不相同。由于公司名称是一种企业形象，因此，企业命名应根据自身商业项目、商品、消费对象等情况来取名。因地制宜，因时而异，这是公司用名需要遵循的重要原则。

1. 寓意起名法

寓意起名法的核心主要关注企业名称寓意，大多运用寓意美好的字词，如祥、康、福、泰、恒、兴、庆、和、富、德、隆等之类字词。如北京“全聚德”烤鸭，上海“老凤祥”银楼都是运用的这些吉祥美好的词语。而在长期的命名的过程中，也有逐渐形成的一些行业习惯，如药店多用“仁”和“堂”，如“同仁堂”“怀仁堂”等。

2. 别名俗语命名法

有很多企业在长期的经营过程中，虽然没有正式明确的商标和品牌的标识，但是拥有较高的社会影响力，潜移默化地形成了各自的品牌。这些品牌多是口语俗语，也有别名外号之类的，这些品牌虽然没有具体的品牌标识，但是由于这些口语别名的影响力广泛，也具备了品牌的作用。于是，经营者干脆以此为名，借此扩大自己的影响力。如天津“狗不理”包子，陕西“老孙家”牛羊肉泡馍，陕西“平娃”烤肉，“大娘水饺”等。这些别名俗语贴近生活，十分亲切自然，传播速度快、范围广，社会影响力大，生命力强，具有很多名字不能企及的效果。

3. 音韵命名法

音韵命名法主要是从音韵的角度来进行命名策划。这一种方法会根据发音的好坏来评判公司名称的好坏，而不太考虑其他方面的因素。最著名的代表就是“CocaCola”。“CocaCola”是Cock（公鸡）和Cold（冷）的两个单词，各自变换一个字母，k和d都变成a。“CocaCola”的本身并没有什么含义，但是它的字母结构很有意思。不仅好拼好念，更容易记忆，一遍就能记住这个名字。“CocaCola”该名的最大特点就是不注重含义，只注重发音响亮，易读易记。因此，这种极富个性和创造性的名字，至今几乎遍及世界各个角落。

4. 人名或地名命名法

还有很多公司会根据人名或者地名来进行公司命名。由于人名和地名具备特殊的含义，因此往往以人名或地名命名的公司和企业的名称，看起来朴素简洁，但是名称会响亮大方，寓意也十分丰富。这类公司名称也有很多，根据地名命名的有“长江集团”“青岛啤酒”“燕京啤酒”“汾酒”“茅台”；根据人名命名的公司名称有“王麻子”剪刀，“张恒春”制药等。

5. 功能特点命名法

很多公司会根据公司或者产品的特点来对公司或者产品进行命名。这种命名方法直接明了，让人一眼就能了解公司或者产品的功能和特点。比如“感冒通”“肠炎宁”，这些名字简单明确，易读易记，容易打造优秀品牌。

6. 原料命名法

原料命名法就是用产品的原料来命名。这是一种特殊的命名方法，特点是独特个性，引人注目。这样命名的公司和产品也不在少数，最著名的就是“五粮液”了。“五粮液”是中国著名白酒品牌，是由高粱、玉米、小麦、大米、糯米五种粮食酿制而成的，故而命名为“五粮液”。

7. 商标命名法

商标命名法就是企业的名称根据商标来命名。这类命名法多是由于商标品牌的知名度和社会影响力大大超越企业本身。为了企业有更好的发展，商标名称逐步取代原有的创业名称。比如“乐百氏”。“乐百氏”是中国饮料企业十强。但是“乐百氏”原本只是一个品牌名称而并非公司名称，大部分人都不了解“乐百氏”的厂家。“乐百氏”的厂家是“今日”集团，作为企业名称的“今日”知道的人寥寥无几，而“乐百氏”几乎是家喻户晓。于是，1999年，“今日”集团更名为“乐百氏”集团。这就是商标命名法。商标命名法一般都是由于企业的某个品牌的影响力大大超越了企业本身，为了扩大企业影响力，因而以商标冠名企业。

（三）企业命名的禁忌

（1）忌用不吉字。不吉字容易让人产生不好的联想，会影响到他人对于主体的接受。

（2）给公司起名时忌用多音字。公司起名使用多音字，就像使用冷僻字一样会给人们的呼叫带来很大的不便，寓意本身就不够明朗。以多音字起名，名字有两个或更多的发音时就更容易让人感到无所适从。

（3）给公司起名时忌用偏字。公司名称是供消费者呼叫的，本应考虑到用字的大众化问题，然而令人遗憾的是有些公司在起名用字上也存在着一些十分严重的问题，就是特别喜欢用大量的偏字来装饰，有时候不要说一般的农民、市民不认识，恐怕连大学里的老师也未必人人认识。我们很难设想这样的公司能够成为名牌公司，也很难设想这种公司的商品能够在市场上畅销。很多时候，好的名字正像好的文章一样，是在平淡中见神奇，而不是靠以冷僻字、多笔画字和异体字。

（4）给公司起名时忌语意隐晦。公司命名语意隐晦，别人看不懂。就像选用冷僻字一样，意思虽好，没有人懂，寓意再好也没有意义。企业、公司名称具有标明企业性质、暗示产品功能等作用，要求有较强的可读性。更何况公司的名称本身就是一则极好的广告。

（5）给公司起名忌雷同近似。现在不仅有山寨的产品，还有山寨的企业和商标。一些企业为了借用成功企业的品牌效应，注册字形或发音类似的企业名称或商标。这样的名称不仅不能带来效应，其效果大都适得其反，引起消费者厌恶。

三、新企业的地址选择

企业位置的选择是建立、组织和管理企业的第一步，也是企业最重要的一项决策，对企业的生产经营及发展将产生深远而持久的影响。它不仅关系到设施建设的投资和建设的速度，而且很大程度上决定了所提供的产品的成本，从而影响到企业的生产管理和经济效益。

一个好的地理位置可以使得一个普通的企业生存下去，糟糕的地理位置则可能会使一个优秀企业失败。企业位置决定消费者是否易于接触企业。企业选址不同，给消费者的印象也会不同。虽然随着经济和技术的发展，空间上的差异对企业经营的影响逐渐减小，但是其依旧是影响企业发展的一个重要因素。因此，创业者有必要了解做出正确选址决策所需的信息和技能。

（一）影响企业选址的因素

选址需要综合考虑多方面因素，既包括定量的成本因素，又包括定性的区位条件因素。所以需要采取综合评价方法来对企业选址问题进行评价。总的来说，企业选址应综合考虑以下几个方面因素。

1. 成本因素

成本是企业选址考虑的最重要因素。选址成本既包括固定成本，又包括变动成本。固定成本，就是维持企业可以正常运作而必须开支的成本，如制造业企业的厂房和机器设备的折旧。由于企业选址位置不同，固定成本也会有地区性的差异。企业经营的变动成本主要包括原材料、燃料、动力等生产要素的价值，由于在不同的地区和位置，其原材料、燃料以及动力价格会有所不同，所以变动成本也是企业选址所要考虑的重要因素。

2. 经济因素

在决定把一个企业设立在哪个区域时，主要考虑区域经济方面的情况。为什么人们居住在这个区域？他们的生活水平如何？其他企业为什么要设在这里？要对区域进行行业分析，是 80% 的人集中在同一个企业或少数几个企业呢，还是这个区域有很多企业？该区域各行业兴旺吗？该区域的企业活动具有季节性特点吗？企业正在搬出或者迁入吗？

人们收入的多少决定其对商品（或服务）的需求。创业者要收集有关所选区域人们收入的信息，包括家庭平均收入是多少？收入水平如何？就业情况如何？另外，交通情况也是重要的经济因素。

3. 技术因素

新技术对高科技初创企业成功的作用是显而易见的，但技术本身的进步却更加难以预测。从某种意义上来说，技术市场的变化是最为剧烈和最具不确定性的。因此，为了能够了解和把握技术变化的趋势，许多企业在创业选址时，常常考虑将企业建在技术研发中心、科技孵化器附近，或建在新技术信息传递比较迅速、频繁的地区。例如，美国加利福尼亚的硅谷在 20 世纪 50 年代以后逐渐成为美国电子工业的基地，不仅是高科技初创企业的“摇篮”，而且以电子工业为基础所形成的“高科技风险企业团簇”，被认为是 20 世纪产业集群的典范。

4. 政治文化因素

政治因素包括政治局面是否稳定，法制是否健全，有无歧视政策等。企业必须要考虑政治因素。一些国家为了吸引投资，制定建厂低价从优，实行政府补贴等条件，造就了一个有利的投资环境。政府对市场的规制也是值得创业者重视的一个方面。创业者评估已经存在的及将来有可能出现的影响到产品或服务、分销渠道、价格及促销策略等的法律法规问题，将企业建在政府支持该产业的地区。

文化因素要考虑居民的生活水平习惯、文化教育水平、宗教信仰等。

5. 人口因素

创业者应该对可能成为其消费者的人群有所了解。例如，如果要开一家文具店，就要了解哪里学生最多，因为这个群体购买文具最多。其他人口问题还包括：人口稳定性怎么样？人口迁进迁出正常吗？人口数量是上升还是下降？如果某地区人口增长迅速，很可能有较多的年轻家庭。选址时，对这些问题都要予以考虑。

6. 竞争因素

收集竞争者的相关信息，对竞争者进行研究。要知道你有多少竞争者，他们都在哪里；还要知道过去两年内有多少与你业务相似的企业开张和关闭；对间接竞争者（产品或服务与你近似的企业）的情况也要做些研究。有三种情况有利于开一家新企业：该区域内没有竞争者；竞争者企业的管理很糟；消费者对该产品的需求正在增加。

7. 发展规划

企业地址的选择要搞清楚城市建设的规划，既包括短期规划，又包括长期规划。有的地点从当前分析是最佳位置，但随着城市的改造和发展将会出现新的变化而不适合开店；反之，有些地点从当前来看不理想，但从规划前景看会成为有发展前途的新的商业中心区。因此，经营者必须从长远考虑，在了解地区内的交通、街道、市政、绿化、公共设施、住宅及其他建设或改造项目规划的前提下，做出最佳地点的选择。

综上所述，企业的选址对于一个企业经营的成败起着决定性的作用，越来越多的企业将选址问题看作企业建立的头等大事。除以上需要考虑的因素之外，自然因素、社会文化因素、劳动力因素、交通运输、基础设施等都有可能影响创业者选址，这需要创业者根据自身的条件和创业项目的具体情况来决定。

（二）不同类型企业的选址

选址在企业的生产中占据重要的地位，是企业供应链中的重要一环。科学地选择企业的地址，不仅有利于提高企业营运的效率，还能减少企业的运营成本，有利于企业今后的发展。各类型公司在企业运营地点选择方面标准不同，很多欧美企业一般遵循 4 个标准。第一，把一次性成本降到最低。第二，把运营成本降到最低。第三，把潜在的风险降到最低。潜在的风险很多，包括恐怖袭击、政府管制等。第四，把机会放到最大。下面简单介绍几种类型企业的选址。

1. 生产型企业选址

生产型企业选择的地址交通要便利，以便于产品对外运出，生产用电要能满足，生产用水要有保证。除此之外，企业选址应尽量靠近原料基地和劳动力资源丰富，还应考虑当地税收优惠政策等因素。

2. 商业型企业选址

商业型企业经营地点的选择与商业圈有着密切的关系。一般一个城市内有若干个商业圈，每个商业圈有一定的辐射范围。处于商业圈内的企业相对经营情况良好，而处于商业圈之外的则经营一般，因此，商业型企业选址建议最好选择商圈核心地带，便于企业的宣传和与客户的接触。但是，商圈内店铺的房价或租金相对较贵，会对初创企业的经营支出构成压力，所以，在初创企业资金有限的情况下，可以选择租柜台、联合经营、委托代销等方式开展业务；也可以在商圈边缘客流量较大的地方进行选址，但是要在商圈内部进行广泛宣传，以吸引客户。

3. 服务型企业选址

服务型企业包括的门类很多，每种类型的企业经营特点不一样，所以选址方式也不一样。但有一点是相同的，即必须有客流量。如果服务对象是针对居民的，则要在居民区附近选址；服务对象是针对学生的，则要在学校附近选址；服务对象是针对社团机关的，则要在机关附近选址。

此外，全国大部分城市都建有各类型的企业孵化园，为不同类型的中小企业和初创企业提供减免租金的办公空间，同时为其发展提供支持性服务（如财务方面、管理方面、技术方面和经营方面等）。公众、传媒和金融界也为企业孵化园中的企业提供很多支持，还可以享有税收优惠政策。企业的集聚效应营造出良好的创业氛围，使多个初创企业在同一屋檐下共同奋斗，较低的租金和共享现场服务增加了创业成功的机会。因此，企业孵化园也是初创企业选址的一个很好的选择。

四、新企业注册流程

按照现行法律法规，创业者注册新企业需要遵循一定的流程，并需要到相应的政府部门登记审批。相关审批登记项目包括公司核名、经营项目审批、公司公章备案、验资、申领营业执照、申请组织机构代码证、办理税务登记证和银行开户等。

（一）企业注册的一般流程

1. 公司核名

企业注册第一步就是公司名称的审核，即核名。创业者需要到当地的工商行政管理局进行公司名称注册申请，由工商行政管理局进行综合审定，给予注册核准，并发放盖有工商行政管理局名称登记专用章的“企业名称预先核准通知书”。在此过程中，申办人需提供法人代表和股东的身份证复印件，并提供2～10个公司名称，写明经营范围、出资比例。公司名称要符合规范。例如成都市（地区名）+某某（企业名）+贸易（行业名）+有限公司（类型）。

2. 经营项目审批

如果初创企业的经营范围中涉及特种行业许可项目，则需报送相关部门报审盖章。特种许可项目涉及旅馆、印铸刻字、旧货、典当、拍卖等行业，需要消防、治安、环保、科委等行政部门审批。特种行业许可证办理，根据行业情况及相应部分规定不同，分为前置审批和后置审批。

3. 公司公章备案

企业办理工商注册登记过程中需要使用图章，由公安部门刻出。公司用章包括公章、财务章、法人章等。

4. 验资

按照《公司法》规定，投资者需要按照各自的出资比例，提供相关注册资金的证明，审计部门进行审计，通过后出具“验资报告”。

5. 申领营业执照

工商局对企业提交的材料进行审查，确定符合企业登记申请，经工商行政管理局核定，即发放“工商企业营业执照”，并公告企业成立。相关材料包括公司章程、名称预先审核通知书、法人和全体股东的身份证、公司住所证明复印件（房产证及租赁合同）、前置审批文件或证件、生产型企业的环境评估报告等。

6. 申请组织机构代码证

企业必须申请组织机构代码证。具体过程是由企业提出申请，通过审定后，到当地质量监督检查检疫局审批盖章。

7. 办理税务登记证

税务登记证应到当地国税局办理。企业办理税务登记证应该提供的材料包括企业营业执照副本、组织机构代码证副本、经营场所产权证及租赁合同复印件、法人身份证、公司章程、验资报告及公章。

8. 银行开户

初创企业需设立基本账户，可根据企业的具体情况选择开户银行。银行开户应提供的材料包括营业执照副本、组织机构代码正本、公司公章 / 法人章 / 财务专用章、法人身份证、国地税务登记证正本等。

（二）企业注册流程新政

为进一步深化行政审批制度改革，提高市场准入便利化程度，我国自 2013 年来，陆续推出企业注册登记制度改革新政。主要内容如下。

（1）放宽注册资本登记条件。除法律、法规另有规定外，不再限制企业设立时股东（发起人）的首次出资比例和缴足出资的期限，实行由公司股东（发起人）自主约定认缴出资额、出资方式、出资期限等，并对缴纳出资情况真实性、合法性负责的制度。

（2）将企业年检制度改为年度报告制度，任何单位和个人均可查询，使企业相关信息透明化。建立公平规范的抽查制度，杜绝检查的随意性，提高政府管理的公平性和效能。

（3）按照方便注册和规范有序的原则，放宽市场主体住所（经营场所）登记条件，由地方政府具体规定。

（4）大力推进企业诚信制度建设。注重运用信息公示和共享等手段，将企业登记备案、年度报告、资质资格等通过市场主体信用信息系统予以公示；推行电子营业执照和全程电子化登记管理，与纸质营业执照具有同等法律效力；完善信用约束机制，将有违规行为的市场主体列入经营异常的“黑名录”，向社会公布，使其“一处违规、处处受限”，提高企业“失信成本”。

（5）启动“五证合一”登记制度改革。将由工商、质监、国税、地税、人力社保、统计等部门分别办理、各自发证（照），改为申请人“一表申请”，工商部门统一收件，质监、国税、地税、人力社保、统计部门并联审批，统一核发加载注册号、组织机构代码、税务登记证号（纳税人识别号）、社保保险登记证号和统计登记证号的营业执照。

推行注册登记制度改革，依照便捷高效、规范统一、宽进严管的原则，降低准入门槛，强化市场主体责任，促进形成诚信、公平、有序的市场秩序，最终目的是降低创业成本，激发社会投资活力。

五、新企业创建相关法律和伦理问题

在创建期间，新公司企业必须处理好一些重要的法律和伦理问题。创业涉及的法律和伦理问题相当复杂。创业者一般不会有意触犯法律，但可能高估自己所掌握的与创建和经营新企业相关的法律知识。

（一）相关法律问题

社会的法律规定，为其公民能做什么或不能做什么建立了一个框架。创建新企业也会受法律法规的限制与影响，创业者在创建新企业之前必须了解这些因素。表 9.1 指出了影响初创企业的一些基本法律问题。

表 9.1　创业企业不同阶段的法律问题

创建阶段的法律问题	经营现行业务中的法律问题
（1）确定企业的组织形式	（1）人力资源管理（劳动）法规
（2）设立适当的税收记录	（2）安全法规
（3）协调租赁和融资	（3）质量法规
（4）起草合同	（4）财务和会计法规
（5）申请专利、商标和版权保护	（5）市场竞争法规

在每一个创建活动中，都有特定的法律和规定决定创业者能做什么和不能做什么，创业者必须熟悉相关法律法规。在企业的创建阶段，创业者面临的法律问题包括：确定企业的组织形式，设立适当的税收记录，协调租赁和融资，起草合同以及申请专利、商标和版权保护等。

知识产权是人们对自己通过智力活动创造的成果所依法享有的权利。知识产权包括专利、商标、版权等，是企业的重要资产。知识产权可通过许可证经营或出售，带来许可经营收入。实际上，几乎所有的企业（包括新企业）都拥有一些对其成功起关键作用的知识、信息和创意。传统观念将有形资产（如土地、房屋和设备等）看作企业最重要的资产，而现在知识产权已逐渐成为企业中最具价值的资产。对创业者，尤其是大学生创业者来说，为了有效保护自己的知识产权，也为了避免无意中违法侵犯他人的知识产权，了解知识产权的内容及相关法律是非常重要的。除了与知识产权相关的法律法规外，《专利与专利法》《商标与商标法》《著作权与著作权法》《反不正当竞争法》《合同法》《产品质量法》《劳动法》等法律法规也是创业者及其初创企业所应当了解和关注的。

（二）相关伦理问题

创业伦理是适应创业教育和时代要求而发展起来的一种集理论性与实践于一体的伦理，主要是指贯穿于创业活动之中的规范与准则。创业伦理是初创企业健康发展和成功的精神动力，有助于创业者创业目标的实现以及创业责任感、使命感和荣誉感的树立。

创业者的任务是创富。“君子爱财，取之有道”，创业者在创业过程中一定要遵守伦理道德，这是创业能够成功并持续发展的关键。

1. 创业者与原雇主之间的伦理问题

尽管有些创业企业由学生或自我雇佣者建立，但大部分新企业仍是由曾经从事传统职业的人们所创建。在辞职进行创业后，一些创业者出乎意料地发现，自己已置身于受前雇主公司敌对的境地。因此，在辞职时必须遵循的重要原则：职业化行事和尊重所有雇佣协议。

2. 创业团队成员之间的伦理问题

作为初创企业，创业的团队成员要清楚未来业务的实质，有共同的发展目标，确保目标的一致性，同时要有大家认同的简要的商业计划，确定创建者的身份和职位头衔，确立企业所有权的法律形式、股份分配（或所有权分割）方案、各创建者持有股份或所有权的支付方式（现金或血汗股权）、明确创建者签署确认归企业所有的任何知识产权，并且进行初始运营资本描述。在回购条款里，明确当某位创建者去世、打算退出，或法院传票逼迫其出售股份时的处理方案。

3. 创业者和其他利益相关者之间的伦理问题

创业者和其他利益相关者之间的伦理问题涉及以下方面。

（1）人事伦理问题。这些问题与公正公平对待现有员工和未来员工有关。不符合伦理的行为范围非常广泛，从招聘面试中询问不恰当问题到不公平对待员工的方方面面，其根源可能是因为他们在性别、肤色、道德背景、宗教等方面有所不同。

（2）利益冲突。这些问题与那些挑战雇员忠诚的情景相关。例如，如果公司员工出于私人关系以非正当商业理由将合同交给其朋友或家庭成员，这就是不恰当的行为。

（3）顾客欺诈。这个领域的问题通常出现在公司忽视顾客尊重或公众安全的时候，例如误导性广告、销售明知不安全的产品等。

创业者作为创新实践者，通过创造新产品或服务提供就业机会，极大地推动了社会进步和发展，然而，创业者又可能被批评片面追求商业成功，甚至在必要时牺牲道德价值观。例如，有的创业者延迟偿付厂商和其他债权人的账款，有时候对雇员也采取同样的方法，延迟工资的发放。创业者使用这种方法，有的是确实陷入困境，有的则不是。有些创业者常常在未经他人允许的情况下，使用他人的资源来弥补自身资源的不足。这些行为会因为违背相关法律规定和市场经济规则而受到惩罚。如果创业者有意这样做，是不道德的，也是有悖商业伦理的。长此以往，人们会对创业者的诚信度产生质疑。所以，企业在创业初期就应该清楚相关的伦理问题，并且遵守相关的职业道德和伦理。这样才是企业长久发展的根本。

第二节 新创企业成长管理

一、新创企业的管理

创业前期的企业往往处于一个比较迷茫与管理混乱的阶段，管理者制定一项好的管理制度是有利于创业发展的。创业初始，公司在资金、人才和实力等方面往往都不具备优势，被大量不确定性事务驱动和疲于应付的状态在所难免，但任何公司的管理工作又的确是件大事，是公司能否持续发展的重要保证。所以说管理好公司就成为创业前期最重要的事情。

（一）新创企业的主要管理内容

1. 组织结构和人力资源管理

组织设计是对组织活动和组织结构的设计过程，主要是对组织结构的设计。而新创企业的人力资源管理是指根据创业战略，分析新企业在环境中的人力资源供给和需求状况，制定必要的政策和措施，以确保在需要的时间和需要的岗位上获得各种所需要的人才，并能够创造良好的人力资源环境，是“人”与“事”圆满配合，事得其人，人尽其才。一个企业有了合适的组织结构，可以降低企业的运营成本，也才会提高组织的工作效率，促进企业的良好运行。同样，新创企业只有做好人力资源管理，才能选聘到合适的员工，并让员工拥有工作积极性，努力发挥自己的才能。

2. 技术与产品管理

创业者通常以自己所掌握的技术进行创业，但是很多创业者所拥有的技术并不是完整的技术，或者说技术还不完善，同时由于现代社会技术更新加速，创新企业就更需要时刻对自己技术和产品进行管理，或者考虑技术产品再创新的管理，或者考虑技术产品的进一步开发。新创企业只有做好了自己的技术和产品管理，才能在市场上具备强大的竞争力，才能在市场激烈的竞争中不断发展下去。

3．市场管理

市场管理包括企业的市场定位、营销战略管理、营销的具体管理以及营销时应掌握的基本道德准则。其中，市场定位是指企业根据自己的实际情况选准自己的目标群体；营销战略是指市场定位之后就要选取合适的市场销售战略，将自己的产品推向市场让消费者接受并认可；营销的具体管理是指选取什么样的营销策略、什么产品在哪营销、什么时间营销、怎么营销等具体的操作问题；营销时应掌握的基本道德准则是指应遵守的市场准则、行业规则或信誉等问题。

4．财务管理

财务管理是指新创企业在拥有价值观念、效益观念、竞争观念、风险观念等财务观念的基础，上运用科学的财务管理方法，减少成本、增加收入，实现企业效益最大化的目的。搞好财务管理，是新创企业实现经济利益的保障。

5．公关管理

公关管理是指新创企业的日常运行中注意处理好企业内部和外部的关系。内部关系包括员工之间的关系等，外部关系包括企业与顾客的关系、企业与政府的关系、企业与其他经济组织的关系等。做好公关管理，处理好企业内外部的关系，企业才能有一个和谐的发展环境和良好的经营氛围，才能更顺畅地发展。

（二）新创企业所面临的管理挑战

1．如何合理地进行市场定位和开拓产品市场

一个新创企业，最基本的目标肯定是想生产市场需要的产品，从而让企业盈利，因此，一个新创企业最初所面临的管理挑战就是如何进行市场定位，决定生产什么适销对路的产品，以及如何将产品打入目标市场并不断开拓这个市场。

2．如何合理地设置企业的组织结构

新创企业的组织结构也对其发展具有重要的作用。组织设置得合理，企业不但会节约成本，而且会提高企业运作效率，焕发企业的生命力，促进企业良性发展。所以如何设置企业组织结构也是新创企业所面临的一个管理挑战。

3．如何选聘企业需要的合适人才

人才是企业最重要的资源，而合适的人才才会发挥出对企业最大的作用，因此，新创企业需要处理好自己需要什么样的人才、怎样能招到这样的人才这一系列的问题。

4．如何建立及怎样建立企业的文化

良好的企业文化一方面可以提高员工的凝聚力和工作积极性，另一方面可以增强企业的竞争力，并促使企业在市场经济中的长远发展。因此，一个新创企业也应该重视建立自

己的企业文化。

5. 如何做好企业公关管理

做好公关管理，企业才能拥有一个良好、和谐、团结的企业内部和外部环境，因此，新创企业也必须面临这个管理挑战。

6. 如何做好企业的财务管理

盈利是企业的“赚”，而做好财务是企业的“省”，企业只知道“赚”，而不知道“省”，是不能达到企业利益最大化的。所以新创企业要想实现利益最大化，需要面临财务方面的管理挑战。

二、新创企业成长的驱动因素

新创企业要在日后获得快速成长，就需要在初创期充分了解影响企业快速成长的因素，事先做好准备。一般来说，影响新企业成长的因素既有内部因素，也有外部因素。

（一）影响新创企业成长的内部因素

影响新创企业成长的内部因素包括创业者的特质和能力，创业团队的愿景和股权设计，创业资源的配置与积累。

1. 创业者的特质和能力

创业者的高成长欲望，永不服输的工作激情和勇于挑战的特质等都会驱动企业快速成长。高成长的欲望会使创业者在企业有盈利时，将大部分的利润留存，为企业发展提供持续的资金支持；永不服输的工作激情，则会使创业者在遇到困难时，想方设法去解决，从而不至于半途而废，可以使企业不断前进；勇于挑战的特质则会在企业面临的外部环境发生变化时，积极主动应对。

创业者识别和把握机会的能力、管理能力和配置资源的能力，会帮助其更好辨别发展的方向，管理发展过程中出现的新情况，将资源从效率低的领域转到效率高的领域，产生更多的经济效益，让企业具有创新优势，赢得快速成长的机会。幸运的是，创业者特质可以通过自我管理和训练获得。所以，有志于成为创业者的人可以尽早参加训练，进行自我管理，培养自己的企业家特质。

2. 创业团队的愿景和股权设置

愿景是对企业前景和发展方向的一种高度概括。反映了企业的价值观和渴望。当一个团队拥有共同的愿景时，团队内部的所有人才能得到有效的培育与鼓舞，团队成员的个人潜能才会被彻底激发，企业才能够在日后得以快速成长。因此，创业者应调动团队的每位成员参与构思制订愿景，并通过制订愿景的过程，使愿景更有价值，从而激发组织的活力，使企业更有竞争力。

合理的股权设置对于一个企业的健康成长和快速发展具有非常重要的地位。合理的股权结构可以充分调动团队成员的积极性和创造性，使其将企业发展和个人的发展同等看待，并在遇到矛盾时能够以团队的利益为重，在利润分配时更加考虑企业长远发展的资金需求，为企业快速成长提供内部资源支持。因此，创业者应设置合理的股权结构和利益分配机制，为企业的快速成长打下制度基础。

3. 创业资源的配置与积累

科学的资源配置方式能够使资源不断从效益低的领域转到效益高的领域，提升企业的经济效益。企业创办起来以后，就应该适时地从资源获取向资源利用过渡，更好地将筹办期间筹集到的各种资源进行充分合理的利用，通过调整资源的配置方式，使其发挥更好的效益。为此，要求创业者具备较强的创新能力，能够以创新的眼光，从不同角度分析资源，按照最有利企业成长的方式配置资源。适当的资源积累，则有利于企业从内部筹集发展所需的资源支持。

（二）影响新创企业成长的外部因素

影响新企业成长的外部因素主要是产业和技术发展，以及细分市场的变化。

1. 产业和技术发展

产业发展周期会在一定程度上影响创业项目的增长速度。处于成长期的产业会有一个增长红利，使得处于之中的企业可以坐享行业成长的成果。再加上企业自身的增长速度，企业的快速发展自然不出所料。然而，如果不幸项目选在了一个处于成熟期或者导入期的产业，或者国家不支持甚至调结构的产业，则要获得高速成长就要求创业者或团队具有非凡的能力。比如这几年的白酒行业和高档餐饮行业就面临很大的发展瓶颈，但是，文化艺术产业和智能制造领域则是国家未来经济发展的支撑产业。因此，创业之前，一定要研究国家的产业政策，尽量在国家重点支持的行业中选择创业项目。技术的发展对于创业企业的成长也非常关键。当创业企业需要的配套技术能够得以快速完善和成熟时，企业的产品或服务的质量就会得以持续提高，也会较容易升级换代，进一步满足消费者需求。相反，如果外部的技术发展缓慢，则可能会使得企业原本不错的产品的推广受到很大局限。

2. 细分市场的变化

当细分市场向着有利于企业的方向发展时，企业就可以借助外力取得成长，市场的发展速度越快，越有利于企业的高速成长。当然，市场快速发展也会带来强大竞争对手的进入。因此，即便是市场快速发展的时候，创业者也要做好充分的应对竞争的准备，否则可能会面临被并购的命运。

产业、技术的发展，细分市场的变化等外部影响因素，创业者是无法控制的。但是，却可以进行预测，并且按照未来估计的变化方向做出相应的应对策略，一方面享受外部环境带来的有利变化，另一方面尽力克服不利的外部环境带给企业的冲击。

三、新创企业成长管理的技巧和策略

（一）注重资源的整合

企业成长需要依靠资源的支持。资源的来源渠道可以分为内部和外部。对于新企业来说，单纯依靠内部的资源积累来发展，由于内部能够产生的资源有限，往往会对企业的发展起到抑制的作用，影响企业的成长速度，在竞争对手发展较快的情况下，使企业处于不利地位。充分利用外部资源，则可以使企业将内外部资源进行很好的整合和匹配。按照企业之间整合资源的方式不同，可以把资源整合分为三种形式：纵向整合、横向整合和平台式整合。

1. 纵向整合

纵向整合是处于一条价值链上的两个或者多个厂商联合在一起结成利益共同体，致力于整合产业价值链资源，创造更大的价值。

2. 横向整合

横向整合是聚焦于价值链中的某一特定环节，深入探索如何高效利用并优化组合各类资源，从而提升该环节的效率与价值。这种整合方式被视为一种实现快速扩张和增加市场占有率的有效策略。

3. 平台式整合

平台式整合是以企业作为平台，通过整合供应商、需求方甚至第三方的资源，旨在提升各方的收益或降低交易成本。在这一过程中，企业自身也能获得相应的利益。这种整合方式有助于优化资源配置，实现共赢。

（二）管好企业可持续成长的人力资本

知识经济的背景下，人力资本在企业中的重要性日益突出，现代企业之间的竞争就是人才的竞争。初创期的企业如此，成长期的企业更是如此。不论是团队的完善、员工的招聘，还是企业的人力资本积累，在企业发展中都有着非常重要的意义。由此，创业者一方面应通过合理的股权设置和股权激励来维系创业团队的成员，另一方面应设计合理的业绩考核机制调动员工的积极性，并建立合理的上升通道，使员工可以不但在工作上还可以在职位上和企业一起成长，保持企业人力资本的稳定性。最好能够通过创新的方式，激励企业所有成员根据企业愿景和发展规划，确定自己的奋斗目标，和企业共进退。

（三）建立良好的企业价值观和企业文化

企业价值观是企业文化的核心，是企业决策者对企业性质、目标、经营方式的取向所做出的选择，是为员工所接受的共同观念。企业价值观会对企业及员工的行为起到导向和规范作用，能产生凝聚力，激励员工释放潜能，是企业文化的灵魂，代表着企业存在的理由。因此，创业者应以企业领导人的言传身教来树立统一的价值观，同时通过健全配套机制来塑造企业精神，有意识培育积极向上的价值观。

企业文化氛围是笼罩在企业整体环境中，体现企业所推崇的特定传统、习惯及行为方式的精神格调。企业文化氛围是无形的，以其潜在运动形态使企业全体成员受到感染，体验到企业的整体精神追求，从而产生思想升华和自觉意愿。因此，创业者应把创造良好的企业文化氛围作为重点，创造良好的学习环境，鼓励企业成员求知上进，使企业内形成浓厚的学习气氛，建立学习型组织。随着企业的快速成长，企业的组织结构和员工构成等会发生较大变化，日常管理会变得日益复杂，创业者需要及时采取措施培育有利于形成企业凝聚力的价值观，打造良好的文化氛围。

（四）从重视成长速度转到突出企业的价值增长

创业初期，企业的重点往往放在快速扩大市场份额，增加销售收入上。但是，随着企业的各项工作慢慢步入正轨，创业者应将关注的重点转移到客户价值上。通过不断创新，持续满足消费者的多元化需求，为客户创造更多价值，在客户价值提升的基础上，使企业价值得以增加。

（五）采取成长的方式解决企业成长过程中存在的问题

企业在成长过程中会出现很多初创时无法预料的问题，这正是创业最吸引人的地方，也是企业面临的最大风险。当新的问题出现时，创业者应积极应对，注重变革和创新，运用发展的眼光来处理问题，用成长的方式解决问题。由此，需要做到以下几点：第一，善于把握变革的切入点主动变革。第二，重视人力资源开发。第三，注重系统建设。科学的管理系统有利于日常工作有条不紊的开展，使各个部门按照日常分工高效开展工作，是保证企业未来高速增长的动力系统。创业者应在企业基本工作理顺之后，尽早开始系统建设工作，使企业早日步入快速发展的轨道。

本章习题

1．注册新企业有哪些流程?

2．注册新企业需要考虑哪些法律问题和伦理问题?

3．新创企业选址时，一般考虑哪些因素?

4．以制造业为主的企业在选址时主要考虑的因素有哪些?

5．你了解哪些新创企业管理的技巧和策略?

案例评析

初创企业面临的四大挑战

随着互联网不断的发展，许多人也都跃跃欲试想通过建立自己的高科技互联网企业来完成自己的抱负或者实现暴富。定位服务软件公司 Mixer Labs 创始人阿兰德基尔（Elad Gi）近日撰文谈到初创企业所面临的四大挑战。而作者本身的经历也很耐人寻味，因为他此前曾在 Twitter 和谷歌工作，并参与建立了谷歌的移动无线团队，而目前他的初创企业 Mixer Labs 已经被 Twitter 收购。

1. 资金问题

初创企业面临的第一大挑战便是资金问题。许多被 Facebook 或者谷歌"通过收购而雇用"的团队其实都是之前用光了创业资金、被迫开始寻找新东家的前创业者。他们无法通过正常渠道出售自己的公司，最后只能获得普通员工的薪资待遇。例如一家初创公司通过种子基金募集了 100 万美元，然后在产品推广上市之前就已经组建起了一个六七个人的团队，结果不出一年公司就烧光了所有资金，然后开始低声下气地乞求谷歌或 Facebook 等公司收购他们。

如果大公司拒绝收购，那么这家初创企业就只好关门大吉。这种情况最常见于初创人员众多的初创企业，例如一家有 3 个创始人和 3 个工程师的初创企业，一旦工程师提前离开，团队的剩余价值所剩无几或几乎为零，这种情况就意味着这家初创企业将没有出路，各位创始人也不得不准备各自分头找工作了。

如何克服

首先要做好规划。只有在你确定能够赚钱或者募集到更多资金的情况下再招募团队。募集到尽可能多的资金。

在有条件的情况下募集到比你所需要的数量更多的资金，从创业的第一天就尽可能让企业能够盈利或者生产产品，从创业初始就保证有一个强大的工程师团队，万一创业失败也可以增加被大公司收购的可能性。

2. 团队凝聚力

难以制订明确的方案？创始人内讧不休？招募了一群害群之马？许多初创企业都受到过糟糕的团队的影响，进而导致公司缺乏明确的发展方向，内部斗争不断以及工作环境不断恶化，最终导致企业分崩离析。

如何克服

确保你和你的合伙创始人能够明确职责，同时有一个人能够最终拍板定案。确保你和你的合伙创始人能够开诚布公地沟通，必须以成熟和坦诚的方式沟通（思考一下，你们能否向对方提供建设性的意见？），同时对企业未来发展的方向观点一致（会不会有一个人想早点把这个企业卖掉，而其他人则想努力将这家企业建设成为一个全球化的大公司？）。

3．半死不活的企业或者业务模式

关键是要看你如何定位自己的企业愿景，因为你要么必须做出更好的成绩（公司可以不大，但必须是业务明确的企业），要么就只会做得更糟（半死不活的初创企业，几乎没有投资的价值）。对于风投公司和野心勃勃的创始人而言，一个初创企业如果不能做出突破性的成功的话，简直比失败更糟糕。与其这样还不如尽快让企业“安乐死”，然后转向其他业务，否则创始人将被半死不活的业务消耗光精力最终企业还是走向灭亡。而与此同时，企业还要给员工发工资以维持经营。对于利润微薄的初创企业而言，想继续募集资金将变得极其困难。如果创始人不能当机立断地放手，风投商也会觉得这样的董事会纯粹在浪费他们的时间。

如何克服

首先要选择一个前景广阔、发展迅速的市场。

直问自己，如何能够让你的业务再增长 10 倍？端正心态，与其苟延残喘，不如尽快了断（不过如果你有风投背景的话，要想做到这点恐怕会有点难）。

本章思维导图

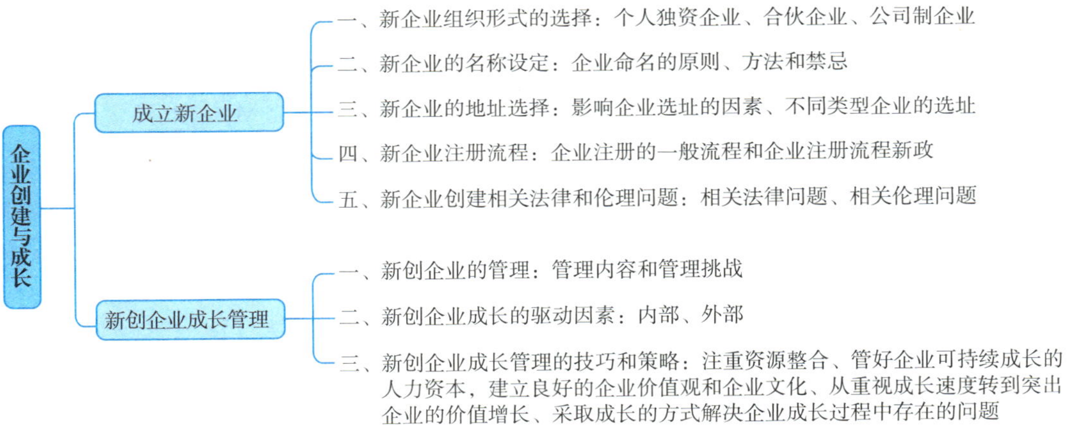

参考文献

[1] 尹小娟，史祎馨，张煌强．大学生创新思维与创业基础［M］．西安：西北工业大学出版社，2020.
[2] 张玉利，等．创业管理［M］．5版．北京：机械工业出版社，2020.
[3] 聂强，黄海燕，邓廷奎．大学生创业教育［M］．长沙：湖南师范大学出版社，2020.
[4] 聂强，黄海燕，邓廷奎．大学生创业教育［M］．长沙：湖南师范大学出版社，2020.
[5] 李剑利．大学生创新创业基础［M］．北京：高等教育出版社，2021.
[6] 克里斯·曲恩，约翰·丹纳．创业者的自我修养［M］．王沫涵，译．杭州：浙江大学出版社，2021.
[7] 刘霞，宋卫．大学生创新创业基础与实践［M］．北京：人民邮电出版社，2021.
[8] 焦晓波．大学生创新创业教程思维、原理与实践［M］．北京：人民邮电出版社，2021.
[8] 刘霞，宋卫．大学生创新创业基础与实践［M］．北京：人民邮电出版社，2021.
[9] 孙方红，徐萃萍，荆菁．创业基础［M］．北京：高等教育出版社，2022.
[10] 方志远．商业模式创新战略［M］．北京：清华大学出版社，2022.
[11] 李红，杨荣芳．大学生创新创业基础教程——“玩”创未来［M］．北京：科学出版社，2023.
[12] 郭斌，王真．商业模式创新［M］．北京：中信出版集团，2023.
[13] 拉斐尔·阿密特，克里斯托夫·佐特．商业模式创新指南［M］．陈劲，译，北京：中国工信出版集团，电子工业出版社，2023.
[14] 李红，杨荣芳．大学生创新创业基础教程——“玩”创未来［M］．北京：科学出版社，2023.